五大发展理念
在浙江杭州的实践

钱美仙　高国舫　主编

杭州出版社

杭州市哲学社会科学重点研究基地
"社会治理与地方政府创新研究中心"
资助项目

《五大发展理念在浙江杭州的实践》编纂指导委员会

主　任：张仲灿

副主任：钱美仙

委　员：朱学路　徐　晖　廖志林　高国舫　李一平

序

　　在喜迎党的十九大胜利召开之际，《五大发展理念在浙江杭州的实践》一书即将问世，可谓恰逢其时！杭州作为中国最具创新活力的城市之一，秉持着"干在实处，走在前列"的精神，在经济建设、政治建设、文化建设、社会建设、生态文明建设和党的建设等方面取得了不菲的成绩，许多鲜活的实践和创新的做法成为全国的典范。党的十八届五中全会提出的"创新、协调、绿色、开放、共享"五大发展理念，在杭州都能找到其"杭州元素"。在"创新发展"方面，杭州坚持省委提出的"创业富民，创新强省"战略，不仅大力发展"创新型经济"，深入实施信息经济的"一号工程"，打造"互联网＋"创新创业中心，而且大力培育创新主体、打造创新平台、完善创新机制、吸引创新人才、营造创新文化氛围。在"协调发展"方面，杭州近年来通过区县合作，统筹城乡发展，推进城乡一体化，在增强硬实力的同时注重提升软实力，展现出协调发展的生机与活力。在"绿色发展"方面，杭州坚持"环境立市"战略，在循环经济、低碳发展方面率先取得突破，走出一条"绿水青山就是金山银山"的发展路子，大力推进"美丽杭州"建设，成为"美丽中国"的先行试验区。在"开放发展"方面，杭州不仅利用现有的沿海开放优势，实现从"引进来"到"走出去"的开放策略转变，而且开辟出网上丝绸之路，成为中国首个"跨境电子商务综合试验区"，还借助"两区"建设和G20杭州峰会举办的东风，将对外开放引向深入，现在正全力推进城市国际化，谋划"世界名城"建设新路径。在"共享发展"方面，杭州坚持"民主促民生"的发展战略，通过"五问机制"，让百姓在共建参与中共享发展成果；同时狠抓各项社会事业建设，提供更好的公共服务，让群众有更多的"获得感"。特别是杭州大力推进基层党建创新，通过"片组户联系，网格化管理，组团式服务""走村不漏户、户户见干部""组团联村"以及项目党建等，扎扎实实推动形成人民平等参与、平等发展，发展成果更多更公平惠及全体人民的共建共享机制。

随着"十三五"的深入推进，及时总结提升杭州的有关经验做法，很有意义。杭州市委党校于2016年设置"五大发展理念在浙江杭州的实践"的研究课题，并组织全校精干力量集体攻关，马克思主义基本理论教研部、党史党建与统战教研部、经济学教研部、公共管理教研部、政治学与法学教研部、文化学与社会学教研部、市情研究所、学报编辑部的有关专家，积极投身到这项研究之中。他们历时一年多时间，经反复讨论、修改，终于完成了书稿。本书既有深入的理论阐述和学理分析，让人们深刻领会五大发展理念的内涵和意义，也有通过对杭州实践的梳理总结和丰富鲜活的案例分析，让人们对杭州近年来先行先试的经验做法一睹为快。

杭州是一个桥的城市，大大小小的桥把杭州的历史与今天连接起来，去年秋天因G20杭州峰会的召开，更是把杭州与世界连接通达。我相信，在五大发展理念的指导下，杭州将不断提高经济发展的质量和效益，不断迸发改革开放的生机活力，不断推进独特韵味别样精彩的世界名城建设，不断书写淋漓酣畅的发展篇章。杭州的明天必将更加美好！

2017年8月10日

目
录

CONTENTS

序

第一章　浙江经验和五大发展理念的提出

第二章　创新发展理念在杭州的实践

第三章　协调发展理念在杭州的实践

第四章　绿色发展理念在杭州的实践

第五章　开放发展理念在杭州的实践

第六章　共享发展理念在杭州的实践

第七章　落实五大发展理念的实现路径

后　记

第一章

浙江经验和五大发展理念的提出

一、习近平同志主政浙江期间五大发展理念的最初萌芽

习近平同志主政浙江期间，结合浙江实际，大力推进"八八战略"，即发挥浙江体制机制、区位、特色产业、城乡协调、生态、山海、环境、人文等八大优势，采取"八项举措"，更加注重统筹兼顾，更加注重经济增长的质量和效益，更加注重实现和维护广大人民群众的切身利益，走出了一条科学发展的浙江之路。杭州作为浙江经济社会发展的领头羊和排头兵，率先坚持和发扬"自强不息、坚韧不拔、勇于创新、讲求实效"的浙江精神，勇立潮头，干在实处；率先推进经济社会转型升级发展，取得了举国瞩目的成绩。诚如习近平同志指出的"时代是思想之母，实践是理论之源"[1]。在浙江省、在杭州市的生动实践，不仅充分体现了以人为本、全面协调可持续发展的要求，而且还为新的发展理念奠定了基础。可以说，在习近平同志主政浙江期间，在这片创新实践的热土上，"五大发展理念"已然悄悄萌芽。

---

[1]　习近平同志 2016 年 7 月 1 日在庆祝中国共产党成立 95 周年大会上的重要讲话。

（一）关于创新发展

创新一直以来是浙江杭州的特色所在，永葆青春活力的"秘钥"。习近平同志在科技创新、新型工业化、发展信息经济等方面对杭州的创新工作予以了充分的肯定和指导。可以说，"创新"的发展理念在浙江、在杭州已经悄悄萌芽。

1. 多维度论述科技创新的内涵与实质

主政浙江期间，习近平同志对杭州的创新寄予厚望，他指出："要抓住新的历史机遇，创造浙江及杭州经济社会发展的新辉煌，也必须更加重视创新、推进创新。"[1]习近平同志还指出："杭州发展还是要靠高科技，……现代化不靠这个东西不行。""杭州已经有这样一些基础，自身的条件很适合向高新科技方向发展，打造'硅谷天堂'，首先是个天堂，……过去是风景天堂，西湖天堂，下一步是硅谷天堂，高科技的天堂。"[2]

十多年发展的实践表明，杭州的发展优势主要体现在科技创新上。杭州十分重视培育创新主体、打造创新平台、完善创新机制、吸引创新人才、营造创新文化氛围。杭州通过建设"天堂硅谷"发挥示范作用，有效引导全省科技创新，促进全省经济转型升级。杭州建设"两港五区"（信息港、新药港，国家级高新技术产业开发区、国家级经济技术开发区、杭州高教园区、临平工业区、江东工业区）、打造"天堂硅谷"的步伐不断加快，相继成为国家信息化试点城市、电子商务试点城市、电子政务试点城市、数字电视试点城市和国家软件产业化基地、集成电路设计产业化基地，涌现出了一批全国知名的大型通信企业、著名软件企业和医药企业。世界500强企业已有40余家落户杭州。高新技术产业已成为杭州的一大特色和明显优势。"天堂硅谷"正成为杭州的一个品牌，一张名片。杭州正通过发挥示范效应，用好这

---

[1] 习近平同志 2003 年 1 月 25 日在杭州市委常委民主生活会上的讲话。

[2] 习近平同志 2003 年 4 月 28 日在杭州高新开发区视察时的讲话。

个品牌、打好这张名片，为推动全省科技事业发展做出积极的贡献。

2. 科学论述信息化与工业化的关系

在浙江工业发展道路上，习近平同志特别强调新型工业化，特别钟爱先进制造。他指出："实施'八八'战略，很重要的一点，就是大力发展特色、块状产业，打造先进制造业基地，走新型工业化道路。"[1]针对杭州发展的实际，习近平同志指出："杭州要按照省委、省政府提出的'坚持走新型工业化道路，加快我省先进制造业基地建设'的要求，切实抓好先进制造业基地建设，大力发展杭州特色、杭州优势的产业，努力在环杭州湾产业带的建设中发挥排头兵的作用。""要牢牢把握'先进'两个字，坚持以信息化带动工业化，以工业化促进信息化，坚持依靠科技进步和创新，大力推进新型工业化的发展。"[2]

3. 提出打造"数字杭州"，发展信息产业

主政浙江期间，习近平同志指出："杭州市要有这种历史责任感，不仅要成为浙江的高新技术产业中心，而且要成为全国高新技术产业的重要城市。"[3]时隔九年，2015年5月26日习近平同志考察杭州海康威视数字技术股份有限公司时，又提出："企业持续发展之基、市场制胜之道在于创新，各类企业都要把创新牢牢抓住，不断增加创新研发投入，加强创新平台建设，培养创新人才队伍，促进创新链、产业链、市场需求有机衔接，争当创新驱动发展先行军。"

（二）关于协调发展

1. 提出推进城乡配套改革，实现城乡一体化

主政浙江期间，习近平同志特别强调通过城乡统筹与区县合作，探索"以城带乡、以乡促城、城乡一体"的发展新路。他指出："杭州的城乡统

---

[1] 习近平同志2006年7月19日在杭州考察工业经济工作时的讲话。

[2] 习近平同志2004年2月24日在浙江省委常委会听取杭州市推进城市化工作汇报时的讲话。

[3] 习近平同志2006年7月19日在杭州考察工业经济工作时的讲话。

筹发展取得了新的成效。要……继续推进城乡一体化发展。新农村建设中，既要努力改善生活环境，完善公共服务，更要因地制宜发展好产业，努力增加农民收入。"[1]

针对农村发展，习近平同志指出："要以'千村示范、万村整治'活动为载体，从产业调整、农村合作医疗建设等社会保障问题入手，搞好城乡配套改革，加大农村环境整治力度，加快发展农村社会事业，促进城市文明向农村辐射，千方百计缩小城乡差别。"[2]

习近平同志特别强调城乡协调发展，他指出："杭州要统筹城乡发展，推进城市化，必须……大力发展效益农业，进一步调整和优化农业产业结构……切实加大政府对农业的支持力度，真情关爱农民，真诚对待农民，真心帮助农民，努力增加农民收入，开创农业和农村发展新局面。"他还指出："杭州要统筹城乡发展，打破'二元结构'，关键是要加快两个新区和五县（市）的经济社会发展。"[3]

针对欠发达地区发展问题，习近平同志指出："加快欠发达地区发展，不是简单地对欠发达地区'输血'，而要让欠发达地区发挥后发优势、挖掘潜在优势，使劣势变成优势。"[4]

2. 针对"三农"工作，提出"六个坚持"

2006年1月8日，习近平同志在全省农村工作会议上，针对"三农"工作提出"六个坚持"，即坚持以人为本，把增进农民根本利益、促进农民全面发展作为"三农"工作的根本出发点和落脚点；坚持多予少取放活，不断增强三农的自我发展能力；坚持以工促农、以城带乡，形成城乡互促、共同繁荣的格局；坚持经济社会协调发展，努力构建农村和谐社会；坚持深化市场取向的改革，提供有利于"三农"又快又好发展的体制机制保障；坚持一切从实际出

---

[1] 习近平同志 2003 年 1 月在听取杭州市主要领导汇报时的讲话。

[2] 习近平同志 2003 年 9 月 15 日在淳安县调研时的讲话。

[3] 习近平同志 2004 年 2 月 24 日在浙江省委常委会听取杭州市推进城市化工作汇报时的讲话。

[4] 习近平同志 2003 年 4 月 24 日在建德市和淳安县调研时的讲话。

发，不断创新"三农"工作的思路和方法。[1]从根本上改变农业弱质、农民弱势、农村落后的状况，促进"三农"发展尽快转上科学发展的轨道。

3. 提出通过"山海协作"，促进农村地区的发展

习近平同志多次提出，按照省委提出的"创业富民、创新强省"总战略，按照保增长、促转型的要求，着力于增强动力、提升层次、完善机制、强化服务，发挥各自优势，推进发达地区与欠发达地区开展特色优势产业、新农村建设、人力资源培训就业、社会事业等领域合作，有效提升欠发达地区产业发展水平，促进低收入群众增收致富，把欠发达地区培育成为新的经济增长点。同时，积极推进发达地区调整产业结构、提升产业层次，实现互利共赢、共同发展，为全面建设惠及全省人民的小康社会做出积极的贡献。通过"山海协作"工程，强化特色发展，打造区域优势；强化集聚发展，打造产业优势；强化开放发展，打造平台优势；强化合力发展，打造机制优势。

（三）关于绿色发展

1. 提出"建设生态省、打造绿色浙江"的要求

主政浙江期间，习近平同志特别重视抓清洁生产、循环经济，强调节约型社会建设。他指出："生态环境是投资环境的重要组成部分。加快垃圾处理、污水处理等设施建设，掀起新一轮城市基础设施建设热潮，是杭州改善生态环境和建设生态城市，实现可持续发展的基本要求。""杭州治污工作也理应走在全省前列。……为浙江建设生态大省做出应有贡献。"[2]习近平同志又极力倡导生态省、生态市的建设，针对杭州的实际，他提出："要按照'建设生态省、打造绿色浙江'的要求，扎实实施'环境立市'战略，……努力把杭州建成'生态市'。"[3]

---

[1] 习近平同志 2006 年 1 月 8 日在浙江省全省农村工作会议上的讲话。

[2] 习近平同志 2003 年 4 月 11 日在考察七格污水处理厂建设时的讲话。

[3] 习近平同志 2004 年 2 月 24 日在省委常委会听取杭州市推进城市化工作汇报时的讲话。

2. 倡导环境立省、环境立市

习近平同志指出可持续发展是个非常重要的问题，不能以牺牲环境为代价，尽量搞清洁生产，循环经济，实现资源再利用。他指出："一个只重视经济发展，不重视生态建设的领导不是一个好领导。要坚持既要金山银水，又要青山绿水。……通过错位发展，实现生态保护与经济发展的双赢。"[1] 习近平同志在建德和淳安调查时还指出："充分利用山水资源优势，坚持'生态立市'、'生态立县'，……你们处于钱塘江的上游源头，加强城市防洪，注重生态保护，做好污水处理、垃圾处理等环境保护工作，事关我省防汛工作全局，事关下游人民的饮水卫生和身体健康。""淳安的生态保护不仅是关系到淳安一个县的大事，关系到全省甚至全国的大事，千岛湖是源头，千岛湖联系到三江，三江联系到杭州，杭州联系到浙北，……君住江之头，我住江之尾，这一定要保护好。"[2]

3. 提出发展循环经济的20字思路

习近平同志指出："要把生态经济特别是循环经济摆上重要的位置。……以最小的环境资源代价谋求经济社会最大限度的效益，以最小的经济社会成本实现资源和环境的保护。"又指出："各地各部门必须树立大力发展循环经济的理念，……要不断扩大循环经济覆盖的范围，并丰富其内涵，从生产、消费、回收等环节，从工业、农业、服务业等领域，从城市、农村等区域，探索和实践不同情况下的循环经济模式，在经济结构战略性调整中大力推进循环经济的发展。"[3]

4. 倡导"美丽乡村""美丽杭州"建设

习近平同志指出："生态城市建设首先要在西湖保护上体现出来。要按照'蓝天、碧水、绿色、清静'要求，大力保护和建设好环湖生态，使西湖

---

[1] 习近平同志 2003 年 9 月 15 日在淳安县调研时的讲话。

[2] 习近平同志 2003 年 4 月 24 日在建德市和淳安县调研时的讲话。

[3] 习近平同志 2005 年 9 月 5 日在钱塘江流域调研时的讲话。

风景名胜区绿水常绿、青山常青、鲜花常艳。"[1]

习近平同志多次提出绿水青山的重要性，他指出："生态补偿机制就是一种补偿，更为重要的是，要看到绿水青山就是金山银山。绿水青山可带来金山银山，但金山银山却买不到绿水青山。"[2]2013年1月在听取杭州市主要领导汇报时，习近平同志又指出："杭州山川秀美，要加强保护，尤其是水环境的保护，使绿水青山常在。更加扎实地推进生态文明建设，努力使杭州成为美丽中国建设的样本。"

（四）关于开放发展

1. 提出"两条腿走路好"

主政浙江期间，习近平同志指出，引进外资，尽管我省已有长足发展，但与广东、江苏、上海等省市相比，还是一条"短腿"。一定要转变观念，采取有效措施，加大利用外资的力度，提高对外开放的水平。否则，我们就会"瘸腿"，就会丧失原有的优势，就会在竞争中落后。所以说，"两条腿走路总比一条腿好"[3]。在浙江省对外经济发展定位上，习近平同志提出北接上海、东引台资的定位，就是要充分利用上海这一对外开放的平台，承接国际产业转移，吸引外商落户，吸引外资投入，扩大对外贸易，不断提高对外开放水平。针对杭州的对外开放，他指出："要进一步扩大对内对外开放。在推进城市化过程中，继续重视做好主动接轨上海、积极参与长江三角洲地区合作与交流工作，既要启动民资，又要注重引进外资，力争在发展开放型经济上取得新的突破。"[4]

2. 提出引进外资具有更重要更深远的意义

习近平同志对引进外资进行新的阐述，指出引进外资不仅是一个资金问

---

[1] 习近平同志 2003 年 9 月 27 日在考察西湖综合保护工程时的讲话。

[2] 习近平同志 2005 年 9 月 5 日在钱塘江流域调研时的讲话。

[3] 《两条腿走路好》，选自习近平同志《之江新语》，浙江人民出版社 2007 年版。

[4] 习近平同志 2004 年 2 月 24 日在浙江省委常委会听取杭州市推进城市化工作汇报时的讲话。

题，更重要的是引进技术、人才和管理，促进产业结构的调整和提升的问题，是一个扩大开放的问题，是一个与国际接轨的问题。习近平同志2002年刚到浙江工作时就指出："要在扩大开放上下功夫，在人才和科技支撑上下功夫，把杭州建设成为创业者的天堂。"[1] 2005年又指出："利用外资，绝不是资金的问题，外资的背后是先进技术、先进管理经验和广阔的国际市场。……鼓励海外资本特别是跨国公司在我省投资建厂、建立研发机构或经营总部，全面提升我省信息产业国际化水平。"[2]

3. 提出改进招商引资的方式

习近平同志强调要改"招商引资"为"选商引资"。在继续重视"以民引外""以外引外"和"东引台资"的同时，着重引进世界500强等大企业和高技术产业项目来我省投资落户，积极稳妥推进银行、保险、旅游、教育、卫生等服务领域的对外开放。要突出选商引资，大力提高利用外资的质量和水平。[3]

4. 强调"选商引资"要做好"融合""结合"与"和合"三篇文章

习近平同志特别强调要"选商引资"，而不是单纯的招商引资，就是为了统筹本土经济和外资经济发展，使之相互补充、相互促进。具体来说，选商引资要做好"融合""结合"与"和合"三篇文章。[4]一是要解决好本土经济与外部经济特别是国际经济的"融合"问题；二是要做到"以民引外、民外合璧"的"结合"；三是要努力形成一种"和合"的文化氛围，尊重外来的先进文化和观念，特别是尊重外来人才，形成一种按法制规则办事的社会氛围，一种大气开放的创业环境，一种多元和合的价值取向，一种大开大合的都市文化。

5. 提出对外开放中把握主动权

习近平同志指出，要顺应扩大开放的趋势，站在全局和战略的高度，正

---

[1] 习近平同志 2002 年 11 月 28 日在杭州市考察调研时的讲话。

[2] 习近平同志 2005 年 4 月 4 日在杭州调研软件通信产业时的讲话。

[3] 《突出选商引资》，选自习近平同志《之江新语》。

[4] 《选商引资要做"合"字文章》，选自习近平同志《之江新语》。

确把握时代发展的趋势，努力从国际国内形势的相互联系中把握发展方向，从国际国内条件的相互转化中用好发展机遇，从国际国内资源的优势互补中创造发展条件，从国际国内因素的综合作用中掌握发展全局，进一步增强工作主动性和创造性，在扩大对外开放上，花更大的力气，作更大的努力，牢牢把握发展的主动权，努力争创我省对外开放新优势。[1]他还提出："跳出浙江发展浙江，在大力引进各种要素的同时打到省外去、国外去，利用外部资源、外部市场实现更大的发展。"习近平同志还肯定"地瓜理论"，鼓励企业走出去，主动接轨上海，主动参与西部大开发和东北地区等老工业基地改造，主动参与国际市场的竞争，在省外、国外建设我们的粮食基地、能源原材料基地和生产加工基地。[2]

（五）关于共享发展

1. 强调民生为本，全面实施民生保障

主政浙江期间，习近平同志指出："在推进城市化中，要十分重视文化、教育、卫生等各项社会事业的发展。""要进一步完善失业、养老、医疗等社会保障制度，努力扩大覆盖面，增强社会保障功能。"[3]在促进就业方面，习近平同志指出："要切实保护失地农民和进城务工农民的利益，进一步加强对农民的就业技能培训，让更多的农民成为适应城市化和工业化发展要求的高素质劳动者。""要进一步完善促进就业的各项政策和市场化就业机制，做好下岗失业人员的再就业工作。对外来务工人员，要多些关爱，重视解决他们在生产生活方面的实际问题。"[4]在发展教育方面，习近平同志指出："基础教育的均衡化发展是建设和谐社会的重要内容。把优质学校办好，使优质教育资源发挥更大的作用，让更多的人享受优质教育，不仅解决

---

[1] 《机遇总是垂青勇于竞争的人》，选自习近平同志《之江新语》。
[2] 《在更大的空间内实现更大发展》，选自习近平同志《之江新语》。
[3] 习近平同志2004年2月24日在省委常委会听取杭州市推进城市化工作汇报时的讲话。
[4] 习近平同志2003年4月15日在余杭区调研时的讲话。

'好上学'的问题,而且解决'上好学'的问题。""应该关心外来创业者的子弟,为他们上好学,为外来创业者在这里安居乐业,创造更好的条件,提供各方面的服务。"[1]在发展卫生事业方面,习近平同志指出:"要认真总结、推广和创新小营巷等基层卫生工作典型经验,千方百计方便群众就医,不断提高基层卫生工作水平。"[2]

2. 提出推进农村"四位一体"的发展思路

习近平同志强调:"在加快工业化、城市化,减少农民的同时,统筹城乡发展,通过建设社会主义新农村,把公共资源的投入由城市为主更多地向农村倾斜,把传统农业改造建设为具有持久市场竞争力,能持续致富农民的高效生态农业,把传统的村落改造为让农民也能过上现代文明生活的农村新社区,把传统的农民改造为适应生产分工发展要求的高素质的新型农民,推进农村的经济、政治、文化和社会'四位一体'的建设,实现'生产发展、生活宽裕、乡风文明、村容整洁、管理民主',让农民共享发展成果,共享现代文明。"[3]

3. 提出从"两种人"看"三农"问题

习近平同志指出,"三农"问题的本质是农民问题。由于城乡二元的体制结构,国民分成了两种身份,一是城市居民,二是农民。城乡差别是客观存在的,但城乡二元成为一种体制,就人为地造成了农民与市民的身份差别。要通过改革创新,促进农村发展,逐步消除农民与市民在实质上的差别和身份上的巨大落差,而只是社会职业分工的不同。[4]习近平同志还强调:"要真正破除城乡壁垒,解决城乡矛盾,给农民以公平的国民待遇、完整的财产权利和平等的发展机会。"[5]

[1] 习近平同志 2004 年 2 月 24 日在省委常委会听取杭州市推进城市化工作汇报时的讲话。
[2] 习近平同志 2003 年 12 月 19 日在省卫生厅和小营巷调研基层卫生工作时的讲话。
[3] 《从"两种人"看"三农"问题》,选自习近平同志《之江新语》。
[4] 《从"两种人"看"三农"问题》,选自习近平同志《之江新语》。
[5] 《务必改革开放促"三农"》,选自习近平同志《之江新语》。

4. 提出做好群众工作，真正为民排忧解难

习近平同志多次提出要解决群众的实际困难。他指出："各级领导干部要把扶贫济困工作放在突出位置，深入基层、深入群众，特别是深入到困难多、问题多、矛盾多的地方，真扶贫、扶真贫，多做雪中送炭的工作，帮助群众克服困难，指导基层解决问题，投入精力化解矛盾，努力以实际行动取信于民。"[1] "我们要关心好群众的利益，即使是必须做的事情，也要做好群众的思想工作，要把推进各项工作与实现人民利益有机统一起来，切实把人民的利益实现好、维护好、发展好。"[2]习近平同志指出："我们的责任，就是向人民负责，为群众解难。既然群众有信访诉求，我们就应该扑下身子去解决，千方百计为其排忧解难……"[3] "真正把群众工作做深、做细、做实，以实际行动推进'平安浙江'建设，努力使杭州成为全省社会和谐稳定的首善之区。"[4]习近平同志还提出："我们一年忙到头，根本的宗旨就是为民服务。完善和落实为民办实事长效机制，就是要忙到点子上、做好关键处。"[5] "要把解决民生问题摆在首要位置，特别是帮助困难群众解决实际问题，处理好'雪中送炭'和'锦上添花'的关系，多做'雪中送炭'的事，真正使广大群众得实惠。"[6]

二、从思想萌芽逐步发展进而形成系统化治国理念

从思想萌芽逐步发展进而形成系统化治国理念的过程，既具有理论演进的逻辑性，又具有实践发展的连续性。可以说，在这一过程中，实现了从具体性就事论事的论断到宏观性治国理念的升华、从单一层面到系统层面的发

---

[1] 习近平同志 2002 年 12 月 15 日在萧山区考察调研时的讲话。

[2] 习近平同志 2003 年 9 月 27 日在考察西湖综合保护工程时的讲话。

[3] 习近平同志 2004 年 9 月 9 日在临安市下访接待群众情况碰头会上的讲话。

[4] 习近平同志 2004 年 9 月 28 日在听取杭州市有关工作汇报时的讲话。

[5] 转引自 2007 年 1 月 1 日《杭州日报》关于习近平同志在杭州调研为民办实事工作的报道。

[6] 习近平同志 2007 年 1 月 29 日在参加省"两会"杭州代表团讨论时的发言。

展、从表层化向深层化的提升、从区域性试点向全国性适用的推开。

（一）从具体性就事论事的论断到宏观性治国理念的升华

五大发展理念，寻根溯源，具备有迹可查的"浙江元素"和初始的"杭州原点"。其原初思想萌芽中，最初是针对浙江省、杭州市的具体发展困境提出的一些应对举措和思想。当时的一些主张及提法，具有具体针对性，主要是针对发展的现实，就事论事而提出的一些论断。经过发展升华，最终上升为国家层面的治国理念。

1. 从"清洁生产""低碳发展""两型社会""两座山"的概念与论断到绿色发展理念的形成

以绿色发展理念为例。在浙江、在杭州，环境保护方面首先提出"生态省""生态市"建设的思想，后来，其他省市纷纷跟进，"生态"建设遍地开花；在环境整治上，提出"美丽乡村""美丽杭州"概念，后来发展到全国推进"美丽中国"的建设；在工业生产上，提出"清洁生产""循环经济"的思想，促进了武汉城市圈和长株潭城市群"两型社会"试验区建设，十六届五中全会也明确地提出了加快建设资源节约型、环境友好型社会的发展路径，形成人与自然和谐发展的现代化建设新格局。及至十八届五中全会正式提出绿色发展理念。

在工业生产上，浙江省由于具有资源稀缺、能源紧缺、污染严重等问题，工业转型升级的问题特别突出。当时省委为解决这一问题，提出了推进清洁生产、发展循环经济、促进低碳发展的若干举措，促进工业转型升级。在环境保护上，由于浙江民营企业具有多、散、小等特点，浙江民营企业20多年的发展对环境造成了较为严重的破坏，环境保护的形势十分严峻。因此，当时省委提出建设生态省、生态市的主张，大力加强环境整治。杭州市通过实施西湖综合保护工程，大力整治西湖周边环境，还湖于民；同时通过"美丽乡村"试点工作，实行农村环境整治。

在环境保护与经济发展的关系上，习近平同志主政浙江时，就深刻指出："我们既要GDP，又要绿色GDP。特别是浙江人多地少，如果走传统的经济发展的道路，环境的承载将不堪重负，经济的发展与人民群众生活质量的提高会适得其反。……既着眼当前，更考虑长远，承担起积极推进全面、协调、可持续发展的重任。"[1]

后来为破解经济发展和环境保护的"两难"悖论，又提出"绿水青山""金山银山"两座山的理念。习近平同志多次提到"两座山"的概念，提出"既要金山银山，又要绿水青山"，"宁要绿水青山，不要金山银山"，"绿水青山就是金山银山"，这一关系的演变和发展，既是发展理念和方式的深刻转变，也是执政理念和方式的深刻变革，更是对自然规律、社会发展规律和人类文明发展规律的深刻认识。必须进一步让"绿水青山就是金山银山"成为全社会的最大共识。只有成为整个社会的最大共识，保护生态、爱护环境才能进而成为全社会的自觉行动。必须抛弃一种思维：保护了生态就保不住GDP；建立一种信念：绿水青山就是金山银山。绿水青山与金山银山不是对立的，而是统一的，关键在转型、在升级，从以前的破坏环境、浪费资源求发展，转型到保护环境、节省资源求发展。针对欠发达地区的发展，习近平同志指出，只有贯彻落实好环保优先政策，走科技先导型、资源节约型、环境友好型的发展之路，才能实现由"环境换取增长"向"环境优化增长"的转变，由经济发展与环境保护的"两难"困境向两者协调发展的"双赢"格局的转变；才能真正做到经济建设与生态建设同步推进，产业竞争力与环境竞争力一起提升，物质文明与生态文明共同发展；才能既培育好"金山银山"，成为我省新的经济增长点，又保护好"绿水青山"，在生态建设方面为全省做贡献。

再发展到后来，在国家层面更深入地提出文明发展新路。即必须坚持节约资源和保护环境的基本国策，坚持可持续发展，坚定走生产发展、生活富裕、生态良好的文明发展道路，加快建设资源节约型、环境友好型社会，形

---

[1] 《既要GDP，又要绿色GDP》，选自习近平同志《之江新语》。

成人与自然和谐发展的现代化建设新格局。推动低碳循环发展，建设清洁低碳、安全高效的现代能源体系，实施近零碳排放区示范工程。

这些举措和主张，逐渐得到深化，为"绿色发展"的提出奠定了实践基础。在国家经济转型升级和全面实施可持续发展的背景下，提出正确处理经济发展与生态建设的关系，把与经济发展和生态建设相脱节甚至相对立的不正确观念扭转过来，将生态保护与发展统一起来，"绿色发展"的新概念便应运而生。生态保护、环境建设本身就是一种发展，是永续发展的必要条件和人民对美好生活追求的重要体现。

到十八届五中全会时，这些主张和论断进一步升华发展为"绿色发展"的治国理念。全会提出，坚持绿色发展，必须坚持节约资源和保护环境的基本国策，坚持可持续发展，坚定走生产发展、生活富裕、生态良好的文明发展道路，加快建设资源节约型、环境友好型社会，形成人与自然和谐发展的现代化建设新格局，推进美丽中国建设，为全球生态安全做出新贡献。

2. 从"民主民生""共建共享""分配正义""获得感"到共享理论的形成

在浙江以及杭州的发展思想及实践中，"共享"还仅仅是一种概念，更多的是"民主民生"思想、"共建共享"概念，以及公共服务对弱势群体的更多普惠。在全国其他地方也多是类似的概念。特别是"民主民生"的做法，在全国具有较大的影响。杭州通过创新民主参与方式，把握民意需求和民生事项，保障落实人民群众的知情权、参与权、表达权、监督权，民主成为改善民生的保障和动力。"以民主促民生"最初体现在坚持"三位一体"和落实"四问四权"。所谓"三位一体"，就是党政、市民、媒体"三位一体"。在搭建协商民主平台、满足不同利益主体多元化需求、解决个人与群体矛盾的过程中，党政发挥主导力，媒体发挥引导力，市民发挥主体力。所谓"四问四权"，就是要问情于民，落实知情权；问需于民，落实选择权；问计于民，落实参与权；问绩于民，落实监督权。杭州市在实施一系列城市重大工程和民生工程过程中，正是通过"四问四权"，使公共政策的制定、执行、评估、监督的每个环节，都有民主的机制和程序作保障。杭州市还采取各种措施，保障民生的"共建共享"。

2015年2月27日，在中央全面深化改革领导小组第十次会议上，习近平总书记进一步提出群众的"获得感"的概念，他指出，把改革方案的含金量充分展示出来，让人民群众有更多"获得感"。

十八届五中全会正式提出"共享"发展理念，并从发展目的、发展主体、发展最终结果等方面予以阐述，提出要坚持发展为了人民、发展依靠人民、发展成果由人民共享。应该说，共享发展理念的提出，具有历史继承性和现实可行性。在改革开放以来确定的"先富带动后富"的基本思路基础上，在我们即将全面建成小康社会的关键时刻，提出共享发展理念，不仅是强调共同富裕发展目标的实现，而且赋予了发展动力、发展过程、发展方式和发展性质的新内涵。共享发展，不能仅仅理解为发展后对发展成果的共享，而是把共享赋予发展的全过程，形成共享式发展。

"共享"发展理念是对以前"先富带动后富""民主民生""共建共享"思想以及"扶贫"、公共服务普惠等概念的升华，具有更深刻的内涵和现实指导意义。在共享发展理念的指导下，要通过更合理更有效的制度安排，使全体人民在共建共享发展中有更多"获得感"，增强发展动力，增进人民团结，朝着共同富裕方向稳步前进。

（二）从单一层面、单一领域到系统层面的全面发展

1. 增强了创新理念的完整性与系统性

"创新"概念最初局限于科技创新的单一层面和工业领域的单一领域，最初主要围绕的是工业升级、高端技术，信息化与工业化的结合，现在已经发展到包括理论创新、制度创新、科技创新、文化创新等四大方面的全面创新。这四大创新对经济社会和国家发展全局具有深刻影响，具有强大的推动力。思想理论创新属"脑动力"创新，是社会发展和变革的先导，也是各类创新活动的思想灵魂和方法来源。制度创新属"原动力"创新，是持续创新的保障，能够激发各类创新主体活力，也是引领经济社会发展的关键，其核

心是国家治理创新，推进国家治理体系和治理能力现代化，形成有利于创新发展的体制机制。科技创新属"主动力"创新，是全面创新的重中之重。文化创新本质上是"软实力"创新，培植民族永葆生命力和凝聚力的基础，为各类创新活动提供不竭的精神动力。这四大创新体现出我国发展的创新思路、创新方向。当前，创新发展致力于促进我国发展方式从规模速度型粗放增长转向质量效率型集约增长，经济结构从增量扩能为主转向调整存量、做优增量并举，发展动力从主要依靠资源和低成本劳动力等要素投入转向主要依靠创新驱动。

2. 形成协调发展的系统性理论

（1）从城乡统筹、区域经济社会协调发展不断扩大其外延，形成协调发展的系统性理论。涵盖了城乡区域协调发展，经济社会协调发展，新型工业化、信息化、城镇化、农业现代化同步发展，涵盖了区域协调发展、城乡协调发展、物质文明和精神文明协调发展、经济建设和国防建设融合发展、军民融合发展。

（2）提出促进区域发展的战略框架。"一带一路"、京津冀协同发展、长江经济带"三大支撑带"将促进区域内省份明晰功能定位，加快产业合理分布和上下游联动机制，促进区域发展。而实施东北振兴政策摆脱增长率垫底的局面，加快新疆、西藏等经济底子薄、具有战略意义的边疆区域发展，则可以增强经济的发展后劲。

（3）将"军民融合"上升为国家战略。此后，军民融合呈加速发展态势。十八届五中全会公报提出要"实施军民融合发展战略，形成全要素、多领域、高效益的军民深度融合发展格局"。

（三）从表层化向深层化的提升

在创新发展思想的演变中，由"创新促进发展"的表层理解跃升至"创新引领发展"的战略高度。

1. 将创新上升为国家战略

十多年来，杭州不断加强科技创新中的聚集作用。2006年1月15日，习近平同志在浙江省委常委扩大会议上，针对科技创新提出了今后的工作重点。要突出企业创新主体地位，抓紧创新平台建设，大力发展中介机构，加快完善区域创新体系；立足产业基础，发挥特色优势，围绕经济社会发展这一中心任务，着力解决制约经济社会发展的关键技术问题；把推动技术创新和实施品牌战略结合起来，提高产品技术含量和附加值；深入实施人才战略，强化人才激励机制；抓好知识产权的发展和保护，抓好体制机制创新，深化高校结构调整和科研体制改革；弘扬和发展创新文化，形成全社会重视创新、参与创新、支持创新的良好氛围。

十八大以来，习近平总书记逐步形成经济新常态下关于创新的认识和判断，并于五中全会上予以全面阐述，"把创新摆在国家发展全局的核心位置"，"把创新作为引领发展的第一动力"。习近平同志指出："谁牵住了科技创新这个牛鼻子，谁走好了科技创新这步先手棋，谁就能占领先机、赢得优势。"现在，我国需要高端技术、核心技术、关键技术，但引不进、买不来，只能靠我们自己创新。这就需要依靠创新汇聚融合高端要素，培育我国经济发展新动力；依靠创新培育发展高端产业，构建我国经济发展新优势；依靠创新打造形成创新高地，拓展我国经济发展新空间；加强基础研究，强化原始创新、集成创新和引进消化吸收再创新，树立战略和前沿导向，推动关系发展全局的重大技术突破；强化企业创新主体地位和主导作用，形成一批具有国际竞争力的创新型领军企业，推动跨领域跨行业协同创新，加快政产学研用深度融合；坚持全球视野，推进开放创新，为经济转型升级提供强有力支撑。

2. 提出从"追赶型发展"转向"引领型发展"的新理念

《中共中央关于制定国民经济和社会发展第十三个五年规划的建议》指出："在国际发展竞争日趋激烈和我国发展动力转换的形势下，必须把发展基点放在创新上，形成促进创新的体制架构，塑造更多依靠创新驱动、更多发挥先发优势的引领型发展。"这两个"更多"、一个"创新驱动"、一个

"先发优势"、一个"引领型发展",成为未来五年创新发展的指标性要求。十八大五中全会强调坚持创新发展,必须把创新摆在国家发展全局的核心位置,让创新贯穿党和国家一切工作,让创新在全社会蔚然成风。拓展发展新空间,形成以沿海沿江沿线经济带为主的纵向横向经济轴带,培育壮大若干重点经济区,实施网络强国战略,实施"互联网+"行动计划,发展分享经济,实施国家大数据战略。大力推进农业现代化。构建产业新体系,加快建设制造强国,实施"中国制造2025",实施工业强基工程,培育一批战略性产业,开展加快发展现代服务业行动。

(四)从区域性试点向全国性适用的推开

1. "美丽乡村""美丽杭州"建设发展到"美丽中国"建设

以绿色发展理念为例。主政浙江期间,习近平在环境保护方面首先提出"生态省""生态市"建设的思想,后来,其他省市纷纷跟进,"生态"建设遍地开花;在环境整治上,提出"美丽乡村""美丽杭州"概念,后来发展到全国推进"美丽中国"的建设;在工业生产上,提出"清洁生产""循环经济"的思想,促进了武汉城市圈和长株潭城市群建设"两型社会"试验区,十六届五中全会也明确提出了加快建设资源节约型、环境友好型社会的发展路径,形成人与自然和谐发展的现代化建设新格局。

2. "创业富民,创新强省"的提法发展为在全国推动"大众创业、万众创新"

浙江省2007年省党代会上正式提出了"创业富民,创新强省"发展之路,高扬创业创新的大旗。近年来,浙江在积极推进全民创业的同时,全面推进理论创新、制度创新、科技创新、文化创新、社会管理创新、党建工作创新和其他各方面的创新,使全省综合实力、国际竞争力、可持续发展能力不断增长。在全国层面,李克强总理在2014年9月的夏季达沃斯论坛上,首次发出"大众创业、万众创新"的号召。当时他提出,要在960万平方公里土地上掀起"大众创业""草根创业"的新浪潮,形成"万众创新""人人创新"的新态势。此后，他在首届世界互联网大会、国务院常务会议和各种场合中频频阐释这一关键词。每到一地考察，他几乎都要与当地年轻的"创客"会面，希望激发民族的创业精神和创新基因。

2015年李克强总理在政府工作报告中又提出推动"大众创业，万众创新"，认为"两创""既可以扩大就业、增加居民收入，又有利于促进社会纵向流动和公平正义"。在论及创业创新文化时，强调"让人们在创造财富的过程中，更好地实现精神追求和自身价值"[1]。

3. 从省级视野扩大为国家视野，形成新经济常态下的对外开放新路

从"引进来"到"走出去"的开放策略，率先在省级领域提出，继而成为全国的战略。在我国经济社会发展新的环境、新的起点、新的思路指引下，对外开放要实现从"引进来"到"走出去"的战略转移。而这一思想，早在2005年，习近平同志谈到浙江的对外开放问题时就已提出，他指出："在引进来的同时，积极实施走出去战略，以境外资源开放和跨国并购为重点，开展多种形式的境外投资，在国外建立研发中心、营销网络、生产加工和资源基地，提高我省企业的国际化经营水平。"[2]当时尚处于省级视野下的开放新路，而今成为全国对外开放的大局。在当前形势下，我国新一轮的对外投资是"走出去的2.0时代"，是在国际产能合作以及"一带一路"战略部署下，根据国际市场需求和中国经济内在发展阶段提出"走出去"的开放新路，具有构建跨国产业体系的战略意义。在经济新常态下，更要把开放发展作为新的发展理念。必须顺应我国经济深度融入世界经济的趋势，奉行互利共赢的开放战略，坚持内外需协调、进出口平衡、引进来和走出去并重、引资和引技引智并举，发展更高层次的开放型经济，积极参与全球经济治理和公共产品供给，提高我国在全球经济治理中的制度性话语权，构建广泛的利益共同体。经济新常态下，还要从体制和机制上完善对外开放的政策环境。

---

[1]　李克强《2015年政府工作报告》。

[2]　《突出选商引资》，选自习近平同志《之江新语》。

2015年5月5日，中共中央、国务院《关于构建开放型经济新体制的若干意见》正式发布，提出要创新外商投资管理体制、建立促进走出去战略的新体制、构建外贸可持续发展新机制、优化对外开放区域布局、加快实施"一带一路"战略等多方面任务。

三、近年来杭州发展实践对五大发展理念的初步贯彻

2003年杭州市第九次党代会就确定了城市化战略、工业兴市战略、旅游西进战略、开放带动战略、环境立市战略等五大发展战略。2008年针对杭州市即将跨入发达城市的"门槛"，迎来人均生产总值从1万美元向2万美元迈进的新时代，提出了共建共享与世界名城相媲美的"生活品质之城"这一宏伟目标，市委、市政府又提出了"城市国际化""工业兴市""服务业优先""软实力提升""环境立市""民主民生"等"六大战略"。可以说，杭州的"六大发展战略"，是在切实贯彻省委"创业富民、创新强省"总战略、结合杭州发展定位与发展阶段的实际，实现"两个率先"，即至2015年，全市人均生产总值突破2万美元大关，推动杭州率先迈入发达城市行列；全市服务业增加值占生产总值的比重超过50%，推动杭州率先迈入后工业化时代。更好地发挥杭州在全省经济社会发展中的龙头领跑作用。

（一）践行创新发展的举措

1. 抓住高新技术产业发展这一关键，提升杭州产业层次

目前，杭州市正在打造文化创意、旅游休闲、金融服务、电子商务、信息软件、先进装备制造、物联网、生物医药、节能环保、新能源等十大高新技术产业。文化创意产业将会重点发展信息服务业、动漫游戏业、设计服务业、现代传媒业、艺术品业、教育培训业、文化休闲旅游业、文化会展业等八大行业。在旅游休闲业发展过程中，将逐步实现杭州从"旅游城市"向"休闲城市"的转变。金融服务业除吸引资产（财富）管理投资机构总部和

外资金融机构集聚外，还将发展壮大杭州地方金融板块，争取设立新的本土金融机构。电子商务服务水平将不断提升，拓展移动服务，推进电子商务进企业、进社区、进农村、进政府采购，完善物流等支撑体系。信息软件产业将壮大发展以嵌入式软件、行业应用软件、基础软件为重点的软件产业，并以数字电视产业、信息技术服务业、电信运营业等为重点突破发展信息服务业。先进装备制造业销售产值到2015年达到6000亿元，重点发展交通运输设备制造、先进技术装备制造、电子及通信设备制造、电气机械制造等产业。物联网产业发展将围绕物联网感知层、网络层、应用层三层网络架构体系展开，加快关键技术攻关，抢占物联网产业发展制高点。生物医药产业将围绕解决重大疾病和传染病防治问题，突出发展创新药物、生物疫苗、诊断试剂、现代中药、生活保健品等五大领域。节能环保产业将重点发展节能关键技术装备、污染物治理技术与装备、资源循环利用、低碳技术的研究与应用以及节能环保技术服务业。杭州正在大力发展"中国电子商务之都"，阿里巴巴在美国成功上市，标志着杭州已开始成为全国乃至世界性的电子商务之都。此外，杭州正在成为全国文化创意中心、全国物联网中心，并率先发展信息产业，打造"智慧城市"。

2. 加强创新型"特色小镇"建设，为创业创新打造良好平台

众创空间是互联网时代促进创新创业的新平台。杭州的"三镇三谷"已为全省做出了表率。特色小镇让杭州梦想插上翅膀，创业创新成为现实生产力。在杭州，一个又一个的特色小镇，正在将这些词变成现实的生产力。从浙江全省布局来看，省里提出"按照企业主体、资源整合、项目组合、产业融合原则，在全省建设一批聚焦七大产业，兼顾丝绸、黄酒等历史经典产业，具有独特文化内涵和旅游功能的特色小镇，以新理念、新机制、新载体推进产业集聚、产业创新和产业升级"。立足于创业创新，承载着发展信息经济、产业转型升级重任的小镇，不断涌现出来。而在杭州，以云栖小镇、梦想小镇、基金小镇和云谷、西溪谷、传感谷为代表的"三镇三谷"已经吸引了越来越多人的目光。

杭州的创新型特色小镇建设，在全国范围内产生了深远的影响，2016年5月国务院办公厅印发《关于建设大众创业万众创新示范基地的实施意见》（以下简称《意见》），系统部署双创示范基地建设工作。《意见》指出："为在更大范围、更高层次、更深程度上推进大众创业、万众创新，加快发展新经济、培育发展新动能、打造发展新引擎，建设一批双创示范基地、扶持一批双创支撑平台、突破一批阻碍双创发展的政策障碍、形成一批可复制可推广的双创模式和典型经验。"《意见》强调，要支持双创示范基地探索创新、先行先试，在拓宽市场主体发展空间、强化知识产权保护、加速科技成果转化、加大财税支持力度、促进创业创新人才流动、加强协同创新和开放共享等方面加大改革力度，激发体制活力和内生动力，营造良好的创业创新生态和政策环境。

3. 深入实施"一号工程"，推进"国家自主创新示范区"建设

2015年开年杭州市委、市政府召开的第一个大会，就是研究部署"一号工程"——"发展信息经济、推广智慧应用"。要坚持智慧产业化、产业智慧化，加快信息化、工业化"两化"深度融合，为杭州争先进位提供新动力。为此杭州重点抓好制订实施七个"三年行动计划"（即六大中心和智慧应用的行动计划）、全力推进"两区"申报创建、扎实推进重点项目、抓紧设立产业投资基金、坚决推进政务数据开放、加强网络基础设施建设、抓紧完善相关招投标制度、创新完善城市管理服务综合平台、抓紧完善招商引资机制、整合提升产业发展平台等十项重点工作。当前尤其要落实好27条人才新政，以良好的政策优势、环境优势、服务优势，加大人才招引和培育力度，为推进"一号工程"提供强大的智力支持。一系列配套文件纷纷推出：《杭州市推进智慧应用三年行动计划（2015—2017）（送审稿）》《杭州市建设"六大中心"三年行动计划（2015—2017）（送审稿）》《2015年度"一号工程"重点工作任务考核要求（征求意见稿）》。

为了将智慧应用落到实处，全力推进"一号工程"建设，2015年杭州市在下发的《杭州市推进智慧应用三年行动计划（2015—2017）》中，第一次

提出了建设智慧应用的"3386"体系，即三大领域、三大平台、八大工程、六大保障。杭州通过市民卡、机顶盒、阿里云等载体在个人、家庭、社会三大领域推广智慧服务；建立"智慧政务云基础平台""智慧城市管理应用平台""网上产品质量监管平台"等三大平台；实施"智慧民生""智慧企业""智慧农村""智慧党建""应用示范""智慧基础设施""商业模式创新""网络与信息安全"等八大重点工程；提供政策体系、人才体系、安全体系、自主创新、投融资、组织实施等六大保障。

2015年8月25日，国务院正式批复同意杭州和萧山临江2个国家级高新技术产业开发区（统称杭州国家级高新区）建设国家自主创新示范区。这是继北京中关村、武汉东湖、上海张江等之后国务院批复的第十个国家自主创新示范区。9月8日，杭州市科委牵头起草的《关于加快杭州国家自主创新示范区建设的若干意见》新鲜出炉，"1＋X"的框架设计得以明确。2015年9月17日，杭州市又出台《关于发展众创空间推进大众创业万众创新的实施意见》。10月16日，新任市委书记赵一德听取示范区建设专题汇报，同意推进工作计划，要求再接再厉，抓紧准备两个会议，抓紧完善两项规划，抓紧制定相关政策，建立健全管理体制，确保示范区建设各项工作全面推进，引领全市创新驱动取得实效。杭州编制了《杭州国家自主创新示范区发展规划纲要（2015—2020）》和《杭州国家自主创新示范区空间布局规划》。为拓展杭州创新创业发展空间，让更多的创新创业园区、平台、企业和科技人员享受国家自主创新示范区的"红利"，为落实国家赋予国家自主创新示范区的"先行先试"，杭州结合区域科技创新与信息经济发展特点，正在跨境电子商务、科技金融、知识产权运用和保护、人才集聚、信息化与工业化融合、互联网创新创业等方面梳理、挖掘"先行先试"的政策举措。

杭州还启动实施"创新创业新天堂"行动，从载体建设、人才集聚、服务提升、金融支持、平台支撑、生态优化等六个方面，落实建设示范区的各项任务。一年来，全市创新主体和创新能力建设进一步提速，创新创业平台和服务体系建设进一步加强，高新技术产业发展进一步加快，建设示范区的经济社会成效初步体现。2016年，杭州高新区海创基地、青山湖科技城、未来科技城、梦想小镇、云栖小镇、山南基金小镇等创新平台、特色小镇成为国内外创新资源的集聚地，"互联网＋"创业人才首选的热土，国内外参观考察杭州创新活力的窗口。2016年10月13—16日，杭州市政府、阿里巴巴集团等在杭州云栖小镇举行"2016杭州·云栖大会"，它是国内最大的云计算、大数据领域的峰会，前身是"阿里云开发者大会"。大会以"飞天·进化"为主题，涵盖了从电商、人工智能、游戏、多媒体、"互联网＋"到政务、国际、大数据、生命科学、物联网、VR、金融、YunOS等共计20个方向和领域超600场的主题演讲和展示。阿里巴巴董事局主席马云在演讲时提出，未来30年社会发展将出现5个新趋势——新零售、新制造、新金融、新技术、新资源。

杭州高新区作为示范区建设的核心区，一年来，以建设具有全球影响力的"互联网＋"创新创业中心和世界一流高科技园区为核心，启动"三次创业"，全面深化改革，释放发展动力，加强创新资源集聚，提升自主创新能力，加快建设智慧e谷，打造创新创业高地，各项科技、经济和社会发展指标均保持较高增速，在浙江省创新型城区及工业强县（市、区）综合评价中保持全省首位，在国家高新区综合评比中继续位居前列。实施杭州创新创业"新天堂"行动计划。具体包括创新创业载体建设、人才集聚、服务提升、金融支持、平台支撑、生态优化等六大工程。把杭州建设国家自主创新示范区与建设国家创新型城市、国家小微企业创新创业示范城市、国家科技金融结合试点城市、国家知识产权强市等工作结合起来，形成杭州创新工作一盘棋。

杭州还通过深化体制改革，优化创新创业生态。浙江省和杭州市在杭州国家高新区（滨江）开展科技体制综合改革试点，积极在政策先行先试、体制机制创新方面开展综合改革，发挥杭州的创新基础条件和优势潜力，把杭州一流的人居环境转化为一流的创业创新生态，在集聚国内外高层次人才，培育科技型、创新型企业，推进大众创业、万众创新等方面形成一批可复制、可推广的创新发展成果和经验。

4. 推进"六大智慧中心"建设，打造具有全球影响力的"互联网＋"创新创业中心

《杭州市建设"六大中心"三年行动计划（2015—2017）》，描绘了杭州发展信息经济和智慧应用的三年规划和实现路径，并力争到2020年建成"六大中心"。六大中心即国际电子商务中心、全国云计算和大数据产业中心、全国物联网产业中心、全国互联网金融创新中心、全国智慧物流中心、全国数字内容产业中心。建成"六大中心"，是杭州具有先发优势、比较优势的重点领域，是杭州发展智慧经济、抢占制高点的主攻方向，也是杭州敢为人先、为全国提供示范的责任担当，更是贯彻落实省委省政府重大决策、发挥龙头领跑示范带动作用的重要部署。"六大中心"建设好了，就彰显了杭州智慧经济的鲜明特色，必将为打造杭州经济"升级版"提供有力支撑。

杭州着力打造具有全球影响力的"互联网＋"创新创业中心。2016年7月11日杭州市委十一届十一次全会审议通过《中共杭州市委关于全面提升杭州城市国际化水平的若干意见》，研究部署城市国际化工作，加快推进世界名城建设。杭州将着力打造具有全球影响力的"互联网＋"创新创业中心、国际会议目的地城市、国际重要的旅游休闲中心、东方文化国际交流重要城市，加快形成一流生态宜居环境、亚太地区重要国际门户枢纽、现代城市治理体系、区域协同发展新格局，建成体现"独特韵味、别样精彩"的世界名城。

作为着力打造的具有四大个性特色的第一点，便是"着力打造具有全球影响力的'互联网＋'创新创业中心"，明确杭州的先发优势，能增强信心；明确杭州的突破点，就能知道劲往哪里使。

打造具有全球影响力的"互联网＋"创新创业中心，杭州具有先天的优势。此前，杭州有国家自主创新示范区和跨境电商综合试验区，这两大战略平台建设对杭州而言是极佳机遇。从阿里巴巴"一家独大"到网易、海康威视、大华股份等龙头企业的不断涌现……杭州信息经济也有明显的先发优势。杭州已经明确，要以杭州国家自主创新示范区建设为龙头，加快创新创

业平台建设；把杭州高新区（滨江）建设成为世界一流高科技园区，临江高新区建设成为一流制造中心；加快建设一批具有国际影响力的科创特色小镇、离岸创新创业基地、开放式创业街区和高端众创空间。从顶层设计上明确目标，规划框架，设置步骤，积极拓展国际创新创业载体，全力打造一个具有全球影响力的"互联网＋"创新创业中心。

为保证创新创业具有永续的生命力与活力，杭州市抓住了根本之处，即人才工作。2015年1月，杭州出台了《杭州市高层次人才、创新创业人才及团队引进培养工作的若干意见》（简称"人才新政27条"），在户籍、医疗、住房、教育、社保等方面，给予各类人才更多的政策扶持。对人才的扶持力度走在了全国前列，甚至可以说是不拘一格。正如习近平同志2015年5月26日考察杭州海康威视数字技术股份有限公司时指出的："人才是最为宝贵的资源，只要用好人才，充分发挥创新优势，我们国家的发展事业就大有希望，中华民族伟大复兴就指日可待。"

2015年6月，习近平总书记考察浙江时，对浙江的创新创业予以充分肯定，指出要继续坚持创业创新，形成大众创业、万众创新的良好局面；要继续全面深化改革，将浙江体制机制的先发优势转化为可持续的优势；要加快推进"腾笼换鸟""凤凰涅槃"，实现经济转型升级；在推进治理体系和治理能力现代化上走在前列，再创体制机制新优势。

（二）践行协调发展的举措

1. 通过统筹城乡发展，大力推进社会主义新农村建设

杭州市在农村税费改革、财政体制改革、户籍管理制度改革、征地制度改革、农村社区股份合作制改革、农村金融体制改革等方面取得新进展，革除影响"三农"发展的体制弊端，努力突破城乡二元结构，建立城乡平等、互动互促的发展机制和体制。特别是在推进城乡配套改革、实现城乡一体化上率先进行探索，总结经验，为全省提供了有益的借鉴。

杭州抓好"六大建设"，大力建设社会主义新农村。早在2006年1月8

日，习近平同志就肯定了杭州的新农村建设，较好地实现了中央提出的"生产发展、生活宽裕、乡风文明、村容整洁、管理民主"的新农村建设要求。近几年，杭州围绕"三改一化"目标，即把传统农业改造成为具有持久市场竞争力和能使农民持续致富的高效生态农业，把传统村落改造建设成为让农民也能过上现代化文明生活的农村新社区，把传统农民改造培育成为能适应分工分业发展要求的有文化、懂技术、会经营、高素质的新型农民，形成城乡互促、共同繁荣的城乡一体化发展新格局。杭州提出今后的工作重点，是抓好"六大建设"，即农村现代农业体系建设、农村新社区建设、农村公共服务体系建设、现代农民素质建设、农村民主政治建设和城乡协调发展的体制建设。

2. 推进工业化、城镇化和农业现代化"三化同步"

杭州实现"六个坚持"，做好"三农"工作。早在2005年1月4日，习近平同志在杭州区县调研"三农"工作时，就充分肯定了杭州的农村工作，指出农村工作突出了统筹城乡发展的主线，都市农业体现了高效生态的发展方向，村庄整治和农村新社区建设取得了显著成效，农村基层民主政治建设取得了新的突破。近年来，杭州市把农业发展的立足点放在调动农民的积极性上，把农业发展的方向盯在高效生态上，把农业发展的着力点落到全面提高农业综合生产能力上，提高农业综合效益和竞争力。要切实增强以统筹城乡发展的方略解决"三农"问题的自觉性和坚定性。更加自觉地把农村和城市作为一个有机统一的整体，把农业的发展放到整个国民经济发展中统筹考虑，把农村的繁荣放到整个社会进步中统筹规划，把农民的增收放到国民收入分配的总格局中统筹安排，有效整合工业化、城市化、农业农村现代化的各项举措，切实加强农业和农村基础设施、农村社会事业和农村公共服务体系建设，加快千村示范万村整治、乡村康庄、千万农村劳动力素质培训等统筹城乡发展的各项工程进程，充分发挥城市对农村的带动作用和农村对城市的促进作用，进一步形成统筹城乡兴"三农"的良好氛围。

3. 紧抓保障和改善民生这一根本点，做好城乡协调发展

杭州的城乡统筹与区县合作。习近平同志指出，在制定发展规划、确定分配格局和研究重大政策时，都要坚持统筹城乡经济社会发展，充分发挥城市对农村的带动作用，促进城乡经济社会一体化发展。从统筹城乡上看，杭州"以城带乡、以乡促城、城乡一体"的发展新路符合杭州发展的实际，今后的发展中，要在规划和建设上统筹协调，要大力推进市区与五县市的协调发展，要在深化改革中破除阻碍城乡一体化的体制性障碍。在这一指导思想下，杭州市以市委办〔2010〕11号文件专门就统筹城乡工作进行规范部署，并提出区、县（市）协作是统筹城乡区域发展的重要载体，同时还提出了区县协作的总体要求，即"按照城区与县（市）全面协作、联动发展要求，坚持以新型城市化为主导，以城区与五县（市）协调发展为目标，以产业共兴、项目共建、资源共享、环境共保、乡镇结对、干部挂职为主要内容，建立协作机制，实现优势互补，加快城乡融合，着力提升五县（市）经济社会发展水平、农村文明程度和农民富裕程度"。城乡统筹的基本含义是指："要把工业与农业、城市与乡村、城镇居民与农村居民作为一个整体，统筹谋划，通过体制改革和政策调整，促进城乡在规划建设、产业发展、环境保护、社会事业发展等方面的一体化，实现城乡在政策上的平等、产业发展上的互补、国民待遇上的一致，让农民享受到与城镇居民同样的文明和实惠，使整个城乡经济社会全面、协调、可持续发展。"

4. 以建设"三美融合之城"为指引，进一步促进三个方面的协调

从工业文明迈向生态文明，走绿色生态发展之路。推进美丽环境、美丽经济、美好生活"三美融合"，促进农村的新发展。通过主题村落、特色小镇、旅游名城等平台，发展民宿经济、养生农业、"互联网＋"等业态，促进农村经济转型升级，开创城乡协调发展的新路子。

（三）践行绿色发展的举措

"坚持科学发展，大力发展循环经济"，杭州要在生态建设中发挥引领

作用。杭州的生态建设，需要正确处理科学发展与生态建设的辩证关系，要在发展中保护生态，要在转型升级中保护生态，要利用现代科学技术作为生态保护的技术支撑。习近平同志深刻认识到经济发展与生态保护的关系，对杭州特别强调要以发展循环经济作为经济转型升级的突破口，同时大力开展节约型社会建设、美丽乡村建设，大力开展环境治理和生态保护。

早在2004年1月15日，习近平同志在临安考察调研时就指出，要以生态省建设为抓手，把生态建设与调整产业结构、推进城市化、加快农村劳动力转移、提高全社会教育科学文化水平结合起来，促进经济社会与人口、资源、环境的协调发展。十多年来，杭州坚持探索建立以绿色GDP为主要内容的国民经济核算体系，调整和完善对各级领导干部的政绩考核机制。大力开展创建国家环境保护模范城市、国家园林城市、环境优美城镇、生态示范园区、绿色社区、绿色企业等做法，促进经济、人口、资源、环境的协调发展。

1. 践行"绿水青山就是金山银山"的绿色发展理念

习近平同志早在2006年1月就提出建设节约型社会，需抓调整、抓科技、抓改革、抓法治、抓表率。结构调整中，要用先进适用的技术改造提升传统产业，严格控制高耗能、高耗材、高耗水产业的发展，坚决淘汰严重耗费资源和污染环境的落后生产能力，努力形成有利于资源可持续利用和环境保护的产业结构。科技创新上，大力推广应用节约资源的新技术、新工艺、新设备和新材料，构建节约资源的技术支撑体系。

2. 通过"五水共治""三改一拆"等环境整治措施，着力打造"美丽杭州"

习近平同志早在2005年8月就提出要推进循环经济发展和节约型社会建设，对节能、节水、节材和资源综合利用等方面进行了重点强调。在习近平同志指示下，浙江省以及杭州市一直以来十分强调人口资源与环境问题，提出要认真抓好安全饮水、科学调水、有效节水、治理污水等"四水工程"建设。2013年11月29日，浙江省委十三届四次全会提出"五水共治"的战略。这些年来，通过三轮"811"行动、千万农民饮用水工程、水资源保障百亿工程、千里海塘、"强塘固房"工程等治水改革措施，浙江治水工作取得了阶段性成效。杭州市2014年，围绕"治污水、排涝水、防洪水、保饮水、抓节水"，启动"五水共治"三年行动计划，从2014年到2016年，全方位破解制约城市发展的水问题。杭州市以防洪水、保饮水、抓节水为主体，安排近200亿元资金，对108个水利工程项目进行建设。这些项目中，一马当先的是杭州第二水源千岛湖配水工程，在2016年正式动工；城区还将建成三堡排涝工程，以提高主城区排涝能力；而之江地区、滨江区等内涝隐患严重的区域，都将陆续开展骨干排涝工程，缓解城市内涝问题。"三改一拆"，是浙江省政府2013年做出的决定，自2013年至2015年在全省深入开展旧住宅区、旧厂区、城中村改造和拆除违法建筑（简称"三改一拆"）三年行动。通过三年努力，旧住宅区、旧厂区和城中村改造全面推进，违法建筑拆除大见成效，违法建筑行为得到全面遏制。2013年3月26日杭州发布《杭州市"三改一拆"三年行动计划（2013—2015）》，通过几年的努力，"三改一拆"取得巨大成效，城市面貌大大改善。2016年9月，G20峰会在杭州举办期间，国际友人盛赞杭州的美丽。

3. 力争使"美丽杭州"成为美丽中国先行区

在习近平同志指示下，杭州大力加强"美丽乡村""美丽杭州"建设，当前"美丽杭州"建设成为杭州发展的下一目标，力争使"美丽杭州"成为美丽中国先行区。杭州正在制定"美丽杭州"建设实施纲要、三年行动计划，部署实施功能布局优化、生态保育修复等九大行动，定期发布"美丽杭州"指数……在迈向生态文明新时代的今天，杭州正为这座城市的美丽赋予新的内涵：建设生态美、生产美、生活美的美丽中国先行区。在《实施纲要》中指出："'美丽杭州'建设的总体目标定位是：以实现山清水秀、天蓝地净、绿色低碳、宜居舒适、道法自然、幸福和谐为主要标志，建设生态美、生产美、生活美的'美丽杭州'，成为美丽中国先行区。"杭州计划分近期到2015年、中期到2020年、远期到2030年三个阶段来实现这个总体目标。这些正是对习近平同志关于杭州可持续发展与循环经济思想的深入贯彻落实。

（四）践行开放发展的举措

1. 以"干在实处，走在前列，勇立潮头"的精神，全面深化开放发展

第一，整合开放平台，着力抓住开放发展的新载体。2016年二十国集团峰会在杭州举办，这既是国际的大事，也是国家的大事，更是杭州的大事。2018年世界短池游泳锦标赛、2022年亚运会等一系列重大国际活动也将在杭州举行，这是对杭州国际化程度的大考，也是杭州全面提升城市国际化水平难得的机遇。以世界一流的标准要求自己，培育世界一流的胸襟和气魄，努力打造务实高效的行政环境，培育富有吸引力的政策环境，营造公平公正的法治环境，形成宽松有序的市场环境，优化文明的人文环境，通过对交通、场馆、医疗、教育、环境、创业等方方面面的提升，以城市国际化带动城市现代化，以国际高标准提升基础设施和人居环境水平，努力打造世界一流的现代化国际大都市，给全国、全世界展示一个全新的杭州，努力提高杭州在世界上的影响力、知名度。

第二，认清开放形势，着力把握开放发展的新机遇。杭州必须积极对接"一带一路"战略，拓展开放发展的新空间，促进经济要素有序自由流动、资源高效配置和市场深度融合，积极谋划区域经济一体化，升级已有的区域合作，或选择更为广泛的区域合作伙伴，参照或遵循当前全球经济规则"高标准"的趋势和思路，掌握开放发展的主动权，开展更大范围、更高水平、更深层次的区域合作，共同打造政治互信、经济融合、文化包容的利益共同体、命运共同体和责任共同体。

第三，利用开放优势，着力拓展开放发展的新空间。新一轮科技和产业革命正在创造历史性机遇，催生"互联网＋"、分享经济、3D打印、智能制造等新理念、新业态，加快制造大国向制造强国转变，推动移动互联网、云计算、大数据等技术创新和应用，其中蕴含着巨大商机，正在创造巨大需求，用新技术改造传统产业的潜力也是巨大的。以更高的国际视野、更加开放的姿态融入全球化，以建设"中国（杭州）跨境电子商务综合试验

区""杭州国家自主创新示范区"和"国际重要的旅游休闲中心城市"为重点，构筑国际产业、国际会展、国际创业、国际交流等四大平台，建设国际交通、国际场馆、国际教育、国际医疗等四大设施，营造国际宜居、国际营商、国际语言、国际宣传等四大环境，提升杭州产业实力、开放活力和人文魅力。

第四，调整开放结构，着力打造开放发展的新格局。把推动创新驱动和打造新增长源作为国际合作新的合作重点，重视供给端和需求端协同发力，加快新旧增长动力转换，共同创造新的有效和可持续的全球需求，紧随世界经济发展方向。深化同有关国家和地区多领域互利共赢的务实合作，积极参与地区、国际合作和竞争，坚持内外需并重、进出口并重、引进来和走出去并重、引资和引技引智并重，促进外国资本与技术深度融入新业态、新产业、新模式。牢固树立环境保护、生态文明理念，注重发展质量和生态效益，优化外商投资方向和区域发展布局，发展更高层次的开放型经济，不断提高对外开放的质量和发展的内外联动性。

第五，深化开放改革，着力构建开放发展的新体制。坚决破除一切阻碍对外开放的体制机制障碍，把开放目标定位在增强经济国际竞争力、全球要素配置力、对外开放影响力上，实现从政府主导、强势推动向通过制度设计、增强市场微观基础活力转变，加快形成有利于培育国际竞争新优势的制度安排，构建与全球经济规则相对应的开放型发展新体制。建立起适应城市国际化的组织框架和制度体系，营造高标准国际营商环境，打造利益共同体。

第六，优化政府服务，着力提升开放发展的新本领。"十三五"规划建议中提出的开放发展任务，每一项落实起来都很不容易，没有一定的知识储备和实际操作经验，是很难应对的，这就要求提升各级领导干部深刻把握世界经济深度调整变革的新形势、新趋势、新变化，高层次融入全球分工体系，增强对全球资源尤其是人才、科技、先进经营管理经验等高端要素的优化配置能力，提高利用全球资源推动发展的能力，不断提高开创对外开放新局面的能力和本领，全面提高开放型经济发展水平，推进全方位开放战略，发展更高层次的开放发展，培育开放发展营商环境新优势，拿出开放新举措，积极打造"美丽杭州"、建设"两美"浙江示范区，以开放举措推动杭州发展上新台阶。

2. 借助"两区"建设和B20、G20两大峰会举办的东风，将对外开放引向深入

近年，杭州的经济国际化一直走在全国前列，2015年更是获批国家跨境电商综合试验区和国家自主创新示范区，为杭州的国际化进程注入了新的活力。乘此东风，"2015中国全球投资峰会：杭州"于9月22—23日举办，来自全球各地的世界500强及行业领先企业、跨国公司、投资促进机构、境外客商代表约500人参会，峰会的成功举办助推了杭州的国际化建设。

2016年9月3日杭州举办了B20工商峰会，9月4—5日，中国首次以主席国的身份在杭州承办G20峰会。两大峰会的成功举办，提升了杭州的国际美誉度，大大提升了杭州良好的国际形象，也将杭州更好地推向了世界，促进了杭州的对外开放。

3. 打造国际化名城，提升对外开放的形象

长期以来，杭州通过加速提升城市综合竞争力、发展外向经济、优化空间结构、加快城市软硬环境建设、强化城市特色、加强国际交流、完善对外交通网络，推动城市国际化程度不断提高。这是不断持续深入的一项重要举措。2008年，"城市国际化"战略被列为杭州城市发展"六大战略"之一。2012年，杭州提出将城市国际化作为推动发展的两大主抓手之一。2015年5月，《杭州市加快推进城市国际化行动纲要（2015—2017年）》正式公布。从国际化战略的顶层设计，到路径明确，再到指标量化，加快推进杭州迈入国际化城市行列。接下来的两年，杭州还将重点推进包括国际会展在内的25个重大建设项目，以更高的国际视野、更加开放的姿态主动融入全球化，让国际化融入这座城市。到2017年，基本建立适应城市国际化的组织框架和制度体系，城市国际化水平得到显著提高，为迈入国际化城市行列奠定扎实基础。

G20峰会和2022年亚运会两大盛会的举办，推动杭州花费更多精力优化营

商、生活和人文环境，加速推进杭州会展、旅游、信息、金融、产业、人才等领域的国际化。

当前，杭州正在交通枢纽、道路系统、主要景区等实施国际化标识改造工程，启动若干个国际化社区建设试点，合作举办国际化综合性医院，加速推进教育国际化进程，并积极推进市民外语普及工作……杭州航空口岸72小时过境免签政策、阿里巴巴在纽交所上市、大运河申请世界文化遗产重大事项的积极争取，推进实施"杭改十条""一号工程"及重大基础设施工程、大江东管理体制调整等一批重大举措，为杭州科学发展注入了新活力、积蓄了新动能。

（五）践行共享发展的举措

1. 提供更普惠更优质的公共服务，让群众有更多的"获得感"

近年来，杭州的社会事业取得长足的进步。杭州市在推进城市化过程中，同时狠抓文化、教育、卫生等社会各项事业的发展。不断提升杭州城市的文化内涵，做好杭州历史文脉的传承和发展，弘扬传统文化和地方特色文化，保护好、开发好、利用好文化资源。通过不断加强与浙江大学等名校的合作，推进高教园区建设，构筑了终身教育体系，创建学习型城市，全面提高人口素质。在卫生事业方面，进一步加强公共卫生建设，建立和完善疾病预防控制体系和维和医疗救治体系、环境卫生体系和卫生执法监督体系，集中力量搞好公共卫生和基本医疗服务。在生态环境方面，贯彻落实省里"建设生态省、打造绿色浙江"的要求，扎实实施"环境立市"战略，加强生态保护和建设，把杭州建成"生态市"。2015年，杭州经济"稳开高走、质效提升、转型加快、民生改善"，全年实现地区生产总值（GDP）10053.58亿元，成为全国第十个迈入"万亿"方阵的城市，标志着经济整体实力又上一个新台阶。值得注意的是，民生共享经济"溢出效应"，全市一般公共预算民生支出921.02亿元，占财政支出76.4%，增速达16.2%。城乡居民收入差距进一步缩小，城镇居民人均可支配收入48316元，农村居民25719元，分别增长8.3%和9.2%，城乡居民人均收入倍差1.88。杭州市继续坚持答好民生论述题，推进"五水共治""三改一拆"、交通治堵和大气治理，让市民生活得更有品质更加幸福。

2. 继续坚持以人为本，重点解决事关群众生活的民生问题

杭州市在保障和改善民生方面一直走在全国前列。从2007年开始，杭州市委、市政府就把破解"七难"作为保障和改善民生的总载体，大力实施交通便民、百姓安居、就业促进、社保提升、教育强基、文化惠民、医卫利民、体育健身、食品放心、平安创建等"民生十大工程"，走出了一条具有杭州特色的民生建设新路子，给杭州老百姓带来实实在在的利益和好处，杭州之所以连续多年被评为中国最具幸福感城市，民生上的得分起了重要作用。

习总书记指出："保障和改善民生是一项长期工作，没有终点站，只有连续不断的新起点，要实现经济发展和民生改善良性循环。"[1]当前，杭州在民生建设上面临着很多问题和挑战，如人口老龄化压力加大，老百姓对教育、医疗、社保、就业等公共服务需求增长，对食品药品安全、交通拥堵、环境污染严重等问题不满意。因此，加强基本公共服务供给、补齐民生领域短板任务还比较重。杭州市要在全国全省率先高水平全面建成小康社会，迫切需要破解民生建设上的难题，在推进共享发展上实现新突破。

一是不断提高就业质量。就业是民生之本、固国安民之策。解决就业问题，关键在于不断提高就业的质量。实施更加积极的就业创业政策，以创新促创业、以创业带就业，努力实现社会充分就业；同时，要完善收入分配制度和劳动报酬增长机制，确保劳动报酬提高与劳动生产率提高同步。

二是推进社会保障全覆盖。社会保障是民生之依，是人民生存与发展的依托。推进社会保障要在扩面提质上下功夫。实施全社会参保计划，优化完善社保政策，推动参保扩面提质增效；逐步提高企业退休人员和城乡居民养老保障待遇，进一步减轻参保人员医疗费负担，完善覆盖城乡、全民共享的

---

[1] 习近平同志2013年5月14—15日在天津调研时的讲话。

养老和医疗保障体系；稳步提高最低生活保障标准和生活补助水平。

三是促进教育优质发展。实施全面育人、名校集团化、教育国际化等"品质教育"七大行动，促进教育优质发展。积极推进优质教育资源向三区四县（市）延伸，着力推进15年基础教育优质均衡发展，让城市和农村的孩子都能得到高品质的教育服务。

四是加快建设健康城市。加快健康城市建设是杭州民生建设的重要任务。拓展完善"智慧医疗"和医养护一体化服务体系，让城市和农村的居民都能得到高水平的医疗服务。推进公办养老机构改革，支持社会力量兴办养老机构，完善以居家养老为中心的养老服务体系，让每个老人过上更幸福的生活。

五是加快社会治理创新。社会治理创新是民生建设的内容，也是民生建设的保障。完善社会治理体制，实现经济社会安全发展。要健全食品、药品和餐饮监管体系，强化源头治理和全过程监管，保障人民群众饮食、用药安全。

3. 深入推进民主促民生的"五问机制"，让百姓在共建中共享发展成果

2015年5月下旬习近平同志考察浙江时指出："社会建设要以共建共享为基本原则，在体制机制、制度政策上系统谋划，从保障和改善民生做起，坚持群众想什么我们就干什么，既尽力而为又量力而行，多一些雪中送炭，使各项工作都做到愿望和效果相统一。"

现在，杭州市在原先"民主促民生"的"四问四权"的基础上又增加了"一问"，形成了"五问"机制。即在问情于民、问需于民、问计于民、问绩于民的基础上，增加了"问责于民"。问责于民，问出了民主管理，政府工作的完善从群众中认定。"五问"机制可追溯到十多年前，早在1999年6月，杭州在国内首创"12345"市长公开电话。其后，逐步形成了以电话、电子邮件、手机短信等多种形式为载体的吸纳民众评议的公共服务平台。2000年，杭州创建"满意不满意"市民评议政府工作机制。同年6月，成立了人民建议征集办公室，在政府网站上设立"建言献策"栏目，受理群众对政府工作的意见建议。2002年7月，又开通了"96666"效能监督电话。这些措施使

人民群众的主人翁意识不断增强，党政部门工作压力和动力持续跟进。逐步建立健全了政府工作直接邀请民众评议机制。在背街小巷、危旧房改善、庭院改善等工程施工前，杭州要求工程主要出入口设置工程实施标准公示牌，在居民进出每个单元门口张贴告知书，公开工程信息、联系方式、建材规格，随时接受监督和检验。逐步建立健全了重大工程全面"公示"制度，提炼和疏导居民关心问题的解决机制、工程扰民的缓解机制等。自2009年开通"杭网议事厅"、2010年开播《我们圆桌会》电视节目以来，杭州市坚持实行通过网络、电视等媒体，更加广泛更加充分地调动民众的参与权，比如每年的政府民生十件实事都要通过市民的评选和监督。而今，"杭网议事厅"已经成为杭州民主民生的权威平台，成为广大市民参与公共事务的重要载体；《我们圆桌会》更是杭城老少妇孺每周必看、津津乐道的节目，其中的议题成为百姓每日街头巷尾的谈资。

　　十多年来，杭州市坚持民主民生的"五问机制"，扩大了民众的参与，促进了多方的共建，使广大民众得以参与其中，更好行使知情权、参与权、表达权、监督权、评价权，让百姓在共建中更好地共享发展成果。2016年G20峰会期间，广大市民踊跃参与，积极投身到为峰会保驾护航的各种志愿活动中，杭州市又一次展现出民众共建共享、共同参与的风采。

第二章
创新发展理念在杭州的实践

一、创新发展的理论

人类社会是由创新发展推动的。一部人类社会发展史就是一部以创新为主线的伟大著作。回顾人类社会发展的历史，我们会发现，从原始社会走向农业社会，再迈向工业社会，到迈入人工智能时代，从一个相对初级时代跨入一个更高级时代的速度加快了。究其原因，毫无疑问是因为"创新"速度变得更快。这一切是市场这双无形之手的决定作用和政府这双有形之手更好发挥作用共同推进的结果。回顾人类经济发展的历史，我们会发现，哪里以创新驱动发展经济，哪里就会执经济发展之牛耳。当然，那个地方的创新理论研究也会相对较多。在改革开放的创新经济实践中，中国共产党对经济社会发展规律认识进一步深化，结合中国社会经济发展的基本情况，结合国内外发展经验的教训，提炼出了符合中国特色的创新发展理论。当前，中国把"创新驱动"作为国家战略予以提出。

（一）创新发展的基本内涵

受英国产业革命启发，20世纪初期，著名的经济学家——熊彼特首次将

"创新"和"经济发展"联系在一起进行了系统分析研究，提出了"经济发展是创新的结果"的原创性观点。熊彼特认为，创新本质是一种"创造性破坏"。科技产业创新是对已有的生产关系和生产工具等社会生产要素进行"变革"，从而提高社会生产力，提高社会劳动生产率，提高劳动者收入的创新。"经济发展"是指建立在社会生产力提高的基础上的人类全面发展。"经济增长"是经济发展的重要内容，但不是全部，不是终极目标。所以，"创新"和"经济发展"之间的简单逻辑似乎应该是：通过不断创新，将科技创新成果不断地转化为推动经济发展的产业创新，从而推动全社会生产力持续提高，进而推动人类社会不断向前可持续地发展。为此，习近平总书记指出，"创新发展理念首要的是创新"，"创新发展注重解决的是发展动力问题"，反复强调"抓创新就是抓发展，谋创新就是谋未来"。基于此，习近平总书记提出，必须把创新作为引领发展的第一动力，人才作为支撑发展的第一资源，把创新摆在国家发展全局的核心位置，不断推进制度创新和科技创新等各方面的创新，让创新在全社会蔚然成风。

1. 创新发展是第一动力

"十三五"时期，我国进入经济发展的新常态，经济增长速度从高速向中高速转变，发展方式从粗放式向集约式转变，经济增长从依靠生产要素的投入向主要依靠全要素生产率提升转变。中国经济的发展必须向结构更加合理、分工更加优化以及产业形态更加高级的方向发展。而这一切，都需要依靠创新发展作为新动力进行驱动，发展新经济。因此，"十三五"时期，我国处于新旧动能转换的关键时期，能否顺利切换发展动力，直接关系到中国经济发展的未来，直接关系到中国是否能够顺利地跨过"中等收入陷阱"。这个过程并不容易，既有挑战也有机遇。基于此，习近平总书记强调，未来中国社会经济发展中，创新发展要摆在国家发展全局的核心位置。

2. 创新发展是系统工程

习近平总书记深刻地指出，创新发展是一个复杂的社会系统工程。创新发展包括理论创新、制度创新和科技创新等方方面面。只有推动各方面创新的整体协调性，才能提高创新发展的质量和效率。这其中，制度创新和科技创新是重点。从改革开放初期的"科学技术是生产力"到实施"科教兴国"战略，建设"创新型国家"以及建设"世界科技强国"的战略目标中，中国共产党一直把科技创新放在重要位置。当前，科技创新在转轨经济背景下的"大创新"中，被摆在更加重要的位置。在2016年5月召开的全国创新大会、两院院士大会、中国科协第九次全国代表大会上，习近平总书记做了"为建设世界科技强国而奋斗"的讲话，其中就提到要实现"科技创新、制度创新要协同发挥作用，两个轮子一起转"。科技创新的推动，需要制度创新。当前，要改变"科技发展和经济发展两张皮"的现状，只有通过一系列制度创新，全面部署，破除阻碍科技创新成果转化的条条框框，高校科研院所以及技术人员等科技创新主体的创新积极性才会被充分调动起来，企业创新的积极性才会被调动起来，才能涌现出越来越多的科技型企业家，市场主体的创新活力才会被激活和释放出来。当前，我国提出了"大科技"计划和"大科技"项目，为基础科学创新创造更好的环境。习近平总书记说，创新发展是牵动社会发展全局的"牛鼻子"。科技创新和制度创新则是牵动社会创新发展的"牛鼻子"。

3. 创新人才是第一资源

创新发展主要依靠科学、技术和知识等生产要素，而这些生产要素都以"人才"为载体而存在运用。2013年9月，习近平总书记在第十八届中央政治局第九次集体学习时，讲到"人才资源是第一资源，也是创新活动中最为活跃、最为积极的因素"。2014年5月，习近平总书记在上海考察时，再次提到"人才是创新的第一资源"。2014年8月，习近平总书记在中央财经领导小组第七次会议上，提到"人才是创新的根基"，"创新驱动实质上是人才驱动"。在人工智能时代，大数据技术、云计算技术和量子计算通信技术等高新技术产业的发展都离不开专业的优秀人才。无论是创新精神还是工匠精神的继承和发扬，都要依靠人才。正如马克思所说的，只有"活劳动"才是价值创造的唯一源泉。人才主要运用复杂的脑力劳动进行生产劳动。离开创新人才，创新发展将停滞。

4. 创新能力是发展保障

2015年10月，习近平总书记在十八届五中全会第二次全体会议上指出："我国创新能力不强，科技发展水平总体不高，科技对经济社会发展的支撑能力不足，科技对经济增长的贡献率远低于发达国家水平，这是我国这个经济大个头的'阿喀琉斯之踵'。"创新能力主要体现在创新质量和效率方面。科技创新成果必须转化为现实生产力。科技和经济不能成为两张皮，是一枚硬币的两面，必须融合发展。科技创新成果只有转化为现实的社会生产力，才真正实现了创新发展。社会生产力的提高，社会劳动生产率的提高，全要素生产率的提高，均依赖于科技创新。提高创新质量和效率，提高创新绩效，是创新发展的基本要求。

5. 创新速度是发展关键

创新发展既要重视创新能力，又要只争朝夕。2014年12月，习近平总书记在江苏调研时指出："要以只争朝夕的紧迫感，切实把创新抓出成效，强化科技同经济对接、创新成果同产业对接、创新项目同现实生产力对接、研发人员创新劳动同其利益收入对接。"2016年5月，在全国科技创新大会、两院院士大会和中国科协第九次全国代表大会上，习近平总书记提到"不创新不行，创新慢了也不行。如果我们不识变、不应变、不求变，就有可能陷入战略被动，错失发展机遇，甚至错过整整一个时代"，但是，在基础研究领域"很多科学研究要着眼长远，不能急功近利，欲速则不达"。因此，精准把握在基础创新和应用创新方面的创新速度，是创新发展的关键。创新科技成果转化为现实生产力不能慢，不能亦步亦趋，一旦慢了，就失去了发展布局的先机，陷入被动的局面，受制于人。

（二）创新发展的当代价值

当全球经济和中国经济发展进入到一个新的发展阶段时，创新发展被赋予了崭新的当代价值。创新发展是全球经济彻底走出危机，走出"低增长"，增加就业，实现强劲、可持续、平衡发展的重要法宝。正是基于这样一种认识，G20杭州峰会把"创新"放在首要位置予以突出，提出"构建创新、活力、联动、包容的世界经济"，提出只有"创新发展"才能对全球经济问题进行标本兼治，提出通过"创新增长方式"来实现强劲可持续平衡的世界经济增长，联动包容性地描绘"创新增长蓝图"。对于中国社会经济发展来说，创新发展的当代价值主要体现在以下四个方面。

1. 创新发展是中国跨过"中等收入陷阱"的必要条件

实践证明，"创新发展"是经济体成功跨过"中等收入陷阱"的必由之路。中国也不例外。发展创新型经济是中国跨越"中等收入陷阱"，实现创新强国的主要路径。在应对2008年全球金融危机以来，中国社会经济发展进入"三期叠加"时期，迎来"新常态"。在新常态下，中国要实现中高速经济增长，更合理的经济结构，更优化的劳动分工，唯有依靠创新发展。中国经济发展必须告别主要依赖土地、劳动力和资本粗放式投入的要素投资驱动之路，迅速踏上依靠知识、科学技术和人才等创新要素驱动的集约型经济发展之路。

2. 创新发展是中国穿越"修昔底德陷阱"的必要条件

只有综合国力的不断强盛，才能成功抵御全球其他国家的各种威胁。2015年5月，习近平总书记在浙江召开华东七省市党委主要负责同志座谈会上指出"综合国力竞争说到底是创新的竞争"。一年后的2016年5月，习近平总书记在全国创新大会、两院院士大会、中国科协第九次全国代表大会上指出："科技是国之利器，国家赖之以强，企业赖之以赢，人民生活赖之以好。"综合国力的强盛，不仅是经济体量的大，更重要的是创新能力的强大。我们应清醒地意识到"大而不强""臃肿虚胖体弱""创新能力不强"等深层次问题。为此，我国必须坚定不移地以创新驱动引领社会经济发展，实现在航空航天、生命科学、量子通信计算等战略性产业的前沿科技的领先位置，提升综合国力，成为世界科技强国和全球创新强国。

3. 创新发展是中国完成"供给侧结构性改革"的必要条件

创新发展是打开"供给侧结构性改革"这把锁的重要钥匙。供给侧结构性改革是经济转型升级的"升级版"。近年来，我国经济转型升级鲜有成效，一定程度上是由于整个宏观经济政策环境还没有起到真正释放创新活力、激励创新发展的作用。不依靠创新发展，传统企业产业就无法完成"凤凰涅槃"式的转型升级，无法完成结构的优化升级。无论是产业还是企业，从产业价值链的低端向高端转移，均离不开创新。只有通过创新发展，才能真正实现供给侧结构性改革，反之，即使按时完成了"三降一补"等改革的短期任务，也没有达到改革的真正目的。

4. 创新发展是中国实现"两个百年奋斗目标"的必要条件

中国要在中国共产党成立一百年时全面建成小康社会，在中华人民共和国成立一百年时建成社会主义现代化国家，实现伟大复兴中国梦的宏伟目标，必须要依赖创新发展。无论是小康社会的实现，还是现代化的实现，均需要雄厚的科技实力和经济基础做保障。为此，近年来习近平总书记在多个重要场合不断强调创新发展的重要性，强调"创新驱动"国家战略的重要性。

（三）创新发展的历史脉络

梳理全球创新发展的历史脉络，有利于我们科学地发现、分析和把握这项人类伟大的社会实践——创新发展，其中所蕴含着的客观自然规律、深刻启迪以及中国特色；有利于我们准确预测全球创新发展的客观态势；有利于我们认清中国创新发展在全球创新发展中的位置。

1. 世界创新发展的历程

从人类社会建立和运用市场经济机制后至今，全球经历了四次科技革命引领的产业革命。每一次科技革命引领的产业革命都加速促进了人类社会向更高层次的社会发展模式迈进。18世纪起源于英国，以"蒸汽机"技术革命为代表的第一次产业革命，把英国推上了全球经济舞台的制高点，成了名副其实的"日不落"国家。这背后的原因主要是英国从科技产业创新中获得了相对于其他经济体更高的劳动生产率和更高的社会生产力，国家竞争力大大提升。19世纪，美国牢牢抓住了以"电力"技术革命为代表的第二次产业革命机遇，坐上了"世界经济第一强国"的宝座。20世纪，关于量子论和相对论研究成果催生的电子技术、航天和计算机为特点的技术革命引领的以"互联网"为代表的第三次产业革命，帮助美国进一步巩固了其世界经济强国的位置。当前，世界正在经历以"人工智能"科技革命引领的第四次产业革命。回顾这四次对人类社会具有重大意义的科技产业革命，我们发现：（1）危机中孕育创新的种子。"祸兮福之所倚，福兮祸之所伏。"深刻认知危机产生的根源，进一步提高劳动生产率，重振经济增长，就是科技产业创新的着力点所在：通过一系列的制度创新，充分激发市场的创新活力，通过科技产业革命提高全要素生产率，提高社会总生产力。谁在黑暗中率先看到潜在的"曙光"，并立即采取切实可行有效的创新战略行动，谁就有可能率先冲出危机的阴霾，并获得全球经济发展的"话语权"和"领导权"。（2）"创新驱动"是实现"世界强国"的法宝。英国和美国这两大发达经济体正是在前几次科技创新产业革命中先发制人，才分别成为18世纪和20世纪的世界强国。中国经济要从"世界大国"升级为"世界强国"，不二法门就是"创新发展"。

2. 中国创新发展的历程

十一届三中全会的胜利召开，拉开了中国改革开放的大幕。同时，中国在创新发展这条道路上开始阔步前进。中国的创新发展是建立在"解放思想，实事求是"的基础之上，是建立在"制度创新"和"科技创新"双轮驱动的基础之上，是建立在发挥中国"比较优势"和弥补"比较劣势"的基础之上，是建立在正确处理"市场"与"政府"关系的基础之上。改革开放以来，中国的创新发展大致可以分为四个阶段：第一阶段主要是20世纪80年代。改革开放是当时最大的一项制度创新，通过家庭联产承包责任制等重大制度创新，激活了大众的创新活力。同时，邓小平同志提出了"科学技术是第一生产力"的理念，进一步推动了中国的科技创新发展。第二阶段主要是20世纪90年代。1992年，中国共产党第十四次全国代表大会明确提出建立社会主义市场经济体制的目标，强调了"市场"对资源配置的基础性作用，有利于市场在推动创新发展中的重要作用。1995年，我国提出"科教兴国"战略。江泽民同志提出了"创新是一个民族进步的灵魂，是一个国家兴旺发达不竭的动力"。第三阶段主要是21世纪初期至中国共产党第十八次全国代表大会。这段时期内，在"科学发展观"的指引下，胡锦涛同志不断强调要坚持把科技摆在优先发展的战略地位，要提高自主创新能力，要全力建设创新型国家。第四阶段是党的十八大起至今。中国提出要把创新驱动发展战略作为国家重大战略。2012年底，党的十八大明确提出"科技创新是提高社会生产力和综合国力的战略支撑，必须摆在国家发展全局的核心位置"。2013年十八届三中全会决定提出"使市场在资源配置中起决定性作用和更好地发挥政府作用"，这项伟大的理论创新进一步理顺了市场与政府的关系，有利于进一步释放大众的创新活力。2016年5月，中共中央和国务院印发了《国家创新驱动发展战略纲要》，明确了我国创新驱动的"三步走"战略：到2020年进入创新型国家行列，到2030年进入创新型国家前列，到2050年建成世界科技创新强国。为此，我们必须坚定不移地践行"五大理念"，推进"供给侧结构性改革"等一系列改革。

无论是"创新、协调、绿色、开放、共享"五大理念，还是"供给侧结构性改革"，均是中国特色社会主义政治经济学理论创新，均是中国特色社会主义伟大实践。在该实践中，"创新发展"必须作为一种先进的发展理念深深烙印在各项发展行动方案和各级领导干部脑海中。只有首先在理念上实现了创新发展，才能将"创新发展"理念外化为创新行动，并一以贯之。唯有如此，才能实现"全国一盘棋"，共同描绘好"创新增长蓝图"。在这张蓝图中，杭州已经成为一个重要的"创新极"。

二、杭州创新发展的主要战略举措及成效

近年来，杭州创新发展取得举世瞩目的成效，这一切得益于改革开放以来，杭州市委、市政府以及区县市各级领导干部对创新发展基本内涵、当代价值和创新发展约束条件的深刻理解和认识，认真学习和借鉴世界发达国家和发达城市创新发展的经验教训，精准把脉世界经济发展的前沿趋势，深刻了解杭州的比较优势和劣势，把"创新发展"这一核心理念一脉相承地贯彻到城市发展的各项规划和政策决策及制度制定中，并切实有效地加以落实执行。归纳起来，杭州创新发展的主要举措可以被看作是一种宽领域的"大创新"，直接目的就是带动科技产业创新，率先实现杭州经济转型升级。贯穿"大创新"的主线就是科技产业创新。基本逻辑就是通过一系列的制度创新，推进全球创新要素在杭州发生一系列"化学反应"，推进科技创新和产业创新的协同创新。当然，这一系列制度创新是渐进式持续地加以推进的，最大好处就是给创新主体形成了积极向好的稳定预期，同时降低了社会风险。杭州正在成为名副其实的"创新创业新天堂"。

（一）主要战略举措

1. 明确创新发展方向

凡事预则立，不预则废。杭州自上而下确定创新发展的大方向。21世纪初期，杭州就意识到未来区域竞争力主要体现在"创新能力"这个主要指标上，将"创新发展"作为杭州经济发展的中长期的主要方向，将"创新型强市"作为城市发展的战略。杭州，自古以来，让人们首先联想到的是一座风景优美的旅游城市。按照传统产业经济发展的思维，杭州缺少经济发展的基本要素：土地、劳动力和矿产等生产要素。经历了改革开放后快速经济发展期后，杭州市委、市政府主要领导充分意识到单一依靠要素粗放或投资驱动杭州经济是不可持续的：人们收入水平提高的同时，区域环境遭到了不同程

度破坏。于是，在不能破坏美丽环境是杭州经济发展的"底线"的基础上，如何充分发挥杭州的比较优势，实现杭州经济可持续发展，这一事关杭州未来的问题被摆上了议事日程。从21世纪初期至今，杭州一直走在"创新发展"的路上，力争突破传统生产资源要素的瓶颈，实现可持续强劲经济增长。新世纪初的十多年来，杭州大致依次经历了四次重要的主导产业升级[1]：第一次，2000年，杭州在激烈的城市竞争中，提出要建设"天堂硅谷"，建设高新软件园，发展以通信产业和软件业为主的"信息产业"和高新技术产业，通过建设"硅谷天堂"来完善有利于科技产业创新的软环境，从而建设"天堂硅谷"。第二次，2005年，杭州出台了《中共杭州市委、杭州市人民政府关于加快现代服务业发展的若干意见》，提出要"三力合一"和"四化带动"，即发挥政府、企业和市场的力量，实现市场化、国际化、法制化、信息化，通过"退二进三"，发展现代服务业，鼓励金融创新，尤其是发展金融服务业、信息服务与软件产业、大文化产业，打造先进制造业基地，发展总部经济。第三次，2008年，杭州市出台了《中共杭州市委、杭州市人民政府关于打造全国文化创意产业中心的若干意见》，提出要把文化创意产业作为杭州的新兴主导产业，发展信息服务业、动漫游戏业、设计服务业、现代传媒业、教育培训业、艺术品业、文化会展业和文化休闲旅游业等产业，打造十大文化创意产业园，培育新兴文化创意产业园，将杭州打造成"全国文化创意产业中心"。在这期间，杭州还颁布了杭州"创新指数"。第四次，2011年，杭州市委、市政府提出要推进创新型城市建设。杭州市政府出台了《关于扶持我市十大产业科技创新的实施意见》，2012年，杭州出台了《中共杭州市委、杭州市人民政府关于实施创新强市战略完善区域创新体系发展创新型经济的若干意见》，通过全面改革，突出企业创新主体的地位，实施创新驱动转型升级。2014年，杭州出台了《关于加快发展信息经济的若干意见》，提出把发展"信息经济"作为"一号工程"，大力发展信息

---

[1]　该观点主要借鉴杭州国际城市学研究中心主任王国平的观点。

经济，实现智慧经济产业化，传统产业智慧化，建立包括"全国云计算和大数据产业中心""全国物联网产业中心""全国互联网金融创新中心""全国智慧物流中心""全国数字内容产业中心"和"国际电子商务中心"在内的六大中心，大力推进智慧应用服务，并且颁布《杭州市智慧经济促进条例》。从中，我们可以看到，杭州创新发展取得的成就，正是得益于近十几年来，杭州市在创新发展战略方面的未雨绸缪，各项社会经济规划自始至终围绕"创新发展"这个关键词，用创新带动城市治理的各项改革，夯实城市经济发展基础，提升城市的产业层次，优化城市产业结构，做好创新发展这篇文章，提高城市综合竞争力。

2. 集聚创新发展要素

创新发展首先要集聚创新发展要素。改革开放后，"浙江模式"中以民营经济为主的发展特征，在随后的杭州创新发展路径中得到了进一步的体现。杭州市政府充分意识到处于市场核心位置的企业才是创新的核心主体，当然，政府不再是简单的"无为而治"，而是要"发挥好"应该发挥的作用，改革过去僵化的体制机制，让体制机制及时适应创新发展的需要，吸引全世界创新要素集聚杭州，在杭州发生"聚变"和"裂变"。集聚创新要素的路径基本上有两条：引进和培育。杭州市政府在吸引创新要素方面做了大量工作，打造良好的创新发展环境，重点涵盖了自然环境、人文环境、制度环境、生活环境、教育环境、医疗环境、法治环境和营商环境等。

（1）打造"美丽杭州"和"美丽中国样本"。"绿水青山就是金山银山"不仅是指环境好了，可以发展旅游业农家乐等服务业增加收入，更大的价值在于优美的自然环境可以吸引创新要素集聚。实践证明，世界上知名的"创新极"基本上都处于环境舒适优美的地方。美国硅谷的自然环境就非常宜人。近年来，杭州通过"退二进三""三改一拆""三江两岸""四边三化""五水共治"和"五气共治"等环境整治项目，通过市场和法律的手段，淘汰落后产业和产能，使区域环境竞争力得到了质的提升，成为"美丽中国"的先行区。G20杭州峰会的成功举办，杭州向世人展现了优美的自然环境和人文环境，相信会有更多怀有梦想的创业创新者选择杭州，杭州将成为他们梦想起航的地方。

（2）筑"好"巢引"好"凤。杭州鼓励支持在杭的各类创新平台进行供给侧结构性改革，呵护每一个创业创新者的梦想。创新要素集聚，不仅要有承载梦想的平台，而且需要多层次和多类型的创业创新平台。近年来，杭州争取、培育、引进和搭建了多元化多层次创业创新平台。当前，杭州拥有了覆盖整个创新链条的各类型各层次平台，譬如，众创空间、极客空间、孵化器、加速器、创业苗圃、产学研平台和产业园等。杭州并不满足于追求平台数量上的增长（譬如，杭州已有各类众创空间共99家），而是寻求在机制上对创新平台本身进行改革创新，通过和不同的创新主体合作，引进和自创平台管理模式，使得传统创新平台向专业化服务的创新平台升级。传统型创业创新平台一般是由政府主导的，主要在物业上为创业创新者提供帮助。新型的创业创新平台往往是由专业的创投机构或者行业龙头企业运营管理，给予创新创业者全方位的帮助和服务。在专业化的创新平台上，各类创新要素和创新主体得以充分"融合"，产生"无穷想象的"科技产业创新成果。基于这样的认识，当前，优化平台结构，提升平台质量，成为杭州创业创新平台建设的主旋律。打造品牌鲜明、环境优美、产城融合的"特色小镇"，是杭州创新平台转型升级的主要抓手。杭州市提出重点打造"三镇三谷"（山南基金小镇、余杭梦想小镇、西湖云栖小镇和云谷、传感谷、西溪谷），其中有"我负责阳光雨露，你负责苗壮成长"和"让四无青年无中生有，让四有青年梦想成真"的由粮仓改建而成的梦想小镇，由"阿里云"带动的、使创新创业人员"淘富成真"且阿里云开发者大会永久落户的云栖小镇，以及集聚全球创投资本、参股控股全球多家优质潜力高科技企业的山南基金小镇。这些特色小镇错位发展，较好地规避了传统创新平台之间的同质化竞争，同时满足了不同类型和行业的创新创业者的需求。与此同时，杭州市政府对平台的创新出台了配套政策，如2015年，杭州市出台了《关于发展众创空间推进大众创业万众创新的实施意见》和《关于加快特色小镇规划建设的实施意见》。截至2016年上半年，杭州共有19家省级特色小镇，24家国家级孵化器。[1]

（3）搭建"人才＋资本"平台，优化"人才生态"。人才和资本是创新发展中的核心要素，两者如影随形，缺一不可。正因如此，早在2004年，杭州就出台了《中共杭州市委、杭州市人民政府关于大力实施人才强市战略的决定》，提出了"人才强市"的发展战略，在此之后，陆续出台了覆盖各层次人才的《关于杭州市高层次人才、创新创业人才及团队引进培养工作的若干意见》（"人才新政27条"）和《关于当好"店小二"优化人才服务的意见》等配套政策，实施"杭州市领军型创新创业团队引进培育计划"。杭州市重视海内外高层次人才（包括国内外顶尖人才和国家级领军人才等）的引进，参与实施了"国千计划"、全球引才"521"计划、"115"引智计划、"131"人才培育计划、"5050"人才政策等。

（4）搭建"科技＋金融"的平台。在创新资本方面，仅依靠政府补贴和奖励显然是行不通的，杭州市积极搭建各类平台让人才、项目和资本得以协同合作。在创投行业发展方面，杭州走在了全国前列，提出打造"财富管理中心"。早在2008年，杭州市政府就推出了规模十个亿人民币的政策性创投引导基金。在此基础上，2015年，杭州市政策性创投引导基金和硅谷银行资本合作，设立人民币风险投资基金。杭州设立了蒲公英天使引导基金、硅谷天使引导基金、杭州硅谷孵化基金和杭州跨境创业投融资体系。通过发展创投行业，杭州充分发挥社会资本吸引海内外优质人才和优质项目在杭州落地。地处西湖边的规划面积5平方公里的山南基金小镇本质上可以被看作是辐射全球的人才项目引进机构。截至目前，山南基金小镇已经积聚了890家金融机构，管理资金规模达到5260亿元，2016年上半年，小镇实现税收7.7亿元。[2]人才引进需要市场发挥决定作用，政府只是发挥好应有的作用。两者相

---

[1] 数据来源：《杭州日报》2016年8月6日A3版。

[2] 数据来源：《杭州日报》2016年9月1日B5版。

辅相成。以海外人士为调研对象的2015年中国大陆"引才十强城市"排行榜中，杭州从2013年的第九位跃居到第三位（前面两位分别是上海和北京）。

（5）营造创业创新良好的软环境。杭州市尽可能降低创业成本，推出了一系列简政放权的改革。2016年初，杭州出台了《关于降成本、减负担、去产能全面推进实体经济健康发展的若干意见》，旨在降低企业的赋税成本和制度成本。杭州市政府以"店小二"身份为企业做好各项服务，"不叫不到，随叫随到，服务周到"。杭州高新区（滨江区）给创新创业企业"精准"减免税收，这些创新企业将返回的资金再投入到企业研发上。2016年上半年，杭州市规上工业和规上服务业的财务费用分别下降5.2%和15.5%。[1]杭州市重视知识产权的保护，完善知识产权交易市场。2015年底，杭州高新区（滨江）设立了2亿元的"专利基金"和物联网产业知识产权联盟。2016年，由浙江大学和浙江省科技厅共同发起，多方积极参与共建的浙江省首个知识产权交易市场——"浙江知识产权交易中心"即将推出。该交易中心不仅建立了知识产权公共服务平台、市场化交易平台和投融资平台，还设立了"专利银行"，促进知识产权商品化、资产化和产业化。在人才的生活方面，杭州市政府做足功课，在杭州高新区（滨江）和城西科创大走廊等科技产业创新核心区块，将提供最优质的教育医疗等公共配套服务。

3.优化创新发展载体

杭州在创新发展方面，立足自身比较优势，审时度势，与时俱进，谋划优化布局，用好全球创新资源。杭州创新发展的谋篇布局主要体现在以下几个方面。

（1）布好"大杭州"的"局"。空间布局上，改革开放以来，杭州经济发展从精致和谐庭院式的"西湖时代"迈向了大气蓬勃开放式的"钱塘江时代"，提高城市创新发展能级。"十三五"时期，杭州根据创新要素集聚和创新链条布局以"一区、两廊、两带、两港、两特色"为核心的产业发展

---

[1]　数据来源：《2016年上半年杭州经济形势通报新闻稿》，杭州统计信息网。

空间平台。"一区"即"国家自主创新示范区"。"两廊"即以青山湖科技城、未来科技城（全国首批双创示范基地之一）、浙江大学（被喻为"中国版斯坦福"）、香港大学浙江科技学院、杭州师范大学和梦想小镇等为核心的224平方公里的"城西科创大走廊"以及以"大江东产业集聚区"为核心的"城东智造大走廊"。"城西科创大走廊"将努力打造全球领先的信息经济科创中心。"两带"是指运河湖滨高端商务带和钱塘江生态经济带。"两港"是指"钱塘江金融港湾"和"杭州空港经济区"。"两特色"是指特色小镇和特色园区。在产业布局上，"十三五"期间，杭州市规划以发展智慧信息经济带动创新型经济发展。至2020年，杭州拟建成国际电子商务中心、全国云计算和大数据产业中心、全国物联网产业中心、全国互联网金融创新中心、全国智慧物流中心以及全国数字内容产业中心等六大中心，推动"杭州制造"向"杭州智造"发展。杭州将重点发展"1＋6产业集群"，其中"1"是指1个万亿级信息产业群，"6"是指6个千亿级产业群：分别是以智造走廊、新能源汽车小镇、机器人小镇和空港小镇为代表的高端装备制造；以湖滨时尚街、中国丝绸城和时尚箱包小镇为代表的时尚产业；以之江创意产业园、滨江创意小镇和西湖艺创小镇为代表的文化创意产业；以钱塘江金融港湾、山南基金小镇、湘湖金融小镇和运河财富小镇为代表的高端金融服务产业；以千岛湖旅游度假区、新安江旅游度假区和运河旅游区等为代表的旅游休闲产业；以桐庐健康城、余杭生物医药产业基地和上城健康产业园为代表的大健康产业。

（2）布好"大杭州"以外的"局"。尤其是将"创新价值链"（包括资金链等）的"局"延伸到全球。走出杭州，拓展海外资源。近年来，杭州市政府每年组织若干个引才团，企业带着自己的项目去海外对接人才。由杭州市高科技投资有限公司负责组织实施，浙江大学创新研究院、未来科技城和塞伯乐等参与发起，美国硅谷银行和浙江大学支持的杭州硅谷孵化器（WESTLAKE VENTURES）与美国硅谷建立密切联系，举办各类创业创新大赛，通过跨境风险投资的模式，加强人才创新要素之间的交流沟通，吸引海外高层次人才与杭州合作，来杭州进行项目孵化、落地产业化，真正实现全球顶尖项目和创新资源与杭州本土资本、产业和市场等创新资源相结合。另外，政府支持企业在海外对科技型中小企业进行兼并重组，积极参与全球技术转移和技术购买，为其提供法律和商务等服务支持。

（3）提升城市国际化水平。城市国际化的提升是必需的，是紧迫的，是亟需的。杭州要成为全球创新发展的重要"增长极"，必须融入全球。只有具备了与全球沟通的基本渠道和平台之后，才会有国际化人才和国际化企业入驻和诞生，这些人才和企业可以常驻杭州或从杭州辐射全球。2015年，杭州出台了《加快推进城市国际化行动纲要（2015—2017年）》。目前，杭州"对51个国家实行144小时过境免签政策"[1]。相信，后G20杭州峰会时代，杭州国际化程度会有较大程度提升，"创新、活力、联动、包容"既是对世界经济未来的构想，又是对杭州创新发展的要求。

4. 提升创新发展能力

当然，无论是"招兵买马"还是"谋篇布局"，关键是要提升杭州这座城市的内生发展动力。为了提升杭州创新型经济的内生动力，实现科技和经济两张皮的无缝对接，除了大力引进人才、技术和资本以外，从长远看，杭州必须不断培养本土创新人才和"类阿里"等国际化创新型企业。

（1）弥补短板。在人才培育上，杭州相对北京、上海、南京和武汉等城市来说，高校的数量少显然是"短板"。近年来，杭州在借鉴深圳培育本土人才和科创产业项目落地等方面的经验，结合杭州城市本身的特质，先后与国内外知名大学以及企业合作成立了相关人才培育机构和产学研合作平台，并实施了"6+6"创新创业人才工程。当前，杭州已经成立湖畔大学、浙江音乐学院、杭商大学和浙江工程师学院等机构，与清华大学和浙江大学等国内知名高校成立了产学研合作平台，形成了一批由浙大系、阿里系、浙商系、海归系为代表的"新四军"人才队伍。2016年，杭州陆续出台了《培

---

[1] 《杭州日报》2016年8月9日A3版。

育"杭州工匠"行动计划（2016—2020年）》和《中国制造2025杭州行动纲要》，积极培养各类高端技能人才。

（2）完善体系。在企业培育上，通过不断完善"大众创业，万众创新"的环境，搭建类似"梦想小镇"等特色小镇，帮助大学生实现创业创新梦想，依托浙江本土龙头企业、企业家群体、民间资本和各类特色小镇等本土创新创业优势资源，杭州市科委推出了"雏鹰计划""青蓝计划"和"1＋X"等创业创新政策体系。

（3）提高效率。前些年杭州的创新发展主要依靠模仿创新和集成创新，近几年，以阿里巴巴和海康威视等行业龙头企业为代表的自主创新模式正在兴起。杭州全社会研发投入不断提升。"十二五"期间，杭州市全社会研发经费支出从166.9亿元增加到301.6亿元。[1] 2016年上半年，杭州市规上工业科技活动经费总支出增长12.5%，达到103.43亿元。[2]各类创新主体申报和获得的知识产权数量不断提高。"十二五"时期，杭州专利授权累计19.12万项，其中，发明专利授权 2.88万项。[3]2016年上半年，杭州市发明专利申请数量和授权数量分别增长38.4%和29.1%，发明专利授权量达到4770件。[4]

（4）培育链条。培育本土化的基础研究创新、技术创新、产业创新和成果运用的"链条"。除浙江大学和浙江工业大学之外，杭州还引进了清华大学等知名高等院校在杭州本土进行基础研究和技术创新研究，搭建与本土企业进行产业协同的平台，并为产业创新成果运用提供了平台，创新成果让市民共享。完整的智慧产业创新链条已经在杭州本土初步形成。以"智慧城市"建设为例，不仅为创新主体营造在"移动互联网时代"创业创新的硬件环境，同时还助推智慧产业创新成果本土转化。杭州通过打造"智慧城

---

[1] 数据来源：《2016年杭州市政府工作报告》。

[2] 数据来源：《2016年上半年杭州经济形势通报新闻稿》，杭州统计信息网。

[3] 数据来源：《2016年杭州市政府工作报告》。

[4] 数据来源：《2016年上半年杭州经济形势通报新闻稿》，杭州统计信息网。

市"，成了全国首个免费Wi-Fi全覆盖、率先实施智慧医疗的城市。杭州这座城市本身成为本土创新企业非常好的一个创新产品的试用者和示范者。如杭州市政府与阿里云和华数等合作建立了国内首个电子政务云。智慧化的公共服务又为创业创新者提供了便利服务，降低了创新成本，提高了创新效率。因此，通过智慧城市和"城市智慧大脑"建设等项目，杭州的政府、社会和企业之间在创新发展上形成了良好的互动关系。

5. 建设创新发展高地

只有通过先发制人，颠覆式创新，获得话语权，才能在全球价值链上居于最高端。经过多年的苦练内功和能量积蓄，杭州创新发展中的某些企业、行业和领域已经获得了举世关注，获得了自主权、主动权和话语权。

（1）建设跨境电子商务综合试验区。杭州在跨境电子贸易方面有了更多的自主权。2015年，杭州获批成为"跨境电子商务综合试验区"。杭州公布了《中国（杭州）跨境电子商务综合试验区实施方案》，首创了一系列相关的制度创新：成立首个国家级跨境电子商务商品质量安全风险国家监测中心；探索如何简化跨境电子商务监管流程；探索如何在跨境电子贸易服务中集成创新等，运用"单一窗口"B2B模块、数据化的"虚拟口岸"，实现全国通关一体化；率先开展个人贸易外汇管理改革；通过打造跨境电商全球最优"生态圈"，在"国际网络贸易中心"和"网上丝绸之路"的建设上掌握主动权和话语权；第一批56条创新政策已经顺利落地。跨境电商的"杭州经验"成功复制推广到其他区域。2016年上半年，"杭州市跨境电商的出口规模占到全市外贸出口总额的12.25%"[1]。

（2）建设"国家级自主创新示范区"。2015年，杭州获批成为"国家级自主创新示范区"（核心区块为国家级杭州高新区和萧山临江高新区）。在获批"国家级自主创新示范区"之后，杭州在学习北京中关村等经验的基础上，认真落实"6＋4"自主创新示范区创新政策和"1＋X"创新政策体系。

---

[1] 《杭州日报》2016年8月9日A3版。

杭州国家高新区（滨江）作为浙江科技体制改革试点，不仅出台了创新创业"黄金12条"，还率先探索"五证合一"和"工位注册"等政策创新，将成功试验的模式再在杭州全市逐步推开。2015年，杭州市在全市范围内正式开展包括"五证合一"和"证照合一"等商事制度改革，并出台了《关于进一步深化商事制度改革的若干意见》。2016年10月起，"五证合一"制度向全国推广。

（3）打造具有全球影响力的"互联网＋创新创业"中心。当前，依托国际化企业阿里巴巴和"阿里系"等人才队伍资源，杭州已经成为全国电子商务之都和全球电子移动支付高地。"阿里模式"，如"支付宝"等移动支付方式、"蚂蚁金服"和"阿里云"等创新商业模式正在从杭州向全国乃至全球输出。依托"蚂蚁金服"等互联网金融创新模式，杭州正在探索适合互联网金融健康发展的制度。如果马云和阿里巴巴提出的eWTP（全球电子商务平台）能够成为现实，阿里巴巴就可以通过输出行业标准，占据全球电子商务的制高点。

（4）打造"云端杭州"。通过"阿里云"大数据，杭州率先在全国成为一座"云端之城"，全国云计算中心地位初步形成。在杭州，"云"上的各类创新型中小企业被赋予不可预估的"能量"：通过大数据分析，获得精准的市场信息和企业内部管理信息，实现企业产业升级。依托云计算大数据，在工业"物联网"方面，以"力泰科技"为代表，杭州率先在全国推行"云制造"概念，推动传统制造业转型升级，抢占布局工业4.0。

（5）打造"数字杭州"。"数字杭州"建立在"云端杭州"的基础上。目前，杭州通过建设"智慧城市"，已经率先形成了统一的智慧政务管理体系，精准化地为优化公共服务提供内容。该体系主要包括智慧政府服务网、智慧政府物联网和大数据平台。其中，智慧政府服务网被人们形象地比喻为"网上政务超市"。服务对象可以足不出户，一站式办理各种服务。服务效率得到了大大提升。覆盖整个城市角落的智慧政府物联网，可以智慧地监测城市的水、电、气、交通等相关数据。大数据平台整合了政府各部门各层级以及医疗卫生机构等涉及民生方面的共享数据，有助于相关部门机构精准提供服务内容，提高政府服务水平和效率。杭州正在通过大数据、云计算等技术手段帮助传统产业转型升级。譬如，坐落于萧山科技城的国内首家工业大数据联盟和国内首个工业数据应用交易平台，就是通过发展云计算和大数据技术等生产型服务业帮助传统产业集群转型升级。

（二）主要发展成效

千年古都的华丽蝶变，依靠的是持续创新发展。杭州创新发展获得了显著的成效。"创新"的基因正在慢慢渗透到杭州这座城市的血液中。杭州不仅具有较高的"颜值"，也具备了较好的"气质"，这座"创新活力之城"的综合竞争力正在不断提升。杭州已经成为名副其实的"全球电子移动支付之都""中国电子商务之都"。

1. 创新经济提质增效

杭州创新发展经历了"卧薪尝胆"的"蓄能期"。2004年以来的十几年间，杭州GDP总量不断提升，但增速总体趋势是向下的，增速最高时期和增速最低时期相比，降幅几乎达到一半。2014年下半年，杭州终于迎来"破茧成蝶"的时候，经济增速开始了强劲回升。2015年，杭州实现的地区生产总值为10053.58亿元，增速重回两位数，达到10.2%，成为国内第十个GDP总量跨越万亿元的城市。2016年上半年，杭州市GDP增速为10.8%，比全国和浙江省平均水平分别高出4.1%和3.1%。从2015年第二季度开始至2016年上半年，杭州已经连续5个季度保持经济增速两位数。"十二五"时期，杭州GDP年均增长9.1%，常住人口人均GDP为18025美元，达到高收入经济体水平。尤其是2016年上半年，杭州国家高新区（滨江）的GDP增速达到了17.1%。[1]杭州经济总量高速增长的背后，关键是创新发展，优化了经济结构，提高了经济发展效率。

---

[1]　数据来源：《2016年上半年杭州经济形势通报新闻稿》，杭州统计信息网；《2016年杭州市政府工作报告》；《杭州日报》2016年8月6日A3版等。

2. 创新能力显著提升

杭州通过始终坚定不移地走创新发展之路，显著提升了这座城市的创新能力。近年来，杭州依托互联网和电子商务产业以及对浙江大学等创新要素的集聚运用，创新能力有了明显提升。2015年福布斯中国大陆创新能力最强的30个城市中，杭州排名第四。目前，在全国创新经济版图上基本形成了深圳、北京、上海和杭州四足鼎力的局面。杭州高新区（滨江）这几年在全国高新区的创新能力指标方面也有所进步。在2015年初公布的全国国家级高新区排名中，杭州高新区创新能力排位第四。当然，在推进城市创新能力提升的过程中，杭州政府自身的创新能力和热情也得到了显著提高。

3. 创新产业茁壮成长

2007年始，杭州以软件和信息技术服务产业为主的现代服务业增加值开始超过工业增加值。"十二五"时期，杭州新的产业格局基本形成。杭州高新技术产业增加值占规上工业比重从27.1%提升至41.8%，形成了以信息经济产业为主导的产业结构。2015年，杭州实现高新技术产业增加值1212.6亿元，增长9.8%，信息经济对GDP增长的贡献率超过50%。2016年上半年，杭州市以现代服务业为主的第三产业增加值首次占GDP超过60%，达到60.6%。其中，信息经济增长26.2%，占全市GDP的23.8%，移动互联网、电子商务、数字内容、云计算和大数据以及软件信息服务产业分别增长48.7%、48.3%、41.9%、35.4%和31.4%；三次产业结构调整为2.8∶36.6∶60.6；规上工业增加值增长7.7%，其中，高新技术产业、战略性新兴产业、装备制造业增加值分别增长10.7%、10.2%和15.9%。在投资结构方面，杭州一方面鼓励支持民间投资，另一方面优化产业投资结构。2016年上半年，杭州先进产业中的高技术服务业、战略性新兴产业、信息传输软件和信息技术服务业投资分别增长37.6%、18.9%和38%。[1]

---

[1] 数据来源：《2016年上半年杭州经济形势通报新闻稿》，杭州统计信息网；《2016年杭州市政府工作报告》；《杭州日报》2016年8月6日A3版等。

4. 创新环境明显改善

杭州国际化的创业创新生态环境日益完善。2015年,"魅力中国"——外籍人才眼中最具吸引力的十大城市排行榜单中,杭州排名仅次于上海和北京。在此之前的2013年和2014年"魅力中国"——外籍人才眼中最具吸引力的十大城市排行榜单中,杭州排名分别为第九和第六。从中,我们可以看到,杭州近几年在城市国际化方面做出的成效还是比较明显的。更为重要的是,杭州通过打造国际化的创业创新生态环境,使得杭州的创新活力不断提升。

5. 创新活力高效释放

"良禽择木而栖"。国内外创新人才项目纷纷扎根在杭州。"十二五"期间,杭州累计引进海外留学人员2.3万人。2016年上半年,杭州新设企业3.99万户,新增个体工商户4.16万户,两者分别增长38.6%和22.8%。截至2016年上半年,杭州累计上市公司121家,新三板挂牌企业共计257家。除此之外,全球优秀企业也纷纷与杭州合作。迄今为止,已有113家世界500强企业选择在杭州投资项目,共计192个;全国1/3的综合性电子商务网站集聚在杭州;2015年,杭州创业项目年均增长32.4%,高于北京、上海和深圳。在杭州,跨境电子商务帮助各类市场主体率先实现了"全球卖,全球买"的梦想。尤其是一些从事传统产业的外贸企业,随着跨境电子商务业务的成熟完善,不再依赖于之前的海外渠道,于是,放弃了传统的"OEM"模式,将逐步开始做大做强自己的牌子,"中国品牌"开始逐步走向海外。现在,杭城的餐饮业、医疗机构、菜场、公共交通甚至路边的一家不起眼的小店都开通了移动支付,智慧餐厅、智慧医疗和智慧交通更是平常模式,其中,智慧医疗已经成为全国样本。2016年上半年,杭州完成新产品新产值1864.4亿元,同比增长14.32%。[1]

---

[1] 数据来源:《2016年上半年杭州经济形势通报新闻稿》,杭州统计信息网;《杭州日报》2016年8月9日A4、A5、A19版;《杭州日报》2016年8月5日B5版等。

三、杭州创新发展存在的短板

2016年6月，浙江省第十三届九次全体（扩大）会议指出："科技创新是第一短板。"弥补短板，让短板不短，就必须精准地找到关键问题所在。虽然，杭州已经在创新发展这块领域深耕多年，取得了显著的成绩，但是仍有若干个问题阻碍杭州科技创新发展的进程。这些问题既有国内创新发展的共性问题，也有属于杭州特有的问题。本文就其中的主要问题，概括为三个方面。

（一）创新资源整合力度不够，导致创新资源利用率低

客观地说，目前，与全球各大城市相比，杭州除了民间资本丰富、自然环境优美以及特有的"阿里文化"之外，在创新发展资源上并没有任何明显的比较优势。因此，杭州创新发展必须依靠特有的优势，全市上下高效地整合创新资源，才能够在全球激烈的创新发展中取得先机。遗憾的是，这种整合机制目前还没有自发地形成或者由政府主导有效地建立起来。虽然，杭州市政府已经谋篇布局，整合全球创新资源为杭州创新发展添砖加瓦。但是，"大杭州"范围内的存量创新资源整合力度明显不够，创新要素资源的配置还不甚合理有效。这主要表现为：

1. 创新政策资源整合效率欠佳

在转轨经济背景下，尤其是当僵化的政策阻碍创新活力释放的情况下，对创新主体来说，政策创新显得非常重要。但是，实践中，部门政策之间以及市区县之间的政策资源契合度依然显得不够。最突出的是政策内容之间"相互矛盾""效果抵消"和"不匹配"。政府在创新政策方面，存在"知识的诅咒"现象，一些政策出台以后，最主要的中小企业却并不知晓，或者不甚理解政策内容。政策性资金在支持企业创新方面整合力度不够。目前，通过政策性资金进行配套奖励和适度补贴的政策，仍然是政府支持创新的主要手段。但是，实践效果并不尽如人意。对此，社会给予的评语大多是"锦

上添花"，而不是"雪中送炭"。分散在相关部门之间的政策性资金被"撒胡椒面"，而不是"集中火力"。

2. 区县创新资源整合效率欠佳

区域产业规划定位雷同导致对稀缺优质创新资源（优秀人才和创税企业）"哄抢"，"内耗"问题突出。同质化竞争带来的直接结果是：大大提高引智成本（人才项目落地条件会"待价而沽"），有限的财政资源重复浪费。譬如，杭州市个别区县市在创新规划和"引智"方面的协调性有待加强。表象背后是深层次的体制机制问题，如区域考核制度和税收制度不甚合理以及政府创新能力欠缺导致的产业规划雷同。

3. 区域创新资源共享机制欠佳

区域协同创新机制不完善。高校科研机构的基础设施，譬如，闲置的实验室和检测设备等与创新企业之间分享不够。"共享经济"模式在同一行政区域内的高校科研机构、产业园区和企业三者之间推行，以及创新资源跨区域合作共享均存在一定的制度障碍。譬如，高校科研机构缺乏制度激励，这导致高校提供的各项创新服务对企业来说，交易成本太高，类似于服务时间太长等。究其原因，"市场机制"在创新资源整合方面，还有较大的发展空间。通过"市场化"运作模式，创新主体有了激励约束，就会最优化配置稀缺的创新资源。

（二）创新新旧动能转换不畅，导致创新经济难以巩固

经济转型升级成功的关键在于"发展动力"的重构。杭州新旧动能转换依然还在路上。早在21世纪初期，杭州市委、市政府就已经规划"双动力"驱动城市经济发展，重构城市经济发展动力源。传统旧的动能是"要素投资驱动"，新动能是"创新驱动"。经过十多年发展，新旧动能的转换总体上较为顺利，但是，在转换过程中依然有些吃力，缺少"润滑剂"。

1. 旧动力渐衰退，新动力未稳固

经济发展的新旧动能转换没有彻底完成。新动能强劲势头还没有稳固，

短时间内还不能弥补旧动能的加速衰退，没有彻底摆脱动力源"断层"的风险。第二产业尤其是工业表现与第三产业表现呈现出明显的"背离"（2015年杭州市第二产业增加值增速同比下降了2个百分点，第三产业增加值增速同比上升了6个百分点）。近年来，杭州市在工业投资、技改投资和科学研究领域的投资，与深圳、北京和上海等城市相比，仍然有差距，尤其是工业投资下滑明显。工业化和信息化融合程度还有待提高。工业企业普遍缺乏核心关键技术，缺乏行业话语权和主动权等问题依然需要解决。

2. 实体经济创新意愿后劲不足

虽然近年来，杭州市努力通过推进智能制造、协同制造、绿色制造和服务型制造，来提升先进制造业的核心竞争力，但传统制造业企业（大量的民营中小型工业企业）的表现仍不尽如人意。传统制造企业较高的杠杆率以及较高的产能过剩率，弱化了企业科技产业创新的实力和动力。杭州市大部分传统实体企业仍然陷在高杠杆的"沼泽地"中，即使愿意创新，也不敢创新，因为被"高杠杆"给绑架了，不敢折腾。作为一种破坏性的创新，对传统企业来说是一件"奢侈品"。2016年上半年，杭州市民营固定资产投资额增速为-4.6%。民营工业新产品产值增速低于全市规上工业实现新产品产值增速5.4个百分点，同比回落1.8个百分点。同时，民营工业新产品产值占全市规上工业新产品增加值比重回落2.2个百分点。[1]传统民营制造业领域拥有一些存量创新资源，如何将这部分创新资源激活，与新经济领域的创新成果相结合，如何提高传统制造业与科技型企业合作的效率，譬如，杭州市科技企业最迫切需要解决的"产品中试"场地的问题，让传统制造业企业和科技型企业合作，诞生出更多的"春风动力＋力太科技"模式，增添更多的转换"润滑剂"，是杭州市创新发展下一步需要重点考虑的方面。

3. 传统制造业转型升级难度高

传统制造业转型升级必须建立在研发创新的基础之上。即使是生产型服

---

[1] 数据来源：《2016年上半年杭州经济形势通报新闻稿》，杭州统计信息网。

务业的发展，也需要研发创新的持续投入。杭州的科研投资力度有待提高。杭州和深圳相比，在科研投资的力度上仍有差距。根据市发改委的资料，2015年，深圳的科研投资是40.13亿元，提高了32.4%，杭州是26.12亿元，降低了24.3%。另外，2015年，杭州在技改投资总量上也出现了下滑，下降了4.8个百分点，而深圳则提高了23.1%。工业投资方面，深圳提高了13.4%，杭州则提高了仅1.8%。近两年，深圳在科研投资、工业投资和技改投资方面的力度明显高于杭州。这也可以从一个侧面解释深圳创新能力强的原因。

（三）创新要素集聚效应不强，导致创新能力提速较慢

创新能力的提升依赖于创新要素的集聚效应充分发挥。如果仅仅是停留在"物理集聚"这个层面，杭州的创新能力提升过程会大大受限。当前，杭州的创新要素集聚效应与深圳、北京和上海等城市相比，相对不强。这背后的主要原因有三点。

1. 创新制度交易成本高

制度性交易成本高，已经在一定程度上制约了创新要素的交易效率，降低了创新效率，提高了创新成本，降低了创新收益。成果转化方面的制度性交易成本如果过高，会降低转化率。知识产权相关的制度交易成本较高。目前，杭州市的知识产权主要来源于高校和科研院所。传统高校科研院所的知识产权成果应用制度阻碍了成果转化和产业化。为此，中央到地方均意识到了激励高校科研院所科技成果转化的重要性，出台政策，降低交易成本。但是，在具体的落实过程中还有许多的细则急需明确。技术市场虽然在逐步完善，但是企业觉得在技术交易咨询方面还有完善的余地。企业与高校科研机构以及企业与企业之间的技术交易渠道运作不是很完善。杭州市的知识产权交易转化活跃度还有待提高。知识产权的界定、保护和利用知识产权进行融资等成本依然较高，尤其是在知识产权维权方面的交易成本，不利于企业进一步创新。相关政策执行力度不高导致的交易成本高。一些政策传达和落实过程中，发生了与政策制定者初衷"相背离"和"有距离"的情况。成果转

化以及产业化需要相关制造业配套。国内大多数企业成果转化需要制造业企业合作时，大多选择深圳，其次是宁波。深圳的制造业产业相对齐全，成本低，效率高。这一特征吸引创新企业集聚。所以，杭州的创新企业主要集中在从事"互联网＋"的行业，而深圳的创新企业主要集中在先进制造业、3D打印、超材料、基因工程等领域，如华为、中兴、比亚迪、大族激光、大疆、光启和华大等已经成为具有国际影响力、掌握关键技术的企业。

2. 高端人才引进难度大

城市国际化短板导致顶尖人才集聚度不高。人才短缺是制约杭州科技产业创新的最大短板。城市国际化水平不高是杭州人才要素集聚度不高的主要原因之一。全球顶尖的人才具有自由流动的特征，人才的吸引需要城市国际化氛围相配套。所以，杭州在高端人才引进方面，与深圳、北京和上海相比，劣势还是比较明显的。"千军易得，一将难求。"高端人才短缺，就导致一个致命问题——核心技术不足。杭州产业创新相对偏"轻"，缺乏核心技术支撑。杭州依托于阿里巴巴电子商务的比较优势，集聚了一大批从事"互联网＋"创新的企业，这些创新型企业主要从事"互联网＋"传统交易（包括医疗挂号、家装中介、订餐、旅游和金融等），充分利用了互联网工具的特征，将传统商业与互联网很好地结合起来，提高了商业效率。但是，这些企业聚焦于商业模式创新。这些商业模式创新的一大短板是进入门槛低，依靠资本的"捧台"，等到"烧钱模式"结束之后，剩下的即使是最好的也就是"用户数据"（如果没有技术人才支撑，这些数据就毫无价值），但是数据的利用需要"大数据技术"，技术要求非常高。杭州甚至国内都缺少互联网和大数据产业核心关键技术。"技术＋商业"模式，应该是杭州企业在充分利用杭州这座城市优势的基础上，为之奋斗的目标。但是，遗憾的是，除了极少数企业，绝大部分企业忽略了"技术"，而囿于"商业"两字。深圳企业创新，显然更注重"技术"两字，超材料、通信、生物医药和无人机行业等战略新兴产业，都诞生了具有国际影响力的企业。杭州企业应该理性地看到这一点，进一步加强在全球信息技术行业里的话语权。

3. 城市国际化水平不高

城市国际化水平不高直接导致高端人才的短缺。在一定程度上受到国际化大都市上海的极化效应，近年来，国际化一直是杭州城市的短板。国际化企业、国际化视野、国际化配套设施、国际化文化和国际化教育医疗资源相对欠缺。如何通过召开G20杭州峰会和亚运会提高杭州国际化水平，对杭州创新发展来说是一个值得研究的问题。

四、杭州创新发展未来方向

创新发展本质上是突破既有的生产约束条件，突破"增长极限"，获得更高的社会生产力，提高经济竞争力。但与此同时，创新发展本身也会遭遇一定的约束条件。这里的约束条件可以从两个层面上予以理解。一方面，是普遍约束条件。这些条件是任何一个历史阶段、任何一个经济体创新发展都需要考虑的约束条件。一般的创新发展要素，譬如知识、人才、技术、资本和市场，也就是说，任何一项创新发展成果的产生都离不开这些基本要素。拥有这些基本要素是创新发展的必要条件。如果这些基本创新要素只是在"物理"上得到集聚，并不一定能够盛开"创新之花"，这就需要重视一些特殊约束条件。另一方面，是特殊约束条件。这也是各区域创新发展成效差异背后的根本。不同发展阶段、不同经济体的创新发展，会依托于不同的创新发展环境，这些创新发展环境根据不同的社会生产力水平（该生产力水平由创新成果决定，同时也反作用于随后的创新发展过程）而具有不同的时代地域特征。基本生产要素在"物理"上的集聚，需要特定的"催化剂"，促使这些基本生产要素产生"化学反应"，产生"裂变"。这里的"催化剂"就是制度。确切地说，这是一整套制度体系。这套制度体系的根本目的就是释放市场创新活力。如何激励，如何释放？关键是这套制度能够降低创业创新成本，提高创业创新率，让全社会分担创业创新风险，共享创业创新成果。实践证明，这套制度的核心是"市场起决定性作用，政府更好发挥作用"，形成"联动、包容"的创新氛围。制度体系的联动创新改革是当前中国乃至全世界创新发展的"催化剂"。反之，阻碍创新发展的制度体系是创新发展路上的"拦路虎"。

"十二五"时期，杭州从"平台、科技、产业、人才和制度"五个维度全方位营造完善的创业创新生态环境，不断探索适合这座城市特有气质的创新发展模式，一路披荆斩棘，一路不断摸索。与此同时，"标兵"和"追兵"城市在创新创业环境生态营造方面也不遗余力。所以，杭州创新发展一定要继续发扬"弄潮儿向涛头立"和"杭铁头"的精神，结合这座城市特质，厚植优势和特色，并及时吸收全球科技创新成果和经验，为创新创业者提供特有的"杭州生态环境"。一座城市在创新发展方面，没有清晰的主攻方向，裹足不前，犹豫不决，人云亦云，就会失去先机，就会出现"同质化"竞争和"内耗"现象，既浪费了财力物力，又会产生新的"创新产能过剩"。

成功举办G20峰会后的杭州，向全球敞开了大门，迎来一个千载难逢的大好时光。杭州创新发展到了一个新的起点上。杭州创新发展需要进行升级。杭州的创新发展必须深度融入全球创新创业生态圈中，杭州创新发展要通过制度创新和科技创新引领宽领域的"大创新"，成为"创新、活力、联动和包容"城市样本的表率：率先在全国范围内成为科技、产业和金融创新协同发展的"超智能城市"，从杭州"裂变"出更多的带有"杭州创新"基因的创新者，向全球输出"杭州模式"。基于此目标，杭州创新发展要将手中的"好牌"打好，立足杭州，放眼全球，将创新基因植入杭州这座城市中，培育出全球创新型企业，提升杭州这座城市的总体气质，让杭州成为全球创新创业者向往的朝圣之地，让全球创新创业者们由衷地说出"最忆是杭州"。为此，杭州在未来的创新发展方面，要重点关注以下五个方面。

（一）创新主体：心怀梦想、生生不息

创新离不开梦想，梦想是创新的"指明灯"和"不竭动力"；一座以

"创新"自居的城市仅追求创新者数量和质量是远远不够的，需要有一套让创新者"新陈代谢"的内生机制。这就需要依赖于"创新生态"，这里的"生态"更多的是指"动态"方面，而非一般意义上把创新要素集成在一块区域的静态意义。这种生态是能够让创新的梦想"生生不息"，让创新行为"永无止境"的，让"创新"成为这座城市的"基因"，让"人才"成为这座城市的"血液"。所以，杭州要成为一座"造梦、追梦和圆梦"的城市，呵护和尊重每一个梦想追求者。只有达到了这样一种创业创新环境，杭州才能成为众多创新城市中"最闪耀"的那一颗。杭州在这方面已经做了不少努力，但杭州真正要达到的目标是孕育出更多的能够在国际上具有话语权的企业。以下几方面有较大发展空间。

1. 营造公平竞争的市场秩序

良好的市场秩序是呵护"梦想"的关键。公正、公开和透明，产权清晰，建立在法治基础上的市场秩序是创新活动活跃的前提。英国第一次产业革命之所以发生，其主要原因是得益于产权清晰的制度激励。产权清晰，激励科技创新成果转化为产业创新，获得创新的超额利润。反之，如果知识产权不能得到有效保护，不仅无法激励创新，甚至还会扼杀创新，夺走创新梦想。良好的市场秩序也是创新生生不息的必要条件，反之，当一个社会通过侵权、投机炒房和攀附关系等获得比创新更多的收益时，任何一个理性经济人都不会选择创新。

2. 提供高质量生活配套服务

杭州要承载国际顶尖的创业创新人才，就必须具备顶尖的医疗教育环境。显然，杭州相比上海和北京来说，不具备这方面的优势。但是，杭州可以"无中生有"，缩小这方面的差距。杭州可以借鉴深圳与全球知名高校科研机构合作建立"深圳大学城"和"深圳虚拟大学城"的模式，为在杭创新企业建立"产学研"合作进行产业创新和人才培养的平台。在该平台上，产学研多方可以自由进行市场合作，而不是"拉郎配"。杭州可以与全球知名的医疗机构和生物医药企业合作，建立医院和相关机构。

3. 实施全球柔性化引智引才

杭州在弥补高端人才短缺方面，应该创新人才运用思维。除了传统地将高端人才引入杭州，我们可以运用互联网等科技新技术，开放分享一定的可以分享开放的公共资源，灵活地众筹全球高端人才的"大脑"，为杭州市创新发展提供智慧决策。杭州可以运用全球创新资源走出去，全球孵化创新创业企业。杭州一定要拓展创新思维，摆脱定向思维的约束。

（二）创新产业：掌握核心、辐射联动

虽然杭州的信息经济发展态势不错，"1＋6"产业集群的产业规模、GDP贡献率以及增长速度都表现不错，但这主要表现在规模和速度方面。如果从供给侧结构性方面来看，杭州新经济产业缺乏核心关键技术支撑，缺乏辐射全国全球的能力。为此，必须要通过发展新经济提高实体经济发展的动力。

1. 输出全球化品牌的商品服务

培育更多国际型创新企业，从杭州出发，辐射全球。G20杭州峰会期间，马云提出的eWTP（电子世界贸易平台）可以被理解为一种全球电子贸易行业标准。杭州要培育出更多的国际性企业。当前，在企业向海外输出产品服务、并购和建立海外研发基地等方面，政府还是大有可为的。譬如，政府可以为企业提供商务培训、参与国际标准制定、海外专利申请、法律咨询、维权支持和对接等。

2. 孕育全球科技型企业家群体

享誉全球的浙商和杭商是杭州创新发展的宝贵资源。传统一代的浙商和杭商也需要在科技产业革命浪潮中突破自我，更新观念。在当前这股全球化的产业革命中，套利型企业家群体显然不能适应创新发展的新态势。杭州需要营造良好的生态环境，孕育具有全球化视野的科技型企业家人才。这一类型企业家能够敏锐地意识到全球最前沿技术研发引发的市场端变动，精准地意识到哪些技术的成熟度已经到达可以产业化和商业化的程度，充分地利用

先进科技成果整合全球创新资源，为技术产业化、商业化服务。

3. 培育全球化创新型科技企业

企业是区域创新发展的主体。激励创新企业进行技术创新，掌握核心关键技术，这是杭州实体经济强劲持续发展的保障。企业之间竞争的关键是进入门槛，而最高的门槛一般在技术领域。杭州企业可以依托阿里巴巴和"互联网＋"及第三产业发展迅速的特有优势，在大数据产业、云计算产业和互联网产业三大领域潜心技术研发。

（1）大数据产业核心关键技术研发。中国目前在大数据挖掘技术和大数据分析技术等领域，并没有掌握核心技术。当然，这方面的竞争也非常激烈，如贵州大学建立了全球首家大数据学院——贵州大学大数据学院，设立了公共大数据重点实验室。如果贵州首先在大数据技术方面培育出本土企业，杭州发展"大数据"产业就会显得非常被动。因为，对于互联网企业来说，大数据是企业最为重要的资产，而这种"重要性"主要体现在大数据的挖掘使用方面。所以，大数据技术高低决定了大数据资产的重要性。因此，杭州可以与浙江大学等全球知名高校以及阿里巴巴等国际互联网企业合作创办大数据技术有关的产学研联盟或高校科研院所，既可以培养相关人才，又可以推动大数据产业方面的技术研发创新。

（2）互联网产业核心关键技术研发。杭州"互联网＋"产业不能仅停留在"＋"上，更应该关注在"互联网"上，这是基础。互联网技术诞生于美国，至今相关核心关键技术依然由美国掌握。全球互联网标准仍然是由美国制定的。尤其是互联网安全日益引起社会的高度关注，所以，互联网安全与否直接与"互联网＋"产业发展前景紧密相关，安全性和便利性同等重要，甚至更为重要。杭州作为电子商务之都，本土企业更应该有责任在互联网安全技术方面进行研发创新，为"互联网＋"产业保驾护航。

（3）云计算产业关键核心技术研发。云计算日益成为移动互联网时代的"公共基础设施"。当前，阿里云是中国"两朵半云"中的其中一朵，其中另一朵是浪潮云，剩下的半朵是其他云计算。尤其是以中小企业为服务对象的阿里云，随着提供的服务越多，技术改进完善的需求也越高。该过程为云计算技术发展创造了良好机遇。中国云计算行业与国外发达国家相比，差距不大。所以，如果杭州能够在云计算行业掌握核心技术，具有话语权和主动权，这对杭州创新发展能力提升大有裨益。谁掌握最前沿技术的核心，谁就在技术创新和产业化链条中占据了主动权。前沿技术的研发投入高、周期长、风险高，在一定程度上得到政府的支持尤为重要。政府可以通过政策和资金引导社会资本投入到前沿技术的研发上，也可以通过减免税收等方式降低研发成本。

（三）创新政府：守法执法、精准高效

创新发展中只有让市场起决定作用，充分激发企业家精神，才能激励可持续的创新。当然，在这过程中，政府更应"发挥好"辅助作用。在飞速发展的科技产业革命浪潮前，政府内部的考核和税收等体制机制以及政府对市场的监管服务休制机制需要重新被"审视"和"修正"。政府官员在坚定理想信念的同时，对全球经济技术浪潮方面的发展关注也亟须与时俱进，积极转变工作方式方法，不能故步自封。尤其是在创新发展"生态"的呵护方面，"店小二"的工作既要精准服务，也要"法治化"服务，公正公平透明，不能无视法律和盲目推送服务。如果无法做到精准服务和严格执法，则政府既浪费政策人力财力，又没有起到"法治"的表率，从而让政府陷入"塔西佗陷阱"，让政府政策效果大打折扣。

1. 严格守法执法，营造法治化环境

政府既要严格执法，更要严格"守法"。严格守法执法是地方政府在推动区域创新发展过程中最重要的一项公共服务。这项服务是否到位事关该区域创新活跃度。如果，政府在这方面做得好，区域创新活跃度就高，反之，区域活跃度就低。政府要激励全社会遵纪守法，关键的一点就是政府自身也要遵守法律，依法行政，提高政府信用，要营造"公平公正"的法治环境，用制度创新等制度方式铲除政府在推动创新过程中容易滋生"寻租"现象的

土壤；在法律允许范围内，给予企业"自由"的发展空间。

2. 运用科学成果，提供精准化服务

充分利用新经济成果，提升政府服务的精准度和效率。杭州要进一步完善"智慧政务管理体系"。政府在区域创新发展过程中，一方面需要做好基础公共服务，如公共基础建设、产权保护和公共环境保护等，另一方面要将有限的公共财政资源配置到精准的创新需求方面。政府可以充分利用大数据、云计算、移动互联网等新经济成果，精准提供服务，同时大大降低服务成本，提高服务效率，让企业专注创新发展。政府要善于运用"分享经济"的思维，鼓励企业和社会创新，整合"大杭州"范围内的创新发展资源。

3. 高效整合资源，提高高效化服务

自上而下促进创新的政策要尽快落地到位，落好地。重视各部门各层级政策之间的协调性和整体性，重视政策效果的连续性。促进创新发展的政策不在于多，而在于实。正如李克强总理引用的俗语："宁敲金钟一个，不打破鼓三千。"学会"四则运算"。政府服务不要一味地做加法，一定要意识到并不是做得越多就越好，要学会做减法、乘法和除法。尤其是一些僵化制度，阻碍创新，必须要改革，进一步降低制度性交易成本，与时俱进改革现有监管制度。政府在引导社会创新发展中要学会"放管结合"。学会有效监管比学会放手更难。科学技术创新成果层出不穷，深刻地改变着人们的生产方式、生活方式、支付方式、出行方式和社交方式等。原有的政府监管制度往往滞后于飞速发展的科技产业创新。所以，政府在面对这些新兴经济现象的时候，必须审慎监管，既要鼓励创新，又要分类对待复杂经济现象背后的各类市场主体，重视事中事后监管，维持良好的市场秩序，既不能"一棍子打死"，也不能"一味盲目放纵"。

（四）创新制度：保护产权、激励创新

在区域创新发展中，用"市场"激励，用"法治"约束，是被实践和理论证明了的最有效手段。无论是激励还是约束，都是呵护"创新"的种子。

杭州如果在这方面能够借鉴成功经验，结合自身特点，摸索出一条激励创新、约束侵权和投机炒作的道路，率先形成"尊重原创""崇尚创新""公平竞争"的氛围，率先形成有利于创新发展的市场秩序，率先让创新创业者们有稳定的预期，看到"光明的未来"，则可以充分激发和释放社会创新活力，在国内首先确立"先发优势"。着眼长远，这对杭州"强劲可持续"的创新发展大有好处。

1. 严格保护合法创新成果产权收益

用"市场激励"创新代替"政府激励"创新。历史经验和理论均证明，相比用政府激励创新来说，用市场激励创新更有效。约束侵权行为就是呵护区域创新企业，否则，就是扼杀区域创新企业。创新成果主要依靠知识产权来保护，巨大投入要依靠知识产权严格保护来获得超额利润，如果侵权行为得不到有效的打击，则创新企业的利润将受到"侵蚀"，最后打击的是创新行为本身。为此，地方政府必须严格通过新技术成果严厉打击侵权行为，有效预防侵权行为。这才是政府保护鼓励支持创新的最有效手段之一。在知识产权保护方面，就必须用"法治约束侵权"代替"人治约束侵权"，减低创新的隐形交易成本。

2. 持续降低创新要素交易隐性成本

当前，政府各级要统筹合力降低制度性交易成本。这不仅局限于显性制度交易成本，更要关注的是创新者无法"预期"到的一些"隐性交易成本"。如何减低这部分隐性交易成本，是政府需要关注的一个重要方面。"让市场起决定性作用"首先要让市场"能够"充分发挥资源配置方面的作用，政府尽量不要直接干预市场，尤其是微观经济领域。政府政策作为市场运行的外生型因素，会对市场运行带来一定影响，尤其是在"计划"向"市场"转轨的过程中，影响可能更大。因此，稳定区域创新发展政策，尽可能保持区域创新政策的延续性，就是稳定创新创业者的预期。"稳定的预期"对创新非常重要，可以大大降低"隐性交易成本"。可以说，在市场经济中，没有"稳定的预期"支撑，理性经济人不可能从事高风险、大规模投入和长周期的研发创新行为。其次，从"人治"向"法治"转轨的过程中，政府要铲除容易滋生"寻租"腐败的土壤，努力营造"公正、公平、充分竞争"的市场秩序，激励创新。政府要做的就是严格守法执法，营造良好的市场秩序，提供良好的公共服务，让生活工作在该区域的公民在法律框架下公平竞争，自由地创造合法财富。

3. 努力形成全社会崇尚创新的环境

要让"创新基因"注入杭州这座古老城市，重新焕发出朝气蓬勃、欣欣向荣的创新创业景象，就必须在全城形成"全社会崇尚自主创新"的氛围。反之，如果大家都鄙视创新，热衷投资炒作，则这座城市就会陷入一个发展"黑洞"中。杭州除了严格在知识产权等方面激励保护创新，更应该向全球创新圣地硅谷学习，学习硅谷的创新氛围，学习硅谷的创新精神，学习硅谷兼容并蓄、宽容失败的文化。政府要努力在杭州形成一种这样的氛围（本质上这种公共氛围也应属于公共产品）：年轻人以"自主创新"为荣耀。一种区域环境背后必定有一种文化的支撑。例如，硅谷崇尚自主创新环境的背后是20世纪五六十年代兴起的美国嬉皮士文化。

（五）创新文化：兼容并蓄、宽容失败

好的文化形成需要时间积淀。为什么"硅谷"难以复制？一般来说，外化于形的"模式"容易学习和落地，但是内化于神的"精髓"很难真正领悟和落实。美国硅谷生态的"精髓"不是简单的舒适环境、一所斯坦福大学、车库和沙丘路两边成熟的风险投资行业，而是内化于其中的"自由、包容和宽容"文化。"自由"很重要，如果创新行为、创新思想和企业家精神被"绑架"，就没有真正意义上的创新。自由的前提是法治，前面已经论述，不再赘言。杭州在创新发展过程中，"商业文化"浓厚，这有利于产业创新，但是，还必须要有一种"包容＋宽容"的气氛。这是创新发展的必要条件。杭州必须融入全球创新生态体系中，如果杭州在这方面先行一步，则"杭州创新模式"就有了较高的被模仿门槛。当然，一种区域文化的形成与该区域历

史演化有紧密的联系。杭州这座城市的历史也具有孕育"包容和宽容"文化的土壤。一千多年前的京杭大运河，就使得南北文化在杭州得到了交融。

1. 以国际化促多元化

"国际化"不仅是"城市硬件"的国际化，还有城市文化的国际化，是需要用心去感受到的国际化。这就需要搭建杭州与国际"对话"交流的平台。杭州借G20峰会东风，与国际知名媒体合作，向世界展示杭州，让杭州融入世界，积极承接具有全球影响力的国际性会议，搭建杭州与全球沟通交流的无缝对接平台，进一步提升国际影响力，让生活和工作在这座城市的人们真正具备国际化视野。只有具备了国际化视野的杭州，才能营造国际化的营商环境，才具备了引进培育国际化企业的能力，吸引培育国际化顶尖人才的能力，也就是"包容的能力"。杭州国际化水平提升有利于提高城市的"包容力"。杭州国际化的推进不仅需要"杭州人"的努力，更需要全球人才的参与。杭州需要听到来自全球不同的"声音"，只有这样，才能促进杭州的创新发展。

2. 以开放提升包容力

以"开放"提高"包容力"。这里的"包容力"是指包容能力。G20杭州峰会的主题是"创新、活力、联动和包容"。创新离不开包容。这从两个方面予以说明：一是生态系统的生物种类越多元化，该生态系统就越健康，抵御外来侵蚀的能力越强大。创新生态也不例外，需要多元化的创新要素参与"化学反应"，才有可能生成更多的"创新成果"。创新思维需要思想的包容，兼容并蓄，通过知识的充分流动和多样性的思维不断"碰撞"，容易不断产生艳丽的"火花"，使得创新创意不断涌现。闭门造车，故步自封难以进行"创新"。譬如，美国和深圳的"移民文化"本身就有"包容"的内核，所以，硅谷和深圳的创新项目就比较多。各种知识在那里融合交错，人们也愿意到那里创新，因为从中容易受到创新的启发。二是包容性和合作程度成正比。一般来说，包容性高的区域，容易和其他主体形成合作关系。创新发展本身就需要联动和协同，离不开合作。政府部门之间（创新政策协同）、创新主体之间（创新链条衔接）和区域之间（创新成果落地产业化）只有提高包容性，才能提高合作的成功率。为此，杭州要提高"包容性"。杭州要进一步扩大开放度。首先是提高杭州市域范围内的开放度。以"观念开放"和"数据开放"提高区县市之间和政府部门之间的包容性，减少"内耗"。"观念开放"，真正形成区县市（主城区和西部县市）共谋"创新发展"一盘棋，不算"小账"，算"大账"。杭州只有自己首先做到了开放包容，才有能力去"包容"杭州范围以外的"创新要素"，海纳百川，尤其是对"人才"的包容。创新要素是依附于"人才"的流动而流淌。总之，提高包容性不是简单的"敞开怀抱"，而是既有"包容意愿"、又有"包容能力"。

3. 形成宽容失败氛围

对失败的包容性。创新本身就是失败率非常高的行为。创新过程中，失败是正常的。如果一个区域不能宽容失败，这个区域就不能成为创新的温床，创新者就会"抛弃"这座城市。湖畔大学就专门研究"失败"的原因，因为"失败"本身就是"教训"。"教训"是一种稀缺信息或数据。众多的稀缺信息和数据融合在一起进行大数据分析，分析结果本身也是创新要素。政府政策引导不能将社会舆论氛围引导到只注重创新结果的轨道上。现阶段，我们更要关注整个创新过程中的"工匠精神"和"永不言败"的精神，更多关注这项创新项目本身对社会的价值和意义。

创新发展永无止境，杭州将一直在创新发展之路上不断探索！

杭州高新区（滨江）：内生型区域创新发展样本

　　杭州高新区（滨江）由杭州国家高新区、杭州市滨江区两种管理体制整合而成，总面积约92平方公里。建区以来，杭州高新区（滨江）以科学发展观为统领，坚持"发展高科技、实现产业化"，发挥体制、机制、管理、服务、区位等优势，吸引创新资源，优化创新环境，不断完善区域创新体系，加快培育内生增长和创新驱动的经济增长模式，经济社会实现了快速健康发展。根据科技部公布的2015年全国116个国家级高新区综合排名，杭州高新区位列第六位，跻身国家高新区第一方阵。连续三年在浙江省工业强县（市、区）综合评价中排名第一，成为浙江省最重要的科技成果产业化基地、技术创新示范基地、创新型人才培养基地、高新技术产品出口基地和海外高层次人才创新创业基地。浙江省工业经济研究所所长兰建平认为，如果把早年珠三角通过"三来一补"发展加工贸易、苏南通过招商引资发展工业园视作第一代、第二代区域发展样本的话，杭州高新区（滨江）则代表了我国区域经济发展的全新模式，即通过聚集高端创新要素，成功培育内生动力的第三代区域发展样本。

一、高新区（滨江）内生型创新发展的背景历程

　　多年来，杭州高新区（滨江）一直围绕区域"三次创业"的主线，营造良好的创新生态环境，聚集各类创新要素，成功培育内生动力，推动区域经济实现华丽转身。

1. "一次创业"，蓄积区域经济内生增长的源动力

高新区建于1990年，是国务院批准的首批国家级高新技术产业开发区之一，启动区块位于钱塘江北原文教区一带，是高新区的发祥地，也是高新技术的创新源和中小科技型企业的大孵化器。20世纪90年代开始，这片土地上集聚的高校人才进入了新兴的电子信息产业，加上国家级高新区的政策扶持，埋下了内生增长的源动力，大量新兴技术和企业在此诞生，推动了高新区"一次创业"，并自主培育出阿里巴巴、海康威视、浙江中控等一批领军企业。1996年，为解决高新区发展空间制约，位于钱塘江南岸的杭州滨江区成立，实现了高新区的跨江发展，滨江区面积72平方公里，下辖3个街道、59个社区，常住人口33.08万。从此，大量企业开始从高教园区附近向更广阔的滨江区延伸发展，自主培育的高新企业数量开始放大，上下游配套不断加强，通信设备制造等产业集群初具规模。

2. "二次创业"，培育区域经济内生增长的主力军

2002年，国家科技部提出高新区"二次创业"号召，同年6月杭州高新区和滨江区管理体制调整，实行"两块牌子、一套班子"，既按开发区模式运作，又行使地方党委、政府职能，开启了杭州高新区（滨江）建设发展的新时期。两区合并挂牌后，坚持以"高"和"新"作为产业进入门槛，大力实施"腾笼换鸟、凤凰涅槃"，经过十多年培育、发展，滨江区的创新驱动效应越来越明显。2014年全区实现地区生产总值692.84亿元，增长11.5%；高新技术产业加快发展，全区规上工业销售产值首次突破千亿元，达1019.52亿元，增长21.8%；创新主体快速成长，新认定国家级高新技术企业62家，占全市的24.7%，11家企业列入智能装备产业、智慧城市大型软件产业和智慧医疗产业试点，新增国家、省、市级企业技术中心、研发中心71家。[1]这一阶段，区内形成了阿里巴巴、网易、华三通信、海康威视和大华科技等产值超百亿元的领军企业，同时从这些大企业裂变发展出宏杉科技、宇视科技等

---

[1]　数据来源于高新区（滨江）《2015年政府工作报告》，滨江区政府官方网站 http://www.hhtz.gov.cn/。

一批"瞪羚企业",强劲的内生动力催生了数字安防、通信设备制造、文化创业等优势鲜明的产业集群,并成为推动区域创新发展的主力军。经过"二次创业",区域创新能力大幅提升,2014年杭州高新区(滨江)的创新能力居全国高新区第四位,每万人拥有发明专利授权量39件(全省9件),列全省第一。

3. "三次创业",开创区域经济内生增长的新局面

2014年11月,李克强总理亲临杭州高新区,在考察了高新企业后提出"希望杭州高新区努力打造创新高地"。此时的高新区(滨江)经过建立初期的"一次创业"、两区管理体制调整后的"二次创业",已基本实现了科技部提出的"五个转变"要求,连续两年进入第一方阵,领先于全国22家创新型科技园区。特别是杭州国家自主创新示范区即将获批,高新区(滨江)站在了新的起点、新的高度上。11月21日,高新区(滨江)常委会议通过《杭州高新区(滨江)关于开展"三转一争"专题活动推进"三次创业"的实施方案》,吹响了"三次创业"号角。全区围绕"创建国家自主创新示范区核心区、建设世界一流高科技园区"两大目标,致力于"发展高科技、实现产业化、建设科技新城"三大任务,坚持"产业引领、创新驱动、产城融合、民生优先"四大战略,制订高新区(滨江)"三次创业"三年(2015—2017)行动计划,深入实施"七大工程",着力推进"二十项行动",主动适应新常态,建设智慧e谷,打造创新高地。一年多过去了,2015年,全区实现高新技术产业增加值370亿元,增长22.5%;信息软件、电子商务、物联网、数字安防产业营业收入分别增长27.6%、57.1%、18.6%、21.4%,新产品产值率61%,同比上升8.7个百分点。全省工业强县(市、区)综合评价、"两化融合"指数、37个创新型试点县(市、区)综合测评,高新区(滨江)均名列首位,开启了"更高、更优、更强"的跨越发展新局面。[1]

---

[1] 数据来源于高新区(滨江)《2016年政府工作报告》和2016区统计公告,滨江区政府官方网站 http://www.hhtz.gov.cn/。

二、高新区（滨江）内生型创新发展的做法经验

高新区（滨江）通过不断完善创新生态环境，成功打造我国第三代区域发展新样本——内生增长的区域创新发展。内生增长的第三代区域发展样本，从根本上来说，源于区域内的创新生态不断完善、创新要素不断集聚、创新技术不断更替、创新企业不断成长，并最终实现产城融合、持续内生式发展。

1. 生态逐步完善，各方共营区域创新的"类硅谷"环境

多年来，杭州高新区（滨江）努力实践着国家科技部火炬中心提出的"国家高新区创新发展战略提升行动""创新产业集群建设工程"和"科技服务体系火炬创新工程"，成功地将经济发展驱动力从"投资"转变为"创新"。实现这一动力转换的关键是营造完备的区域创新生态，不断孕育新技术、新模式、新产业和新企业，推动内生增长。这种创新生态既包含产业生态、创业生态，也包含政务生态和自然生态。当前，区内产业集聚已经达到较高水平，区内主导的网络信息技术产业已经形成网络基础产业、物联网产业和互联网产业"3633"发展格局，从最基础的高端网络通信设备制造、信息安全产业到物联网系统集成、电子商务等互联网应用，已经拥有大量的自主研发技术以及上下游配套企业，所以在高新区既有阿里巴巴等大块头企业，也有无数科技创新小企业，并且这些小企业相当部分就是"阿里系、华三系、浙大系"人才创业的结果，小企业与大企业之间有着密切的联系。从华三通信多媒体和存储事业部剥离出来单独成立的宇视科技，几年内就成长为国内数字安防行业前三强企业，可以说是大企业裂变推动区域产业内生增长的典范。在高新区（滨江），技术和项目的选择、变异频繁地发生，企业真正成为创新主体。

高新区（滨江）积极打造"类硅谷"环境，构筑"苗圃（众创空间）—孵化器—加速器—产业园"的全程孵化链，"大众创业、万众创新"的创新生态圈活力四射。2016年5月区内已经拥有专门培育初创项目的众创空间15

个，目前平均每个众创空间吸收的创业团队在10个以上，拥有培育初创期企业的孵化器15个，入孵企业900多家，并聘请了一批创业导师帮助初创者制定商业计划书和做网络推广。在滨江，很多企业家既是创业者，又是投资者，不断指导、孵化更多的企业。杭州枫惠科技咨询有限公司在区内投资了4家众创空间、孵化器，其中规模最大的"5050加速器"从2014年1月开始运作，在孵企业60多家，已培育成功20多家估值达亿元以上的科技型企业。完备的创新生态吸引了大量海内外人才集聚滨江，目前滨江拥有高新技术产业从业人员25万，每万名劳动力中研发人员1262人，2015年全区专利申请量突破1万件，创新能力居全国高新区第四位。[1]

2. 改革不断推进，政府完善各项创新服务政策

"土地和空间并不是发展的核心要素。"高新区（滨江）区委书记詹敏说，从区委书记到政府基层工作人员，区委、区政府转变理念，通过实施创新驱动战略聚集人才、技术等高端创新要素，一个个创新企业和高端产业随之涌现，由此带来了区域增长的强劲内生动力。围绕创新战略，政府不仅仅转变理念，同时不断通过行政体制改革、科技管理体制改革等举措，创新政府服务方式，提升政府服务效率。区政府对自己的定位是当"店小二"，而不是"管家婆"，即深耕行政审批制度改革、行政管理体制改革、要素市场化改革，加大简政放权力度。

2014年，高新区（滨江）出台"1+X"产业政策体系，围绕领军企业、瞪羚企业和大学生创业、文创产业、科技金融、知识产权等出台一系列具体的扶持政策。每年高新区（滨江）拿出不低于15%地方财政收入扶持产业发展，2015年省市区各级财政资金投入超过19.8亿元，其中区级财政投入超过12亿元，[2]创新扶持力度不断加大。2015年，高新区（滨江）成为浙江省科技体制改革试点，制定《杭州高新区（滨江）科技体制改革试点方案》。同年，杭州获批国家自主创新示范区和

---

[1] 数据来源于 2016 年 5 月高新区（滨江）科技局调研。

[2] 数据来源于 2016 年 6 月高新区（滨江）财政局调研。

中国跨境电子商务综合试验区，作为自主创新核心区以及跨境电商平台集聚区，高新区（滨江）出台《关于进一步支持大众创新创业建设国家自主创新示范区的实施意见》，确定了完善技术创新、国际科技创新合作体制机制等5个方面12项重点改革举措（简称"黄金12条"），修订海外高层次创业人才"5050计划"，出台扶持跨境电子商务发展的专项产业政策，进一步优化区域创新创业环境。这一年，区政府推进"四张清单一张网"建设，行政权力事项清减率为59.8%，16个部门共231项行政许可事项实现一站式网上运行。高新区（滨江）继续深化商事制度改革，在全省率先推行企业"五证合一"登记制度改革，试点经验在全省推广；推行"一照一码"改革，率先在众创空间内实行工位注册。政府的服务创新和改革提高了创业便利性，也降低了企业办事成本，极大地激发了创新热潮，2015年区内新设立企业6048家，增长11.5%，新增注册资本311.8亿元，增长24.5%。[1]目前，高新区（滨江）的电子商务、数字视频监控、动漫制作、宽带接入设备产业均全国第一，软件产业、集成电路设计产业居国内领先。

3. 产城高度融合，多方助推经济社会文化"良性互动"

近年来，滨江一直以产城融合为核心，通过促进城乡融合、科技和人文的融合，改变"产强城弱""城乡混合"的城市发展格局，逐步实现产业发展和城市建设协调推进、相互促进的良好局面。高新区（滨江）主要通过白马湖生态创意城、物联网产业园、互联网经济产业园、智慧新天地以及奥体博览城五个重大平台建设，加快区域产城融合步伐。2015年以来，围绕G20中心工作，奥体博览城环境建设及整治全面启动；物联网产业园城市规划进一步优化，46万平方米的园区环境提升工程有序推进；互联网产业园核心区北塘河畔公共文化配套服务设施一期项目完成主体施工；智慧新天地南部核心区域主干路网全部开工建设；白马湖生态创意城湖区整治一期绿化提升工程完工；物联网小镇、创意小镇成功创建市级特色小镇。滨江区域内的地铁、公交、污水处理等基础设施建设加快，城市配套不断完善，绿化生态环境不

---

[1]　数据来源于高新区（滨江）《2016年政府工作报告》，滨江区政府官方网站 http://www.hhtz.gov.cn/。

断优化。同时，区内社会保障稳步提升，2015年高新区（滨江）新增就业岗位11568个；培训失业人员1062人，培养高技能人才1865人；帮助3465名失业人员实现就业，农转居拆迁安置房开工35万平方米。教卫文体等事业加快发展，新增一批高水准的幼儿园和中小学以及国际化学校，义务教育阶段学校省标准化达标率提升到95%，体育设施建设和社区建设得到加强。城市和社会建设的加快无疑促进了人才安居乐业，带来了产业兴盛。[1]

特别是近年来，随着物联网、云计算、移动通信、大数据等新一代信息技术的迅速发展和深入应用，城市运行的智慧化日益成为城市发展的主要标志和重要途径。杭州已把大力发展信息经济和智慧经济作为市委市政府的"一号工程"来抓。杭州高新区（滨江）作为杭州信息经济（智慧经济）发展"核心区"，在推进智慧经济应用、建设智慧城市方面具有独特的经济和技术优势。目前区内大力推进城市建设和管理的智慧化，重点采购海康威视、大华科技、宇视科技、聚光科技、华三通信、浙大网新等区内企业的智慧城市行业解决方案，实现产、城良性互动，在加快科技创新市场化的同时提高城市智慧化水平，让居民和企业都无穷的受益。

三、高新区（滨江）内生型创新发展的内外成效

高新区（滨江）通过内生型创新发展，实现了区域经济快速健康发展，创新指数不断上升，同时，带动区域就业和社会保障水平稳步提高，全区居民收入平稳增长，区域消费水平逐级提高。

1. 高新区（滨江）内生型创新发展的区域经济成效

（1）区域经济逆势稳定增长。由图1[2]可看出，在中国经济整体步入新常态背景下，杭州高新区（滨江）由于特定的"1＋X"综合性产业扶持政策，

---

[1] 数据来源于高新区（滨江）《2016年政府工作报告》，滨江区政府官方网站 http://www.hhtz. gov.cn/。

[2] 数据来源于高新区（滨江）发改局。

同时结合区产业结构优势惯性，使得该区经济的发展一直处于较为稳定的逆势上行趋势。从2010年到2016年上半年，高新区（滨江）经济增长强劲，其增长率一直在10.5%以上，增幅一直位列杭州市所有区、县（市）首位。从2013年一直到现在，经济增长一直处于上行趋势，尤其是2016年上半年增幅达到17.1%，高新技术产业及信息经济对区域经济的带动作用较为明显。

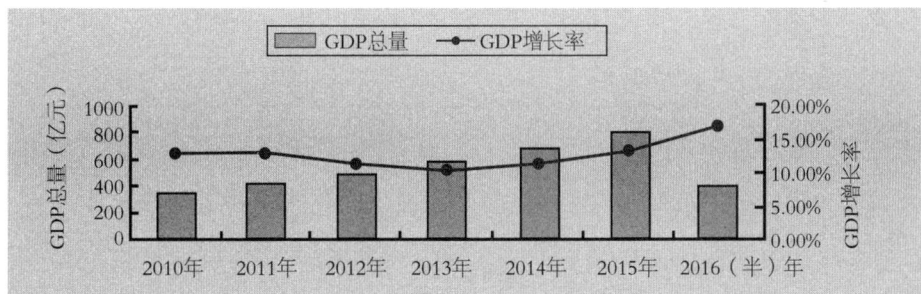

图1　2010—2016（半）年高新区（滨江）GDP总量及增长率分布

（2）区域经济强势上升，同时产业结构越来越趋于合理。由图2[1]可看出，高新区（滨江）第一产业所占比例一直处于下降趋势，2010年为0.5%，2015年下降到0.17%，而剩余的比例基本被第二、第三产业平分，以2013年作为分界点，之前二产比例稍高于三产比例，而2013年之后三产比例稍高于二产比例，尤其是高新区（滨江）"高新"技术产业增势良好，到2016年上半年，全区高新技术产业实现收入1114亿元，增长25.8个百分点。

（3）信息经济突飞猛进，财政收入增长较快。2014年7月，杭州市推出"一号工程"，发展信息经济和智慧经济，而高新区（滨江）努力成为智慧经济应用的先行区，集聚一批具有优势和影响力的龙头骨干企业，引领区域经济飞速发展。由图3和图4可看出，2015年信息经济增加值达到647.34亿元，占全区GDP总值的82%。其中电子商务、信息软件、数字安防及物联网营业收入增长率分别为58.4%、27.1%、23%和19.1%。2016年上半年全区信息经济增加值318.2亿元，同比增长28%，占全区GDP比重为78%，"两化"融合进程不断加

---

[1]　数据来源于高新区（滨江）发改局。

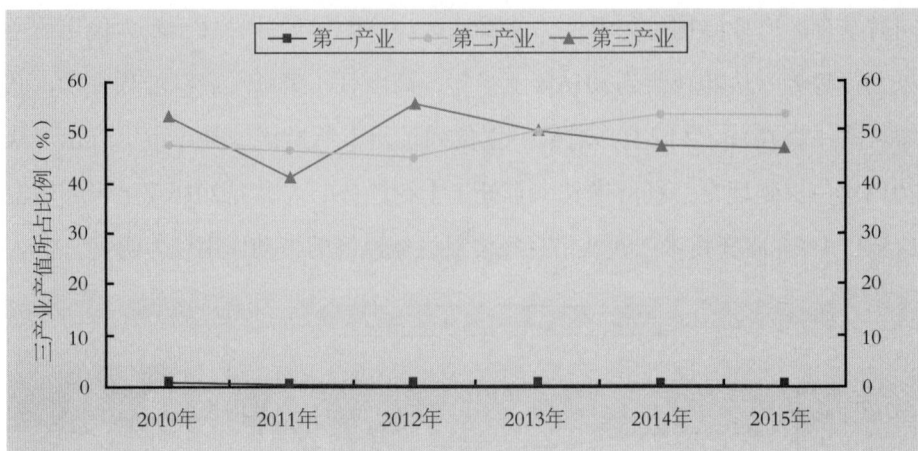

图2 2010—2015年高新区（滨江）三次产业产值所占比例

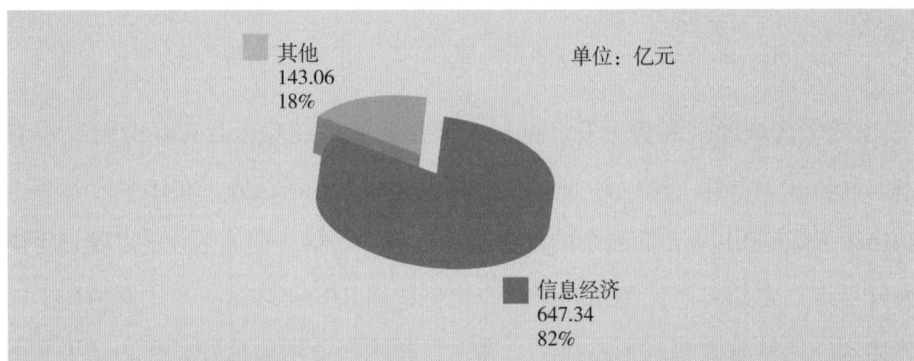

图3 2015年全区信息经济实现增加值占全区GDP的比重

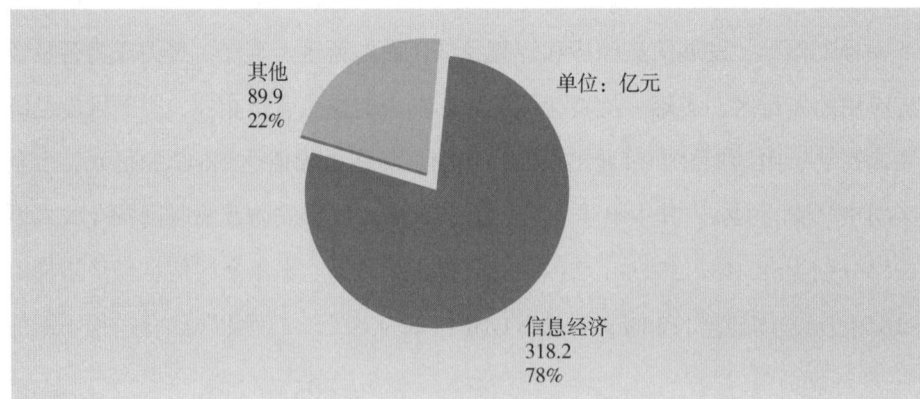

图4 2016年上半年全区信息经济实现增加值占全区GDP的比重

快，占比稳居杭州各区县首位，信息经济产业集聚度逐步提高。[1]

　　信息经济、生命健康等产业发展培育了高新区（滨江）良好的税源基础，高新区（滨江）税收增长较快。2010年财政总收入为84.08亿元，增长17%，而经过2014年、2015年增长率小幅下降后，到2016年呈直线上升趋势，2016年上半年全区财政总收入为140.9亿元，较同期增长26.6%（见图5）。[2]

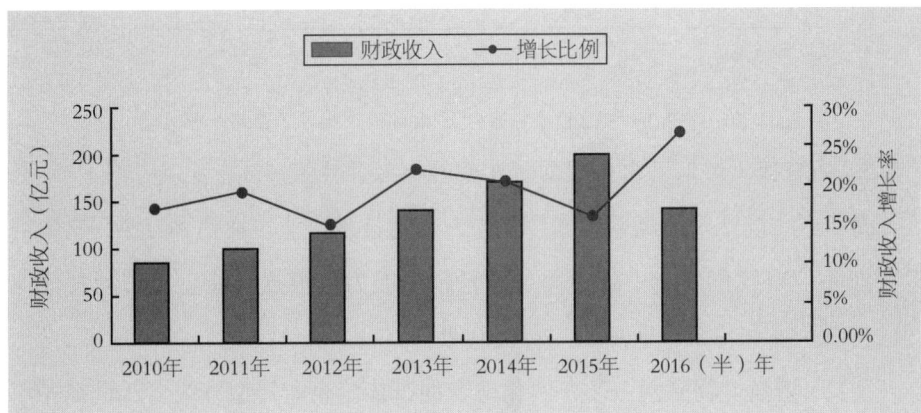

图5　2010—2016（半）年高新区（滨江）财政收入总量及增长率分布

　　（4）区域科技创新指数稳步提高。随着"5050计划"、金融服务中心等各项创新政策落地，高新区（滨江）创新环境不断完善，创新创业成果显著。区域创新指数稳步提高，表现在研发投入及高新产业增加值的增幅也较为明显。由图6可知，2010年全区R&D经费占GDP的比例在16.10%，到2013年比例下降到13.27%，之后两年稍提高稳定在13.3%。而由图6可看出，高新区（滨江）高新产业占工业增加值比重一直处于上升趋势，也表明高新区（滨江）在科技创新方面已初具规模和效率。[3]

---

[1]　数据来源于高新区（滨江）发改局调研和2015年区统计年鉴。

[2]　数据来源于高新区（滨江）2015年区统计年鉴和2016年8月财政局调研。

[3]　数据来源于高新区（滨江）2016年8月发改局调研和近年区统计年鉴。

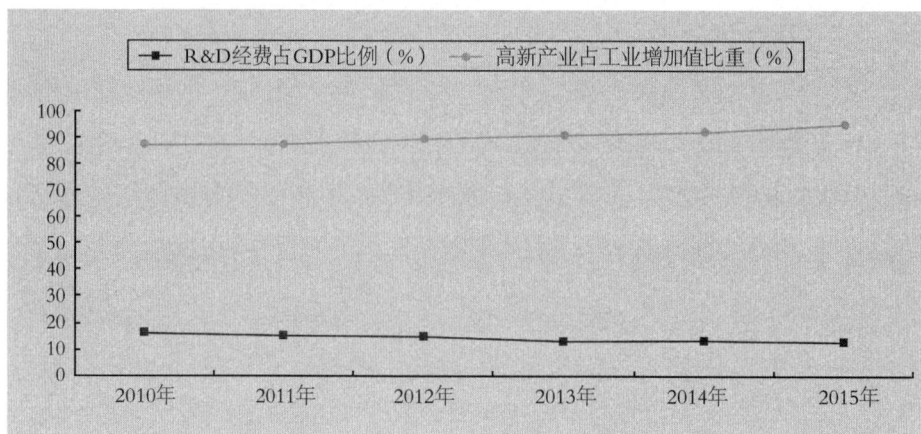

图6　2010—2015年R&D经费占GDP及高新产业占工业增加值比重

2. 高新区（滨江）内生型创新发展的辐射带动效应

高新区（滨江）的高新技术产业中，信息技术产业占比达到75%。这些信息企业不仅自我创新能力强，而且外延辐射能力也很强，能直接带动其他地区的传统企业和传统产业加快"转型升级"。

（1）滨江"物联网＋"，两化融合促进传统企业转型升级。20世纪90年代末，高新区（滨江）就出台了扶持软件产业的政策；五年前，提出了"智慧e谷"的发展目标，出台了物联网产业规划。十年磨一剑，区内浙江力太科技有限公司现已成长为我国最大的工厂物联网解决方案提供商。公司董事长李善通引领团队致力于国内各种类型各个年代的机械数据读取、联网、操控，最终使得工业物联网的梦想成真。现在，力太公司可以随时调出远在千里之外的企业客户的车间视频数据，能做到10毫秒/次的全产业链监测，帮助客户减少差错、优化流程、提升质量。公司已为国内81家制造业企业提供技术服务，另有40家企业正在项目施工，其中60%是上市公司。[1]杭州市余杭区春风动力公司是最先运用这套工厂物联网实现转型升级的传统制造企业，投入上亿元推动信息化改造后，这家传统摩托生产厂家再造柔性化生产流程，从批量生产转型为为海内外客户个性化定制摩托车，公司实现了质的飞跃。

---

[1]　数据来源于2015年12月对天堂软件园调研以及力太科技有限公司调研。

目前，高新区（滨江）已经针对传统制造领域探索了一批信息化解决方案，比如浙江中控研发的优能力可以通过物联网实现传统工厂的低碳环保节能目标，海康威视研发的阡陌机器人可以提升工厂生产效率，通过这些解决方案，促进全省全国的经济转型升级，正是高新区创新的使命所在。

（2）滨江"互联网＋"，模式创新加快传统产业转型升级。针对传统产业，带动效应更明显的还有全区的互联网企业。2015年初，区内最大的电子商务公司阿里巴巴全球跨境平台alibaba.com正式宣布推出信用保障计划，为中国中小卖家率先建立类似于淘宝星钻冠的信用体系，同时针对海外卖家推出"你敢用我敢赔"的保障体系。这也打破了多年来一直制约外贸电商发展的瓶颈——诚信问题。阿里巴巴的这套信用保障体系背后的大数据，就是企业的真实出口数据，数据获取的方式，来自阿里巴巴一达通平台。阿里巴巴集团副总裁、B2B事业群总裁吴敏芝介绍，当年国内就有约15万家中小企业加入该体系，全年推动出口增长150亿美元，预计2016年加入的中小企业会达到100万家。互联网企业的模式创新真正惠及全国各地成千上万的企业，让这些企业借船出海，加快自身的转型发展。[1]2015年，区内的阿里巴巴（中国）有限公司、网易（杭州）网络有限公司、浙江生意宝网络有限公司、网易无尾熊（杭州）科技有限公司、浙江一达通企业服务有限公司、连连银通电子支付有限公司、杭州帕拉德进出口有限公司、杭州王道电子商务有限公司等38家公司入选中国（杭州）跨境电商综试区试点企业，并将不断通过技术创新和商业模式创新助推各地传统产业转型升级。

敢为人先，加上十几年如一日的专注发力，使土地面积不到浙江千分之一的杭州高新区（滨江）培育了全省15%的高新技术企业、25%的上市高新企业，真正实现创新驱动、集约发展。高新区（滨江）以内生型区域发展历程描绘出创新理念在杭州的鲜活样本。

---

[1]　数据来源于2016年4月高新区（滨江）发改局调研。

杭州梦想小镇：创建世界级互联网创业高地

梦想小镇位于杭州城西未来科技城（海创园）腹地，采用"有核心、无边界"的空间布局，其核心区规划3平方公里。梦想小镇将帮助和支持"有梦想、有激情、有知识、有创意"的"四有"创业大学生破解创业初期面临的"无资本、无经验、无市场、无支撑"的"四无"难题，让他们不断在此造梦、圆梦，成为草根大学生创业创新的理想地。

一、杭州梦想小镇创建背景

（一）信息经济发展亟需新空间

2014年5月浙江省提出《关于加快发展信息经济的指导意见》，同年7月，杭州市委召开第十一届七次全会，决定要以信息经济为突破口，动员全市上下全面实施创新驱动发展战略。但同时杭州是个资源缺乏城市，空间资源瓶颈是制约杭州经济转型升级的一个重要因素，随着新经济发展号召的到来，杭州亟须拓展新的发展空间，因此，往城市周边的乡村发展成了必然选择。但是，长期以来，传统经济发展走产业园区、开发区的模式，功能单一、产城不相融、城乡脱节，且形成了严重的城市病。在新经济发展重要时期，杭州期望能突破传统发展模式，寻求一种新空间，一种能集产业功能、文化功能、旅游功能、社区功能于一体的功能复合的"小而精"的新型空间——特色小镇。因此，在省市谋篇布局特色小镇、大力培育信息经济的大背景下，2014年8月，余杭梦想小镇扬帆起航，启动方案设计。对于"梦想小镇"，时任浙江省省长李强认为："希望这里成为天下有创业梦想的年轻人起步的摇篮，让梦想变成财富，让梦想成真。"2014年10月梦想小镇先导区块启动建设，2015年3月28日梦想小镇开园，17万平方米建筑面积的互联网村、天使村、创业集市正式投用。2015年6月梦想小镇被列入全省首批特色小镇。在"边谋划、边建设、边招商"的指导思想下，梦想小镇呈现出快速裂变发展态势，小镇计划通过三年努力，集聚互联网创业者10000名，创业项目2000个，基金及投资机构300家，资产管理规模达到1000亿元，成为众创空间的新样板、特色小镇的示范区、杭州经济转型升级的新名片，致力于打造具有全球影响力的互联网创业高地。

（二）独特区位优势使小镇互联网基因与生俱来

小镇地处余杭未来科技城的仓前区域，依水而建，湿地景观怡人，自然生态条件优越，浙大、杭师大等高校临近，人才资源丰富，尤其是阿里巴巴总部所在地这个独一无二的优势，具有丰富的财智溢出效应。这种独特的区位优势，使梦想小镇的互联网基因与生俱来，形成鲜明的产业特色。以12个旧时粮仓改造而成的"种子仓"为主体的互联网创业村，重点鼓励和支持"泛大学生"群体创办电子商务、软件设计、信息服务、集成电路、大数据、云计算、网络安全、动漫设计等互联网相关领域产品研发、生产、经营和技术（工程）服务的企业。

二、杭州梦想小镇打造世界级互联网创业高地的做法经验

（一）积极构建小镇创业创新生态系统

梦想小镇从创建之日起就专注于构建集产业链、投资链、创新链、人才链、服务链于一体的创业创新生态系统，为创新创业"种子"提供优质的"土壤、阳光和雨露"，让"无资本、无经验、无市场、无支撑"的"四无"创业大学生的奇思妙想与市场需求充分对接，使创业者的梦想成为现实。

1. 构建创新资本集聚高地，实现资智有效对接

小镇坚持"人才＋资本""智慧＋金融"的发展思路，努力搭建覆盖企业发展全过程的金融服务体系。因此与互联网村一街之隔的天使村，正致力于打造成全省最大的创新资本集聚高地，其重点培育和发展科技金融、互联网金融，并通过集聚天使投资基金、股权投资机构、财富管理机构，着力构建覆盖企业发展初创期、成长期、成熟期等各个不同发展阶段的金融服务体系。为让创业项目能插上飞翔的翅膀，促使梦想成功，小镇依托专业孵化器、股权交易中心等平台，促进项目与资本有效对接，实现资智互动，如小镇支持孵化器平台企业举办万物互联大会、2015"观潮会"、创业先锋营大赛等20余场大型活动，路演项目近400个，参与投资的机构超过200家次。

2. 降低创业成本，实现零门槛创业

面对"无资本"难题的创业大学生，小镇致力于降低创业成本，基本实现零门槛创业。一是着力降低企业的资金成本。如，小镇为大学生创业企业提供3年人均10平方米，最高不超过150平方米的免租金办公场地，同时给予60%的物业、能耗补贴。又如，小镇面向初创企业发放创新券，支持企业用创新券购买财务、法务、人力资源、知识产权、商标代理等各类中介服务及会议室等场地租用，至2015年底小镇已向152家企业发放电子创新券298万元，创新券的使用有效降低了企业创业成本，也提高了财政扶持的精准度。再如，为降低创业融资成本，政府成立了2亿元创业贷风险池，单个企业最高可以获得100万元的信贷资金，并且可以获得3年累计最高30万元的商业贷款贴息。二是着力降低企业的时间成本。如，小镇的办公场地统一室内装修，配备办公家具，初创企业可以实现拎包入驻。又如，小镇的创业大社区逐渐形成，YOU＋公寓、食堂、咖啡馆、健身房等职住配套设施逐步完善，创业者们可以实现拎包入住公寓。再如，为适应互联网企业发展的需求，打造互联网"特区"，小镇以"万兆进区域、千兆进楼宇、百兆到桌面、Wi-Fi全覆盖"为标准，配强网络基础设施。三是着力降低企业的精力成本。如，小镇为没有创业经验的大学生创业者提供专业创业培训，使其加快成长；同时小镇还为初创企业提供导师战

略辅导，目前担任创业导师的主要有堆栈科技联合创始人兼CEO高阳、浙商创投合伙人李先文、阿里巴巴集团阿里云事业部资深总监唐洪等人。又如，小镇围绕互联网产业特点，为初创企业提供平台技术指导，开发公共技术平台等公共配套平台建设，引进科技文献查询系统和世界专利信息服务平台；小镇还集中购买服务器和基础软件，向阿里购买云服务，面向创客免费开放；小镇与浙江大学开展全方位战略合作，重点合作共建健康医疗公共技术平台，浙大实验室和技术平台全面向小镇企业开放。

3. "园丁"串起创业链条，助力项目孵化

梦想小镇在互联网村的粮仓区块设立"种子仓"，以"基金＋孵化"的模式公开招募运营机构作为"种子仓"的"园丁"，以期"园丁"能有效整合专业服务、行业资源和市场力量，加快项目孵化。从2015年3月28日开镇以来，阿里纵贯会、蜂巢孵化器、上海苏河汇、北京36氪、500 Startups、湾西科技加速器、马达加加、1897孵化器、新势力创业营、杭报孵化器、极客创业营等孵化器平台企业不断进驻，至目前小镇已经累计引进孵化平台15家。这些平台企业各具特色、各有所长，分别形成了阿里系、浙大系、浙商系和海归系等四大平台企业体系。当前孵化平台已成为项目招引的主导力量和各类资源整合的重要载体，其围绕创新创业链条展开服务，为初创企业提供融资、培训辅导、市场推广、技术支持、产业整合等国内创业领域所有的服务内容，这种园丁式孵化模式使小镇里的企业快速成长，并使小镇形成了"百花齐放、百家争鸣"的创业氛围。

（二）坚持小镇生态文脉与主导产业有效融合

当前，地区之间的竞争已经越来越集中体现为人才的竞争，而人才竞争更体现在引人留人环境的打造上。正是在这样的指导思想和工作基础上，梦想小镇确立了"产城人融合"的开发理念和"三生融合、四宜兼具"的建设目标，以深厚的产业集聚提升城市价值，打造先生态、再生活、后生产，宜居、宜业、宜文、宜游的田园城市升级版。在"造梦者"眼里，梦想小镇在

"出世"与"入世"间自由徜徉，做"都市里的乡村、城市边的花园"；融合自然生态肌理、历史传统文化、现代科技三大要素，使生态、生活、生产和创意、创新、创业在这里和谐共生。

1. 融合自然景观，小镇浑然天成

习总书记在浙江工作时就提出了"绿水青山就是金山银山"的重要思想，十年来，余杭区认真践行这一思想，坚决摒弃以破坏生态为代价的发展方式，始终把保护生态放在突出位置，在梦想小镇区块，近几年来已关停一批高污染高耗能的企业，并投入巨资以最严格的措施保护好西溪湿地、和睦水乡这一方净土。小镇以此出发，与自然景观实现有效融合，3平方公里的小镇坐落在一片稻田里，与周边湿地味道的天然池塘、水面构成一条田园生态带，远眺小镇，17万平方米的建筑仿佛"种"在金黄稻黍中。

2. 承接人文景观，保留历史文脉

小镇所在地虽环境优美，但要成为宜居、宜业、宜游的小镇，需注入更多生活元素，更要传承历史文脉。余杭仓前是历史上传统的粮食仓储重地，南宋时期，官府就在余杭仓前街北设立粮仓，新中国成立后，于1954年，在这里首创了无虫、无害、无鼠、无雀的 "四无粮仓"，梦想小镇就利用这些粮仓把其改造成互联网村，将粮仓建筑成了大学生们创业的新空间。同时，小镇对仓前老街也进行了改造提升，如对老街上的箍桶、补鞋、修伞等老手艺进行了保留，又如对老街的章太炎故居进行保护修缮，做到既保留历史风貌又彰显小镇特色。

3. 坚持有核无边，融入未来科技城

鲜明的产业特色，使得小镇致力于成为未来科技城的产业起点，坚持与周边区域融合发展，打通与周边区域之间在"空间、配套、产业、政策、招商"等方面的隔膜，解决小镇的空间局限。未来科技城正在加快基础设施等配套建设，如统筹推进国际医院、国际学校、人才公寓等职住配套，加快实施地铁、有轨电车、水上巴士、慢行系统等立体化的公共交通，打造国际化人才集聚的一流环境。

（三）大胆创新体制机制，有效提升"双创"服务水平

梦想小镇从设想、建设到开园一路走来，通过市场化机制、专业化服务和资本化途径，实现"政府办园变企业办园、综合园区变专业园区、房东收益变股东收益、税源培育变创新主体培育、量的扩张变质的提升"五个转变，使小镇走上内生式发展之路。

1. 转变财政扶持方式，采用资本化、专业化的途径支持创新创业

在省、市政府支持下，梦想小镇成立了5000万元省财政天使梦想基金、1亿元天使引导基金、2亿元创业引导基金、2亿元创业贷风险池、20亿元信息产业基金。其中引导基金已阶段参股9家股权机构，天使梦想基金已为39家初创企业注入780万元资金，风险池已向50多家企业发放贷款。小镇通过采用引导基金、创业基金、产业基金、贷款风险池的运作，实现政府扶持从"直接变间接、低效变高效、分配变竞争、无偿变有偿、事后变事先"五个转变，发挥财政资金"四两拨千斤"的作用，有效撬动社会资本，构筑好创新创业各阶段的资金链。

2. 创新政策服务方式，提升创业成功率，完善政策服务体系

为提高大学生创业的成功率，小镇加大了从政策供给到服务方式的创新。一是注重政策和服务的叠加推送，小镇专门制定《关于加快推进梦想小镇——天使小镇建设的若干意见》、《关于加快推进梦想小镇——大学生互联网创业小镇建设的若干意见》，对大学生们创业创新形成两个方面的政策支持。同时建立创业服务中心，努力提供专业化的创业服务，确保政策落实到位。二是注重政府和市场的叠加效应发挥，小镇积极引入专业的中介服务机构，完善创新创业服务链条，以"政府大厅+服务超市"的模式为创业者提供公共服务，通过发行"创新券"，政府购买服务的方式支持大学生创新创业。三是注重推进商事制度改革，对需要省市区审批的有关事项，小镇实行"就地受理、网络审核、就地发照"，从而最大限度降低创业门槛，提高服务效率。

3. 探索小镇市场化运营方式，打造企业主导的特色专业服务模式

梦想小镇在运营管理上从政府主导模式向企业主导模式转变，坚持走市场化、专业化的发展路子。为此小镇引进民营企业浙江菜根信息科技有限公司来运营管理园区，以期把小镇打造成最具活力的创客社区。小镇运营商菜根科技也充分显示了互联网的基因，在运营管理维度上，务求"物联互联"，为政府和创业者提供低成本、便利化、全要素的开放式综合服务平台，因此构建了基于云技术的数据化管理平台——"云平台"管理系统，采用"O2O"（线上＋线下）服务方式。如：一是在停车场、食堂、商户等全方位商业物业服务上实现一卡通，并同步提供线上服务。二是以"O2O"方式提供工商注册、项目申报、政策兑现等政府服务。三是以"O2O"方式形成财务、法务、人力资源等中介资源集聚平台和金融机构集聚平台。四是以"O2O"方式建立创客募化平台，创客可通过平台发布项目众包、众筹及团队招募等信息，促进思想交流和碰撞。"O2O"云服务平台这种"店小二"式的服务有效提升了用户体验，得到了小镇创客们的好评。

三、杭州梦想小镇打造世界级互联网创业高地的主要成效

（一）集聚效应日益显现，呈快速裂变发展态势

当前，梦想小镇集聚效应日益显现，呈快速裂变发展态势。小镇作为大学生们创新创业的理想地，致力于为大学生互联网创业提供众创空间。因此，全日制普通高校在校生及毕业后十年内的大学生创办的项目成为扶持对象，小镇通过创业大赛和各个孵化器平台挑选项目的方式引进优质创业项目，至2016年6月底共引进创业项目680余个，集聚近6400名创新创业人才。2015年8月7日小镇企业"灵犀金融"成功登录新三板，成为新三板挂牌上市的互联网保险第一股。2015年12月14日小镇孵化成功的第一个手游创新项目"遥望网络"也在新三板挂牌上市，杭州遥望网络股份有限公司在入驻小镇之前是做互联网广告分发的，积累了2亿多用户量，但是手握流量却没有想

好接下来做什么，2015年3月入驻小镇后，小镇浓郁的创业氛围触动了企业的创新神经，企业开始转型做手游公社，联运手游达到800款，而且启动了"遥望中国手游基地"项目，23家手游合作伙伴已经入驻手游基地，"遥望网络"期望打造出中国最大的手游应用研发运营全产业链生态基地。继"灵犀金融""遥望网络"后，"仁润股份"在2016年7月27日也成为新三板挂牌企业。在短短一年多的时间里，小镇就有三家企业在新三板成功挂牌的经历，激励着大学生创业者们在小镇里不断追逐自己的梦想。梦想小镇带动效应逐步显现，部分孵化成功的项目已迁出梦想小镇，进入附近的"加速器"进行产业化，小镇里涌现的创业项目和投资机构正用互联网思维渗透我们的社会，以互联网＋农业、＋商贸、＋制造、＋生活服务、＋智能硬件等形式出现的新模式、新业态、新产品层出不穷，为杭州经济发展注入全新动力。

（二）资本集聚效应明显，有效解决大学生创业创新的资本困境

当前，小镇创新资本集聚效应明显，天使村已集聚浙商成长基金、光大资管华东区域中心、草根投资等一批优质天使基金、股权投资、互联网金融、财富管理机构等金融机构298家，集聚社会资本537亿元。小镇依托专业孵化器、股权交易中心等平台，促进项目与资本有效对接，有效解决了创新型初创企业的资本困境。截至2016年6月底，小镇创业项目总融资额近27.1亿元，获得百万元以上的融资项目达77个。其中美哒网络、买好车、车蚂蚁、59Store等企业融资规模都过亿元。

第三章
协调发展理念在杭州的实践

协调发展作为十八届五中全会提出的五大理念之一，重点关注的对象是整体，协调的方式是要发挥整体功能，协调的目的是要增强发展的整体性。中央提出协调发展理念，主要是要着力解决我国长期存在的发展不平衡问题，促进经济社会持续健康发展，坚持区域协同、城乡一体发展，坚持经济建设与社会建设同步发展、经济建设与国防建设融合发展，坚持物质文明和精神文明并重，实现整体功能最大化。这就要求我们应从整体性视角看待发展，从系统论立场推进发展，更好地顺应中国经济社会持续健康发展的内在要求，凸现协调推进"四个全面"战略布局的重要地位。这一理念，着重回答了中国未来怎样推进发展的方式问题，要求我们在增强国家硬实力的同时，还要注重提升国家软实力，不断增强发展动力，最终让发展成果实现全民共享，而非贫富差距的扩大。对于杭州而言，贯彻落实协调发展理念的关键就是深刻认识协调发展理念的理论内涵，着重考虑和处理影响杭州发展的重大关系，推进杭州实现又好又快的发展，实现习总书记对浙江和杭州"干在实处，永无止境；走在前列，要谋新篇"的殷切期望。

一、协调发展理念的科学内涵

协调发展理念是发展两点论和重点论的统一，是发展平衡和不平衡的统一，是发展短板和潜力的统一，符合马克思主义哲学思想。它既是发展手段，也是发展目标，还是评价发展的标准和尺度。可以说，协调发展是对经济社会发展规律认识的深化和升华，成为理顺发展关系、拓展发展空间和提升发展效能的根本遵循。坚持协调发展就是需要学会运用辩证法，善于"弹钢琴"，处理好局部和全局、当前和长远、重点和非重点的关系。因此，习近平总书记特别强调协调发展的重要性，指出"下好'十三五'时期发展的全国一盘棋，协调发展是制胜要诀"。

（一）协调发展理念的指导作用

1. 协调发展就是发展方法

统筹兼顾是中国共产党的一个科学方法论。从毛泽东的"弹钢琴"思想到邓小平的"两手"论，再到习近平的"全面"观，中国共产党统筹兼顾协调发展的方法论一以贯之，不仅得到良好的继承，同时实现与时俱进的发展。习近平总书记指出，"发展必须是遵循经济规律的科学发展，必须是遵循自然规律的可持续发展，必须是遵循社会规律的包容性发展"，必须"着力提高发展的协调性和平衡性"，强调要遵循经济规律、自然规律、社会规律，实现科学发展、可持续发展、包容性发展，提高发展的协调性和平衡性。因此，这种发展的方法论要求基于客观事物的内在联系把握事物、认识问题和处理问题。例如，城乡区域的联系、经济社会的联系、人与自然的联系、国内国外的联系，这些联系均是客观存在的。通过协调发展，尊重和顺应这些联系的普遍性和客观性，注意协调好它们之间的关系，就可防止出现"顾此失彼、发展失衡"的局面。

2. 协调发展就是发展标杆

过去的发展客观上仍然存在不协调的地方，造成区域、城乡和群体之间的差距，形成各种社会矛盾。因此，发展均衡与否、协调与否，成为衡量世界各国能否可持续发展的一把尺子、一道杠杠。为此，国家设立推动城乡协调发展的标杆，要求"塑造要素有序自由流动、主体功能约束有效、基本公共服务均等、资源环境可承载的区域协调发展新格局"，要求"健全城乡发展一体化体制机制，健全农村基础设施投入长效机制，推动城镇公共服务向农村延伸，提高社会主义新农村建设水平"。设立推动经济建设和国防建设融合发展的标杆，要求"实施军民融合发展战略，形成全要素、多领域、高效益的军民深度融合发展格局"。

3. 协调发展就是发展动力

协调就得统筹兼顾、注重平衡、保持均势，把分散的部分系统化，把发散的局部功能整体化，把薄弱区域、薄弱领域、薄弱环节补起来，形成平衡发展结构，增强发展后劲。例如，虽然石墨和金刚石同为碳元素组成，但是石墨是自然界最软的矿物之一，金刚石则是天然界存在的最硬物质，原因仅仅在于碳元素之间构造的差异。对于影响发展的重大关系协调，就像造成石墨和金刚石之间巨大差异的碳元素构造，不同协调方式将会导致截然不同的结局。协调发展水平高明，通过协调发展拓宽发展空间，通过加强薄弱领域增强发展后劲，发展难题就会得到破解，发展优势就会得到厚植，发展动力就会趋于强劲。反之，协调发展水平低下，发展难题就会越积越多，已有的发展优势将会丧失殆尽，发展动力就会趋于减弱乃至消失。

随着协调发展理念的出现，国家区域战略开始出现调整。包括西部开发、东北振兴、中部崛起和东部率先在内的区域发展总体战略继续实施的同时，包括京津冀协同发展和长江经济带在内的更能体现协调发展理念的跨地域、跨流域的新型区域发展战略深入推进，包括国家级新区、自由贸易试验（园）区和自主创新示范区在内的战略平台加快建设，逐步成为创新发展的主战场。新型城镇化深入推进，孕育巨大发展潜力，在解决"三个1亿人"问题的过程中，城乡一体化发展成为新导向。

（二）落实协调发展理念的意识

协调发展理念是关系我国发展全局的一场深刻变革，要求按照中国特色社会主义事业总体布局和"四个全面"战略布局，在坚持以经济建设为中心的同时，全面推进经济建设、政治建设、文化建设、社会建设、生态文明建设，促进现代化建设各个方面、各个环节相协调，促进生产关系与生产力、上层建筑与经济基础相互协调，做到两点论和重点论相统一，进一步增强推动协调发展的大局意识、协同意识、补短意识，要让协调出动力、出生产力、出合力。

1. 增强大局意识，提高发展系统性

当今时代，经济社会发展的领域越来越多、层次越来越多，各领域各层次之间关联互动越来越紧密。习近平总书记强调，坚持发展地而不是静止地、全面地而不是片面地、系统地而不是零散地、普遍联系地而不是单一孤立地观察事物，准确把握客观实际，真正掌握规律，妥善处理各种重大关系。这就要求我们在大局中思考、在大局中行动，始终围绕中心、服务大局，用系统的、普遍联系的观点和方法推动工作、处理关系。这就需要我们跳出自己的"一亩三分地"，识大体、谋大事、顾大局，避免"一叶障目，不见森林"；勇于动自己的"奶酪"，摆脱局部利益、部门利益和地区利益的束缚与羁绊，真正从国家整体利益、人民长远利益出发开展工作、推动发展，提高发展的系统性。

2. 增强协同意识，提高发展耦合性

协调发展内在地要求协同发展，凝聚发展合力。习近平总书记强调，随着改革不断深入，各个领域各个环节改革的关联性互动性明显增强，每一项改革都会对其他改革产生重要影响，每一项改革又都需要其他改革协同配合。对涉及面广泛的改革，要同时推进配套改革，聚合各项相关改革协调推进的正能量。这就要求我们深入研究各项改革发展举措的关联性、耦合性，树立"双赢""多赢""全局赢是最大的赢""整体赢是最好的赢"的观念，摒弃"零和"思维，走出"九龙治水"各自为政的误区，克服"各唱各的调、各吹各的号"甚至以邻为壑、损人利己的陋习，多些"雪中送炭"、多些和衷共济，使各项改革发展举措在政策取向上相互配合、在实施过程中相互促进、在实际成效上相得益彰，发生化学反应、产生共振效果。

3. 增强补短意识，提高发展均衡性

"补阙挂漏，俾臻完善。"补短板对于协调发展至关重要。"木桶效应"告诉我们：一只木桶能盛多少水，并不取决于最长的那块木板，而是取决于最短的那块木板。习近平总书记一再强调，"必须全力做好补齐短板这篇大文章"。做好补齐短板这篇大文章，要增强补短意识，认识到补短板也是谋发展促发展，也是调整比例、优化结构，增强后发优势、培植发展后劲。补齐短板意味着协调成功、整体增效。下决心优先解决涉及发展全局的那些"心头之患"，补齐补牢可能导致改革发展功亏一篑的那些短板，把补短板作为一个动态过程加强研判，防止出现新的短板，不断增强发展的协调性、均衡性。"一花独放不是春，万紫千红春满园。"牢固树立协调理念，坚持协调发展，与牢固树立和贯彻落实创新、绿色、开放、共享发展理念一起，必将引领我们向着实现全面建成小康社会目标、向着实现中华民族伟大复兴的中国梦稳步前进。

二、杭州协调发展的先行探索

中央提出的协调发展理念要求之一就是实现区域平衡，要求区域整体平衡发展。从国家层面看，这就要求统筹东中西、协调南北方，继续实施西部开发、东北振兴、中部崛起、东部率先的区域发展总体战略，重点实施"一带一路"、京津冀协同发展、长江经济带三大战略，加快构建要素有序自由流动、主体功能约束有效、基本公共服务均等、资源环境可承受的区域协调发展新格局，推动区域协调发展。同时，落实协调发展理念还要重点破解长期存在的城乡二元结构，改变部分区域"城市像欧洲、农村像非洲"的现状，健全城乡发展一体化体制机制，坚持工业反哺农业、城市支持农村，推进城乡要素平等交换、合理配置和基本公共服务均等化，努力实现基本公共服务常住人口全覆盖，促进农业发展、农民增收，提高社会主义新农村建设水平。

这种协调发展理念来自发展经验和教训的深刻启示，蕴含尊重规律、按照规律办事的实践逻辑。习近平总书记曾经主政浙江，提出"八八战略"，即浙江需要进一步发挥八个方面的优势，从而推进八个方面的举措。其中之四就是"进一步发挥浙江的城乡协调发展优势，统筹城乡经济社会发展，加快推进城乡一体化"。其中之六就是"进一步发挥浙江的山海资源优势，大力发展海洋经济，推动欠发达地区跨越式发展，努力使海洋经济和欠发达地区的发展成为我省经济新的增长点"。可见，这些关于城乡一体和区域协同的提法成为五大理念之一的协调发展理念的先声。杭州作为浙江的省会城市，率先贯彻实施"八八战略"，通过构筑网络化大都市、推进城市有机更新、营造跨行政经济圈和实施区域一体发展，具有推进区域协同、城乡一体发展的生动实践，形成推进区域协同、城乡一体发展的成功经验，因而为中央形成协调发展理念提供了重要的实践基础，使得协调发展理念蕴含着丰富的杭州元素。

（一）实施区域一体发展

杭州市域发展极不均衡，城乡区域差距较为悬殊，"东快西慢、东强西弱"矛盾非常突出。因此，杭州率先探索基于协调发展理念推进区域协同与城乡一体互动发展。2010年9月，杭州出台《关于以新型城镇化为主导进一步加强城乡区域统筹发展的实施意见》，要求构建城乡区域统筹发展战略构架，建立财政转移支付稳定增长机制，通过"区县协作"模式创新区域合作交流机制，推进西部县（市）发展。一是推进规划建设一体化。按照"做优老城区、做强新城区、做大县（市）城、提升中心镇、建设新社区"的总体思路,坚持"城乡一张图、全市一盘棋",完善城乡区域规划体系,统筹推进城乡区域建设。二是推进产业发展一体化。依据主体功能划分,加强区域产业布局调整,择优选择若干区域作为产业集聚新平台,加强中心镇特色产业功能区建设,加快推进产业转型升级,加快发展郊区经济,形成主导功能明确、产业特色彰显、城乡区域联动的区域化、差异化、融合化、高端化产业发展新格局。三是推进要素配置一体化。坚持政府引导和市场配置相结合,加强城乡统筹的各类要素市场建设,把更多的公共资源投向农村,让更多的生产要素流向农村,促进市域范围内资源要素合理流动、优化配置。四是推进生态保护一体化。深入实施"环境立市"战略,积极探索工业化、城镇化和生态化融合发展新模式,打造生态型城市和山水园林城市,建设资源节约型、环境友好型社会,增强可持续发展能力。五是推进公共服务一体化。按照经济社会协调发展要求,大力发展社会事业,统筹城乡管理和社会治理,加快推进城乡基本公共服务均等化,让城乡居民共享发展成果、品质生活和现代文明。六是推进民生保障一体化。加快完善城乡统筹的社会保障体系和劳动就业、社会保险、社会救助相互衔接的民生保障联动机制,不断提高城乡居民收入水平,让人民群众学有优教、劳有多得、病有良医、老有善养、住有宜居。

通过"区县协作"机制,城乡区域统筹发展的体制机制、政策体系更加健全,市、区两级对西部县(市)发展的支持力度加大,区县(市)协作和"联乡结村"活动不断深化。"交通西进""旅游西进"带动效应明显,西部县(市)基础设施和公共服务得到更好改进,西部县(市)发展的短板得到弥补;按照城乡一体化的要求,中心镇发展质量得到全面提升,推动中心镇建设上新水平。通过积极发挥市场配置在中心镇建设中的作用,有效搭建平台,促成大企业、大集团参与中心镇建设项目。区县之间产业协作亮点纷呈,东部城区获得更好的发展空间,西部县(市)产业结构得到优化;县(市)发挥生态优势,"美丽乡村"建设得到深入推进,社会主义新农村建设扎实推进。

（二）营造跨行政经济圈

杭州都市区处在浙江省重点规划建设的四大都市区首位，重点是要集聚高端要素，发展高端产业，形成以杭州中心城区为核心区，以大江东产业集聚区为主要载体打造全省高端制造中心，以青山湖科技城（省科创基地）和未来科技城（海创园）为主要载体打造全省创新中心，以钱江新城和钱江世纪新城为主要载体打造全省商务中心，以包括临安、富阳和德清在内的城市的中心城区为外围主要的人口和产业集聚点，形成"一核多点"的空间形态。并且，通过加快规划建设连接主城区与外围县（市）的轻轨网络，以富阳、临安、德清、桐乡、海宁、绍兴为重点，大力推动外围县（市）与主城区一体化发展。围绕杭州主城区这个极核城市，加强城际快速铁路建设，形成内连都市区、外接长三角城市群的轨道交通网。进而发挥杭州都市区核心辐射作用，推动杭州与湖州、嘉兴、绍兴之间跨行政的全面合作，加快形成杭州都市经济圈，着力提高带动全省经济转型升级的能力。

2014年，杭州都市经济圈转型升级综合改革试点获得国家发展和改革委员会的批复设立，范围包括杭州、嘉兴、湖州、绍兴四市。试点以经济转型升级为主线，以资源要素的市场配置为改革突破口，以激发市场主体活力、提升创新驱动能力、增强城镇化发展潜力为关键，着力在重要领域和关键环节改革上面取得实质突破，使得杭州都市经济圈率先建成充满活力、富有效率、更加开放、有利于科学发展的体制机制。一是坚持互惠多赢、共同发展。引导确立杭州都市经济圈的共同体意识，着力突破行政体制壁垒，建立杭湖嘉绍地区互利、互补、互惠关系，通过合作交流，协商解决单个城市难以解决的重大问题，实现共同发展。二是坚持政府推动、市场运作。着重发挥政府引导作用，通过实施规划引导和跨区域重大项目建设，搭建联动发展平台，推动杭州都市经济圈的合作与交流，同时，充分发挥市场机制在都市经济圈发展中的资源配置作用。三是坚持协同联动、优势互补。明确各个城市在都市圈中的地位与资源优势，合理分工、功能互补、错位发展。杭州依托周边城市资源,不断增强中心城市的集聚和辐射能力;周边城市则主动承接中心城市的辐射,凭借大都市的外溢效应,借梯登高、借船出海、借势发展特色产业。四是坚持统筹谋划、循序渐进。以思想观念认同为先导,以杭州都市经济圈的整体利益为出发点,以产业、设施、市场、体制、机制对接为重点,统筹安排,先易后难,有序推进,通过跨区域的重点领域、重点项目的合作,促进都市经济圈的建设与发展。

通过跨行政经济圈建设,杭州有效地提升了长三角区域分工合作之中的竞争优势,增强了杭州城市综合实力和国际竞争力,促进了杭州中心城区"腾笼换鸟",提升了城市品位和竞争能级。这就使得产业布局得到更加科学的引导,环境保护领域得到更强的地区合作,整个区域文化得到更加完整的体现。同时,杭州都市经济圈的发展,也是浙江省推进地区经济协调发展、增强综合实力和竞争力的重要选择。杭州都市经济圈已经成为浙江全省区域经济最为活跃的区块。包括杭宁铁路客运专线、杭甬铁路客运专线、杭长客运专线、钱江通道及接线工程和杭州东站综合交通枢纽及配套设施在内的一系列重大交通项目正式通车运营,杭黄铁路开工建设,"五线一枢纽"高铁网络初具雏形。2012年,根据中国都市圈评价指数显示,杭州都市圈已经位居中国都市圈绩效评价前三强。

(三)构筑网络化大都市

杭州探索运用协调发展理念,着重回答好杭州长期面临的两个重大问题的困扰。第一是如何解决杭州旅游业发展与工业发展的矛盾问题。第二是如何解决好保护与发展的矛盾问题。针对这两个重大的矛盾问题,杭州跳出老城区建设新城,探索既要工业又要旅游业、既要保护又要发展的协调发展道路,走出一条"双赢"路子。按照保老城、建新城的建设思路,科学规划市域网络化大都市,通过城市建设重心向钱塘江两岸转移,推进"西湖时代"迈入"钱塘江时代",力争使保护历史文化名城与构筑现代化大都市相得益彰、交相辉映。为此,杭州"通过实施'城市东扩、旅游西进,沿江开发、跨江发展'战略，优化生产要素配置，重构城市空间形态，形成以市区为核心、县城为依托、中心镇为基础，资源共享、功能互补、协调发展的市域网络化城市"。进而，要求"必须站在浙江省省会城市高度，站在长三角南翼区域中心城市的高度，站在建设国际著名风景旅游城市的高度，重新认识城镇化的重大意义，重新审视城镇化发展战略，努力解决困扰城市发展的深层次矛盾和问题，高起点推进城镇化，带动工业化和信息化，确保率先基本实现现代化"。要求"以加快副城、组团、中心城镇建设为突破口，以构建市域交通圈、旅游圈、经济圈、文化圈为抓手，促进空间科学布局，功能优势互补，要素交流整合，资源高效利用，加快构筑以市区为中心、县城为依托、中心镇为基础，多层次、多节点、开放型的网络化大都市，实现以城带乡，以乡促城，城乡互动，协调发展"。

　　构筑网络化大都市主要推进九个方面的举措。一是统筹城乡规划、勾画市域网络化大都市的发展蓝图方面，要求加强市域的整体规划，优化主城、副城与组团的功能布局，明确各县（市）城的功能定位和完善中心镇的发展规划；二是统筹城乡建设、提升市域网络化大都市的整体功能方面，要求做优做美主城区，加快"三副六组团"建设，加快西部县（市）城建设，培育发展壮大中心镇和提高城镇基础设施网络化程度；三是统筹城乡产业发展、夯实市域网络化大都市的产业基础方面，要求优化市区产业布局，促进城镇化与工业化良性互动，构筑市域1小时半旅游圈，构建层次分明的都市农业圈和形成跨区域开放型发展格局；四是统筹城乡生态建设和环境保护，以及全面改善城乡环境质量方面，要求保护城市生态屏障，加强区域环境综合治理，加快环境基础设施建设和大力发展循环经济；五是统筹城乡社会事业发展、促进社会事业向农村延伸方面，要求统筹城乡教育事业发展，统筹城乡文化事业发展，统筹城乡卫生事业发展和统筹城乡体育事业发展；六是统筹城乡劳动就业、构建城乡统一的就业服务体系方面，要求引导农村剩余劳动力向县（市）城和中心镇集聚，建立城乡统一的就业服务体系，营造城乡统一的劳动就业环境和吸引人才到副城、组团和中心城镇生活、创业；七是统筹城乡社会保障、形成覆盖城乡的社会保障体系方面，要求做好征地农转非人员的社会保障工作，进一步扩大社会保险的覆盖面和统一新老城区救助政策；八是改革投融资体制、拓宽市域网络化大都市建设融资渠道方面，要求发挥财政资金的导向作用，鼓励各类资本参与城镇建设，增强市场融资能力和建立市、区县（市）共建机制；九是创新体制机制、消除市域网络化大都市建设的体制障碍方面，要求理顺副城的规划建设管理体制，创新六大组团的管理体制和深化中心镇管理体制改革。

通过构建网络化大都市，杭州基础设施建设投入持续加大，包括庆春路过江隧道建成通车，地铁1号线、地铁2号线、地铁3号线、萧山机场二期、"五线一桥一枢纽"、钱江通道、之江大桥、九堡大桥等的重大工程全面推进，以"一绕十射"为主骨架的高速公路网基本形成，杭州作为长三角综合交通枢纽的地位更加突出。萧山、余杭、富阳加快融入主城区，"三副六组团"建设力度加大，包括大江东新城、城西科创产业集聚区、奥体博览城在内的新城建设势头良好，包括良渚遗址、超山和湘湖在内的综保工程深入实施，城市发展从以西湖为中心向以钱塘江为轴线转变。

（四）推进城市有机更新

"八八战略"要求浙江发挥城乡协调发展优势，推进浙江城乡一体发展。为了更好带动全市乃至全省的城乡一体发展，杭州作为中国东部沿海发达城市和浙江的省会城市，要以城镇化带动工业化、信息化、市场化、国际化，推动杭州经济社会又好又快发展，提高首位度，打造增长极，破解"城市病"，提升城市空间的生活品质，顺应人口从农村向城市流入的趋势，通过城镇化战略最终推进城市一体发展。为此，杭州坚持"两疏散、三集中"（"两疏散"就是疏散老城区建筑和人口，降低老城区建筑和人口密度；"三集中"就是企业向园区集中、高校向大学城集中、建设向新区集中，其中，新区是指钱江新城、科技城、下沙城、江南城、临平城五大块）方针，大力推进"三改一拆"，重点实施"五水共治"，实施重大工程带动，由点到面、由线到片，大力推进城市形态、街道建筑、城市景观、城市道路、城市河道、城市产业、城市管理的有机更新。

因此，按照城市有机更新的对象，杭州推进城市有机更新可以分为七个方面的内容。一是推进城市形态的有机更新。建设钱江新城，是推动杭州城市发展由"西湖时代"迈向"钱塘江时代"的"先导工程"。建设江南城、临平城、下沙城和塘栖、良渚、余杭、临浦、瓜沥、义蓬"三副六组团"，是更新杭州城市形态以及构筑网络化、组团式、生态型大都市的关键之举。建设轨道交通系统，是杭州形成网络化、组团式、生态型大都市空间布局的基础工程。建设高教园区是杭州城市形态有机更新的重要方面。二是推进街道建筑的有机更新。坚持"保护第一、应保尽保"原则，制定保护规划，完善政策措施，加大资金投入，注重合理利用，大力推进街道建筑的有机更新，保护古城风貌，传承历史文脉，造福人民群众。三是推进城市景观的有机更新。对于杭州这样的风景旅游城市，推进自然和人文景观的有机更新，意义特别重大。因此，杭州先后实施包括西湖综合保护、西溪湿地综合保护和"一湖三园"建设在内的重大工程，走出一条自然人文景观有机更新的道路。四是推进城市道路的有机更新。按照打造"畅通工程""民心工程""生态工程""文脉工程""竞争力工程"五位一体要求，坚持以"道路有机更新"带整治、带保护、带改造、带建设、带开发、带管理"六带"方针。五是推进城市河道的有机更新。杭州既有江、河、湖、溪，又临海，是一座名副其实的"五水共导"山水城市。围绕彰显"五水共导"的城市特色，杭州先后实施运河（杭州段）综合整治与保护开发、市区河道综合整治与保护开发两大工程。六是推进城市产业的有机更新。杭州提出先进制造业与现代服务业"两轮驱动"的战略思路，明确了提升发展传统优势工业、适度发展新型重化工业、大力发展高新技术产业"三位一体"的战略方针，大力发展信息经济和智慧经济的"一号工程"。七是推进城市管理的有机更新。围绕实现城市管理现代化，大力推进管理目标、体制机制、管理设施、管理内涵、管理手段的更新，努力实现"民本、从严、依法、标化、长效、精细、品质"管理。管理目标更新方面，从打造"没有垃圾、没有痰渍、没有牛皮癣"的"清洁杭州"，拓展到打造"清洁、亲水、清静、绿色、无视觉污染"的"国内最清洁城市"。

通过城市有机更新，杭州有效地破解了城市空间形态面临的挑战、保护历史文化名城面临的挑战、保护城市生态环境面临的挑战、缓解交通"两难"问题面临的挑战，解决"城中村"和农民工问题面临的挑战及弘扬、彰显城市特色面临的挑战、实现城市管理现代化面临的挑战和城市产业结构调整升级面临的挑战。包括西湖、西溪湿地、运河、市区河道、中山路和南宋皇城大遗址在内的综保工程取得重要成果，城市快速路网建设初步形成，钱江新城核心区建成，城市管理水平明显提高，主城区品位和综合服务功能显著提升，有效带动浙江经济从县域经济迈向都市经济发展。

三、杭州协调发展的推进思路

杭州贯彻落实浙江省委"八八战略"的过程之中，根据自己的发展特色和发展要求，通过构筑网络化大都市、推进城市有机更新、营造跨行政经济圈和实施区域一体发展，取得推进城乡一体和区域协同发展的良好成效，客观上形成支撑协调发展理念成型的地方实践，孕育着协调发展理念出现的萌芽，使得协调发展理念之中含有杭州元素。现在，中央提出协调发展理念，使得我们对于杭州原先孕育协调发展理念萌芽的实践认识从感性层面上升进入理性层面，需要运用协调发展理念重新审视自己原有的发展实践，对照协调发展理念认识其中的不足，并以协调发展理念引领经济社会发展，要把协调发展贯穿于发展各方面、全过程，明确未来杭州协调发展的目标和途径。

（一）主要原则

面对一个城市的协调发展，习近平总书记指出："考察一个城市首先看规划，规划科学是最大的效益，规划失误是最大的浪费，规划折腾是最大的忌讳。"为此，城市发展既要一张蓝图绘到底，强调规划要有连续性，切忌折腾，又要继承重大战略、创新战略内涵，继承重大目标、创新目标表现，继承重大格局、创新发展手段。对于已有实践证明是成功的举措，还要坚持；对于已经取得成效，但仍存在不足的，还要加以改进；对于尚未成熟，需在未来推出举措的，则要大胆探索。"正确处理好各种矛盾，协调好各方面的关系，统筹兼顾好各个领域的发展，走自己的发展道路。"

1. 解放思想

坚持以解放思想为先导，坚持人民主体地位，牢固树立人民就是推动发展的根本力量的信念，尊重基层和群众首创精神，加大改革创新力度，积极建设服务型政府，巩固市场化指数处于全国第一梯队的优势，提升具备高度契合市场化改革的市场素质基础和社会环境优势，充分发挥市场在资源配置中的决定性作用，更好发挥政府作用，破解政府、市场、社会关系不协调的挑战，大力鼓励支持有利于破除城乡二元结构、促进城乡区域统筹发展的创新和实践，加快形成有利于城乡区域发展一体化的体制机制。

2. 以城带乡

准确把握杭州所处的发展阶段和城乡区域统筹发展的客观规律，充分利用城市发展步伐远快于国外同等规模城市的优势，抓好高度契合新型城镇化机遇，推动杭州进入国际重要城市行列。坚持以新型城镇化为主导，做强做优杭州都市经济圈，按中心城市要求规划建设杭州市区，按中等城市要求规划建设县（市）城，按小城市要求规划建设中心镇，加快构筑网络化大都市，做大城市、做新农村，增加居民、减少农民，走"增城减乡、增居减农"的城乡区域一体化发展路子。

3. 上下联动

主动承接和融入国家区域战略，明确杭州在"一带一路"和长江经济带国家战略之中的定位和使命，打造"一带一路"、长江经济带重要节点城市，推动杭州充分利用国际、国内两个资源，促进更高层次对外开放，进一步发挥长三角世界级城市群副中心城市的作用。坚持城乡互动、区域联动、优势互补,充分发挥杭州市区在产业、资金、市场、科技、人才、信息等方面的优势,增强市区对于县(市)发展的辐射带动作用,大力实施融入战略,加快县(市)融入杭州大都市步伐,变郊县为郊区,实现城乡区域融合发展、共同繁荣。

4. 分类指导

坚持立足实际、因地制宜、区分功能,科学谋划发展思路,准确把握工作重点,走特色发展、错位发展之路。市区要坚持有效集聚与有序疏散相结合,把推进新型城镇化作为统筹城乡发展的战略重点,以新城建设为突破口,加快"一主三副六组团"建设,进一步提高城镇化发展水平。县(市)要坚持新型城镇化与新农村建设相结合,加快县城和中心镇建设,扎实推进新农村建设,逐步缩小城乡差距,有序推进城乡一体化。

5. 生态优先

坚持把生态保护放在首位,正确处理城乡建设、产业发展与生态保护的关系,坚持不懈地大力实施包括五气共治、五水共治和五废共治在内的"三五"工程,实现经济社会发展与生态保护的有机统一。西部县(市)尤其要突出生态保护,保护好秀美山水、优美环境,成为杭州大都市的生态屏障、绿色郊县。以建设生态文明先行示范区为重点,着力推进"美丽杭州"建设,成为"美丽中国建设的样本"。

6. 问题导向

针对协调发展"短板",提出有针对性的发展理念和任务举措,实现"短板补齐、长板更长"。当前,杭州处于粗放型发展的城镇化中期向内涵型发展的城镇化后期过渡关键阶段,面临新型城镇化进程偏慢的挑战,迫切需要城市内涵升级。按照2014年发布实施的《城市规模划分标准调整方案》,杭州已超过500万人口的大城市上限,进入特大城市行列。"城市病"呈增多趋势,城市环境问题突出。杭州推进协调发展必须要把内涵式城镇化发展作为重点,提升城市综合能级。

（二）主要目标

对于杭州这座城市而言，贯彻落实协调发展理念的重中之重就是把握协调发展理念的深刻内涵，增强大局意识，增强协同意识，增强补短意识，秉承坚持与创新并重的原则，与时俱进，着重考虑和处理影响杭州发展的重大关系，形成杭州协调发展的正确方向。这些需要运用协调发展理念进行正确处理的关系问题至少包括："内与外"的关系问题、"城与乡"的关系问题、"质与量"的关系问题、"产与城"的关系问题、"快和慢"的关系问题、"实与虚"的关系问题、"分与合"的关系问题、"软与硬"的关系问题、"古与今"的关系问题和"军与民"的关系问题。正确运用协调发展理念处理这些关系，提出协调这些关系的发展方向或目标，将会深刻影响杭州未来发展的全局。

1. 正确处理"内与外"的关系问题：建设"东方品质之城"

"十三五"时期，杭州发展应当放在世界、全国、全省的大背景下进行谋划，通过全局谋划一个区域的发展。相比北上广深，杭州虽无政治地位优势，但是杭州这座城市拥有丰厚的山水人文资源，具有生活品质优势，可在已有东方品质之城的建设基础之上，借助G20等高端国际峰会和亚运会的契机，提升承办国际性论坛、会展和体育赛事的能力，建设"东方品质之城"。加快推进国家跨境电子商务综合试验区建设，找准融入"一带一路"战略的发力点，建设"网上丝绸之路"。对接国家长江经济带的区域规划，深入建设杭州都市经济圈，提升长三角南翼中心城市的地位，更好发挥杭州在全省的龙头领跑示范带动作用。

2. 正确处理"城与乡"的关系问题：建设"三美融合之城"

习总书记指出："发展不能是城市像欧洲、农村像非洲，或者这一部分像欧洲、那一部分像非洲，而是要城乡协调、地区协调。""十三五"时期，杭州可以按照"城市编织"的思路框架，凸显沿路、沿河、沿江和沿山的串珠成线作用，实现城乡一体化发展。积极营造城市发展的"绿色空间"

或"农业空间",不把农业发展和城市发展分割开来和对立起来,重点发挥农村地区"生态美";提升新区和特色小镇的产业优势,重点发挥这些区块的"生产美";提升城市中心生活气息和商业氛围,重点发挥城市中心的"生活美"。最终,通过这种区块之间的融合,打造美丽之城。

3. 正确处理"质与量"的关系问题:建设"世界级科创中心"

十八届五中全会指出:"必须把发展基点放在创新上,形成促进创新的体制架构,塑造更多依靠创新驱动、更多发挥先发优势的引领型发展。"现在包括创新资源在内的全球高级要素呈现系统性东移趋势,亚洲处于新一轮科技浪潮的活化地带,极有可能崛起一批世界级科技创新中心。杭州已经成为中国三大重要的创新城市之一,具备成为世界级科技创新中心的潜力。"十三五"期间,杭州可以加快推进国家自主创新示范区建设,深化实施"一号工程",更加重视土地存量活化、资金存量活化和人力资源活化,提升经济发展平衡性、包容性和可持续性。

4. 正确处理"产与城"的关系问题:建设"繁荣兴旺之城"

新型工业化、信息化、城镇化、农业现代化应当同步发展,不能有所偏废。"十三五"时期,杭州促进"新四化"同步协调发展,就是重点抓好产业和城市协调发展。产业和城市之间不是简单地隔离,更不是杂乱地混合,而是有机地融合。对于高新技术产业和现代服务业发展,要打造"24小时城区",营造更好的生产生活环境,让天更蓝,水更清,山更绿,食品更加安全,公共服务资源配套更优,创新孵化和生产商务功能更好发挥,生产更多的品质GDP。

5. 正确处理"快和慢"的关系问题:建设"舒适生活之城"

所谓"快"就是快节奏的生产和生活方式,所谓"慢"就是慢节奏的生产和生活方式。杭州发展需要体现和支持"快"的方面,这样可以获得活力和效率;同时也要体现和支持"慢"的方面,这样可以获得休闲和安定。这就要求"十三五"时期杭州需要最大限度消除"快"和"慢"之间的矛盾关系。例如,可以通过建设具有漫步系统特点的城市交通网,发挥水系道路的框架作用，营造城市"慢生活"的空间载体，促进"快"和"慢"之间的互补，使得它们并行不悖，相得益彰，让每个人都能在这个城市舒适地生活。

6. 正确处理"实与虚"的关系问题：建设"情景体验之城"

由于"互联网＋"时代的来临，经济社会行为出现非现场化趋势，人们通过虚拟空间的交往机会增多。这种虚拟交往空间的增多，既会代替现在实体空间的交往功能，也会诱发和增加新的实体交往空间的需求。"十三五"时期，杭州可以通过增进线上虚拟空间与线下实体空间的互动，增强城市活动中心和聚会中心功能，形成具有杭州特色的体验性城市空间。同时，还要加大网络信息基础设施建设，推进电子商务投递终端建设，网络信息服务基础设施等同于水电一样的市政基础设施，深入实施国家大数据战略。

7. 正确处理"分与合"的关系问题：建设"最佳商业城市"

习总书记指出："市场作用和政府作用的问题上，要讲辩证法、两点论，'看不见的手'和'看得见的手'都要用好，努力形成市场作用和政府作用有机统一、相互补充、相互协调、相互促进的格局，推动经济社会持续健康发展。"政府需要更多致力于创造一个平等竞争的市场环境与和谐相处的社会环境，更好地为社会提供市场机制所不能提供的公共产品，包括经济性公共产品、社会性公共产品和制度性公共产品，更好地维护社会政治稳定。甚至还可主动尝试产业发展留白和空间发展留白，鼓励市场自己进行创新，吸引社会力量参与社会治理。

8. 正确处理"软与硬"的关系问题：建设"书香弥漫之城"

习总书记指出："在坚持经济建设这个中心不动摇的同时，强调促进经济、社会和人的全面发展，强调促进社会主义物质文明、政治文明和精神文明协调发展，体现了重点论和全面论的统一。""十三五"时期，杭州需要充分彰显杭州文化底蕴，率先建设"人人皆学、时时能学、处处可学"的"书香城市"。健全发现"最美现象"、弘扬"最美精神"的长效机制，持续提升市民文明素质。继续倡导和弘扬"精致和谐、大气开放"的城市人文精神，增强发展的精神动力。发扬"杭商精神"，厚植"敢为人先、敢冒风险、敢争一流、宽容失败"的创业创新文化。

9. 正确处理"古与今"的关系问题：建设"乡愁依恋之城"

习总书记指出："发展经济是领导者的重要责任，保护好古建筑，保护好传统街区，保护好文物，保护好名城，同样也是领导者的重要责任，二者同等重要。""十三五"时期，杭州需要更加把握好包容与开放，彰显历史深厚、韵味独特的古都人文魅力，更好地传承历史，打造"一河四遗址"五大传统文化名区，做好良渚遗址、临安城遗址等保护、展示、申遗等工作。深入实施"城市记忆"工程，积极挖掘具有地方特色的历史文化资源，积极保护农业文化遗产和工业文化遗产，推动城市有机更新，拾起历史记忆的碎片，使之成为让人"记得住乡愁"的有效载体。

10. 正确处理"军与民"的关系问题：建设"军工产业之城"

习总书记指出："经济建设与国防建设同为国家的两大职能，同为我国现代化建设的两大战略任务，同为综合国力的重要内容。坚持以经济建设为中心，并不意味着可以延缓国防建设的进程。""十三五"时期，杭州可以探索建立军民融合领导机构，健全军民融合发展的组织管理体系、工作运行体系、政策制度体系，充分发挥杭州制造业的优势，依托包括机器人、航空设备、海洋工程、环保工程和新材料在内的优势特色产业，建立国防科技协同创新机制，加快形成一批军民融合创新示范项目，打造军民融合创新区。

（三）重点突破

城市建设的根本目的是要让居住在这里的人民生活更加舒适美好，要求城市建设应当牢牢地立足于不断增强发展整体性，按照优化中心城区功能、加大城乡统筹力度和提升城市软实力的目标要求，重点做好"地上""地下""联通"与"融合"四篇文章，力争实现推进协调发展的新突破。

1. "地上"文章着重突出低效用地二次开发

以创建"无违建区、县（市）"为龙头，坚定不移推进"三改一拆"，加大现有城镇棚户区、"城中村"和危房改造力度，完善包括社区商业、文化和安全在内的公共和生活服务功能。推行政府引导、统筹规划、多元投入的建设方式，充分发挥土地资本、产业资本与金融资本的整合作用，提升土地利用效率。重点工作之一就是通过采取包括拆除重建、综合整治和拆整结合在内的多种方式，加快推进"城中村"改造。

2. "地下"文章着重突出地下空间深度开发

以土地资源节约集约利用为契机，充分发挥土地综合利用效能，推进城市地下空间的系统规划和开发利用，统筹推进地下道路、管廊、停车库和公共服务设施建设，切实加大地下管网设施建设和改造力度，新区建设积极引入"共同沟"。比如，武林广场地下空间开发工程力争成为引导全市地下空间开发的行业标杆和示范工程。

3. "联通"文章着重突出综合交通体系优化

以争创 "国家级临空经济示范区"为契机，以打造国际性交通枢纽为目标，继续完善规划和加大力度建设空港新城，实现从"城市的机场"向"机场的城市"的跨越，让杭州拥有更多国际航线。同时，加快推进包括杭黄高铁、绕城西复线、千黄高速在内的重点项目建设，以高速铁路、城际铁路、高速公路为载体，以市区为中心，形成更加完整的综合交通体系。

4. "融合"文章着重突出城市生活品质提升

加快萧山、余杭和富阳全面融入主城区的步伐，实现市区范围之内包括户籍、就业和社保、社会救助、教育、公共卫生、市民卡服务、公积金制度、保障性安居工程和公共交通在内的公共服务一体化和均等化。同时，加快推进智慧城市建设，通过加快包括城市管理、交通组织、环境监控、公共服务和居家生活在内的各种领域应用示范，形成一批可复制可推广的智慧城市解决方案，提升城市品位。

四、杭州协调发展的推进举措

杭州贯彻协调发展理念应以形成积极有序推进以人为本的新型城镇化为

目标，以加快转变经济发展方式和城市发展方式为主线，坚持规划共绘、设施共建、产业共兴、环境共保、品质共享，促进城乡融合互动、优势互补，形成更加协调的城乡区域关系，推动四县（市）和九城区协调发展、加快发展，城市格局得到优化，主体功能区战略和"多规融合"实施效果显著，萧山、余杭、富阳与主城区实现深度融合，中心城区辐射能力进一步增强，西部县（市）发展步伐加速，杭州都市经济圈建设得到加快，基本建成与国际接轨的商业环境，杭州城镇化、工业化、信息化、市场化和国际化水平得到整体提升，使得杭州成为"东方品质之城""三美融合之城""世界级科创中心""繁荣兴旺之城""舒适生活之城""情景体验之城""最佳商业城市""书香弥漫之城""乡愁依恋之城"和"军工产业之城"。

（一）主要途径

1. 通过创新驱动战略，实现"以智兴地"

加快包括高新区（滨江）、大江东产业集聚区和城西科创产业集聚区在内的各类创业平台建设，向信息产业和智慧产业的培育和发展提供差异化、专业化的服务。营造创新人才的集聚平台，积极完善人才发展机制，吸引和造就一批世界水平的科技领军人才和高水平的创新团队，让杭州成为创客乐园，加强国际技术转移，通过引进一批优秀人才、带回一批高科技专利、造就一批高端项目，带动产业跨越发展。围绕企业"种子期—初创期—高成长期"的需求，以企业孵化为核心，以孵化器为基础，对接加速器、产业圈，打造"创业苗圃—孵化器—加速器—产业圈"的孵化链条，形成一批国内知名、区域领先、专业特色鲜明的孵化机构。以举办"智慧亚运"为契机，坚持以应用需求为导向，以示范项目为突破口，加快推进智慧城市建设。

2. 通过城市紧凑发展，实现"以人代地"

可以预见未来较长的一段时间之内，杭州城市人口仍将有所增长，有限的建设用地范围之内人口密度将会提升，需要主动实施城市紧凑发展方式。树立"以人代地"的规划理念，加大土地二次开发力度，主要通过人的就业集聚和居住集聚推动发展。营造"以人为本"的品质空间，各类产业园区和开发区除了产业集中之外，还有追求复合功能的要求，使得生产区、生活区、公共休憩区、配套服务区有机融合，提高中高端人才居住于此的吸引力，还要对于已经形成城市人气的区块，倡导复合式发展模式，增加对于年轻人和创业人员的吸引力，使之成为充满活力的24小时城区。另外，构建"舒适方便"的公共交通，继续加快城市轨道交通体系建设，着重利用轨道交通建设带动和支撑城市紧凑发展。

3. 通过区域联动发展，实现"向外借地"

鼓励杭州各个园区之间"联动发展"，杭州各个产业园区可以作为主体，扩大园区之间乃至与杭州以外的园区合作，通过"自上而下"或"自下而上"的方式探索联动发展，规划好联动双方的产业分工。以公共服务一体化为重点，推进萧山、余杭和富阳融入主城区，带动园区之间分工合作与联动发展。还可在现有区县协作的基础之上，建立股份合作制运作模式，分工合作，激发参与各方的积极性。发挥都市经济圈的分工合作优势，随着杭州都市经济圈轨道交通体系的建设和形成，轨道交通网络凭借高速度、大运量的综合优势，将会成为杭州都市经济圈内最为有效的通勤方式。积极争创"国家级临空经济示范区"，提升杭州城市经济和功能的辐射力和带动力。

4. 通过土地立体开发，实现"上天入地"

提高土地开发强度，可在不破坏城市天际线和城市景观的前提之下，放宽工业用地建筑容积率和建筑高度的限制，鼓励建设项目向空中发展。向下要地，特别是要利用现在大力发展地铁建设的机遇，强化地铁线路和站点建设的研究工作，对于每个站点包括布设、管线迁移和出入口设置的具体情况进行细致分析，通过地铁建设带动杭州地下空间的开发，避免地铁建设留下难以弥补的遗憾。提高城市空间的科学设计，深入研究产业园区与城市空间的关系，实现城市功能的有机复合，破解宜业与宜居的城市空间冲突，提升高密度人口条件之下的城市宜居水平。借鉴中国古代和国外先进城市的经验，通过城市规划和设计力争在局促狭小的城市空间之中创造一个令人忘却城市喧闹的宁静家园。

5. 通过土地二次开发，实现"腾笼活地"

由于历史变迁和人口集聚，区域土地的潜在价值趋于上升，需要实施集约节约型土地开发模式。一是强化规划引领。既要通过科学的远见合理推测区域发展的长远目标，同时还需基于长远目标的指导，探讨实现长远目标的阶段性举措，可以增强土地规划的用地弹性，实施适合现在土地价值的开发方式，同时又考虑到减少未来二次开发的难度。二是建立激励机制。通过调动原土地权利人的积极性，实现多方共赢为着力点，健全土地收储制度；降低土地转让成本，鼓励分割转让再开发，建立土地转让新机制；通过土地价格优惠政策，鼓励企业进行二次开发。三是建立约束机制。建立综合行政干预机制，建立合同约束机制，同一企业集团有多宗土地、部分土地尚未建设或已建成但投资强度低于规定标准的，不得安排新的用地项目。四是防范低效利用。实施产业项目"全生命周期"管理，推进土地要素市场化配置改革，完善监督管理机制。

6. 通过复合系统开发，实现"以线导地"

城市是由各种不同的线条编织而成。这些不同的线条包括水道线、公路线、轨道交通线、电力线、污水管网线、自来水管网线、通信线和共同沟。一是推进包括公路、轨道、步行道、非机动车道和绿道在内的交通线条对接，改善杭州的步行空间，提高自行车利用率，充实公共交通运输服务，扩大轨道交通需求，构筑起慢性系统和快行系统互为补充、相得益彰的城市交通体系，私人汽车用于通勤出行的比重趋于下降。二是积极利用"以线导地"的开发模式。积极利用轨道交通工程上马建设的机遇，按照不同的发展条件规划好住宅区、工业区和商业区，然后通过轨道交通实现有机融合。三是利用好钱塘江和运河的河道线，通过江岸和河岸的修复建立散步空间，还可串联区内各个功能区块，形成各个区块之间的绿道。四是强化线条之间的统筹整合机制。例如，可在城市新建区块开展共同沟建设，让各种不同线条共同使用这条共同沟。

7. 通过探索建立机制，实现"按规用地"

按照法律法规，城市土地属于国有，土地用途实行管制。但是，随着土地利用强度增加和产业结构的转型，形成土地"转性"的经济需求。对此，既要积极支持，又要控制风险。按照现有政策，土地转性必须走"招拍挂"程序。如果严格按照该项规定，势必影响原土地权利人的积极性。但是如果完全放开政策，又会产生三个方面的风险：一是有些企业以搞工业为名，实质上想适时加以转性并转让，变相搞工业房地产，势必扰乱正常的房地产市场；二是大批的工业用地转性，还可动摇园区工业发展的基础；三是可能造成土地收益的大量流失。为此，需要积极探索建立工业用地用途变更调控机制。一是在推进土地"转性"和盘活利用过程之中，必须把握尺度，局部支持，适当控制，严格限定区域、规模和主体，明确规定工业用地转性的上限和下限，防止因政策过度放开带来的风险。二是建立以合同管理和土地绩效评估为主的监管机制，规范用地行为，及时推进土地二次开发。

8. 通过培育人文精神，实现"以文化地"

杭州需要更好地把握好包容与开放，彰显历史深厚、韵味独特的古都人文魅力，更好传承历史，打造"一河四遗址"五大传统文化名区，做好良渚遗址、临安城遗址等保护、展示、申遗等工作。深入实施"城市记忆"工程，积极挖掘具有地方特色的历史文化资源，积极保护农业文化遗产和工业文化遗产，推动城市有机更新，拾起历史记忆的碎片，使之成为让人"记得住乡愁"的有效载体。努力让杭州成为一个有梦想的地方，"新区"建设可以根据年轻人的居住环境品质需求，形成浪漫并且富有情调的环境；通过城市家具和城市雕塑，讲好杭州的成功创业故事；还要涵养"宽容失败，欢迎再来"的创业文化。

9. 通过公共空间留白，实现"留用余地"

随着城市的快速扩张和居民对于生态和休闲的追求，绿色用地的地位愈发重要。一是确定土地用途。首先明确城市绿色用地，这些用地不得用于开发。二是实施用途管制。生态基质用地建设成为郊野公园、湿地公园、森林公园等，除了必要的道路、市政工程设施等之外禁止任何其他开发建设行为，对于可建设用地之中的不建设用地，应进行生态维护或发展对生态环境无污染的产业。对于建设用地则应进行适量的、可控的、与生态保护相容的发展。三是实施容量控制。城市建设用地的发展总量必须控制在一定程度之内，不能影响城市绿色用地的整体生态职能。

10. 通过军民融合发展，实现"拥军强地"

坚持发展和安全兼顾、富国和强军统一，实施军民融合发展战略，形成全要素、多领域、高效益的军民深度融合发展格局。健全军民融合发展的组织管理体系、工作运行体系、政策制度体系。建立军民融合领导机构。立足包括海洋、太空、网络空间在内的领域推出一批重大项目和举措，打造一批军民融合创新示范区，增强包括先进技术、产业产品和基础设施在内的军民共用的协调性，使得杭州成为拥军强地的模范城市，让国防建设深深根植于城市经济社会母体之中，既使国防建设从经济建设、社会建设中获得更加深厚的物质支撑和发展后劲，也使经济建设、社会建设从国防建设中获得更加有力的安全保障和技术支持。

（二）主要举措

1. 优化区域空间布局

坚持人口资源环境相均衡、经济社会生态效益相统一，编制市域空间发展规划，制定城市开发边界导则，落实主体功能区制度，划定并严守生态红线，推动"多规合一"，加强规划管控。优化"一主三副六组团"的城市空间结构，开启"中心提升、新区集聚，拥江布局、一体发展"新进程，推动形成"江、湖、山、城、乡"有机融合，城市紧凑、乡村疏朗、城乡一体、功能配套的新型市域空间格局，促进生产空间集约高效、生活空间宜居适度、生态空间山清水秀、人文空间精致和谐，提升城市服务功能。

第一，落实主体功能区制度。以主体功能区规划统领相关空间规划，科学控制城市开发边界，加强农业空间和生态空间保护红线管控。整体谋划国土开发格局，合理控制开发强度，推进国土空间综合整治。加强市域空间统筹，优化中心城区功能，加快四县（市）发展，完善多中心、组团式、网络化、生态型的市域空间总体布局。提升东部平原地区综合承载力，强化现代服务功能，努力打造高度集约化、品质化、国际化的现代大都市的核心区。推动西部丘陵山区绿色发展理念，强化旅游休闲、养生养老、文化创意、绿色生态和高新技术等产业功能，重点发展县域中心城市和枢纽型城镇组团。

第二，提升中心城区的功能。优化完善中心城区空间布局，科学规划建设副城和组团。继续保持中心城市的吸引力和多元活力，严格控制主城区人口规模，突出研发创新、管理服务、金融服务等功能，提升综合服务能级，推动钱江新城扩容区、钱江世纪城等重点地区优化发展，打造长三角世界级城市群副中心城市的核心空间，展示杭州的历史文化气质和国际化形象。进一步加快萧山区、余杭区、富阳区与主城区一体化发展，统筹规划管理、交通互联互通、财政体制、城市建设、社会管理等领域，推动以公共交通为导向、精明式增长为主题的城市空间拓展模式，完善快速联系通道网，引导人口、产业、服务、城市建设向三区以及大江东产业集聚区、城西科创产业集聚区集聚。

第三，彰显西部县市的特色。坚持差异化定位和全面融入杭州都市区导向，推进临安市、建德市、桐庐县、淳安县特色发展，全面开展县域经济体制综合改革，促进县（市）域产业集聚、人口集中、发展集约，加快推动县域经济向都市区经济、郊区经济转型。强化杭州中心城区对县（市）的辐射带动，加快市域快速通勤系统建设。以中等城市标准建设四个县（市）中心城区，大力推进老城有机更新，科学规划、有序推进新区建设，因地制宜实施"一城数镇""小县大城"建设，深入推进绿色发展、创新发展和协同发展，全面提高城市品质和综合承载力。

2. 对接国家区域战略

杭州发展应当放在世界、全国、全省背景之下进行谋划，通过全局谋划一个区域的发展。杭州这座城市拥有丰厚的山水人文资源，具有生活品质优势，可在已有东方品质之城的建设基础之上，提升承办国际性论坛、会展和体育赛事的能力，建设"东方品质之城"。加快推进国家跨境电子商务综合试验区建设，找准融入"一带一路"战略的发力点，建设"网上丝绸之路"。对接国家长江经济带的区域规划，深入建设杭州都市经济圈，提升长三角南翼中心城市的地位，更好发挥杭州在全省的龙头领跑示范带动作用。

第一，共同打造长三角世界级城市群。完善长三角地区合作协调机制，全面接轨大上海，巩固提升"一基地四中心"功能，加强重大战略平台和重点专题领域合作，做好区域规划衔接，共同打造我国最具活力和国际竞争力的世界级城市群。加强中国（杭州）跨境电子商务综合试验区与中国（上海）自由贸易试验区合作，推动自贸区改革创新经验在杭州复制推广。以创新要素资源一体化为方向，强化杭州国家自主创新示范区与上海张江国家自主创新示范区、苏南国家自主创新示范区的战略合作。

第二，深化杭州都市区建设。深入开展国家"杭州都市经济圈转型升级综合改革试点"，全面参与长江经济带建设，充分发挥杭州的辐射带动作用。编制实施杭州都市区规划，坚持"七共原则"，创新协调发展机制，进一步打破行政壁垒，积极探索区域管理和区域合作新模式，加强基础设施互联互通，推进都市区内部轨道交通和综合交通枢纽建设，加快实现通勤一体化，努力在空间布局优化、产业协同发展、生态环境共保、公共服务共享等方面取得实质性成果，探索推进电信同城化、金融同城化，探索解决传统市域、县域区划之内城镇化结构性难题。

第三，强化区际合作与交流。突出市场取向，积极参与西部大开发、东北地区等老工业基地振兴、中部地区崛起等国家区域发展战略。深入实施"山海协作"工程，推动开展绿色产业提升、群众增收共享、人力资源合作、浙商助推等行动计划。做好对口支援新疆阿克苏市、西藏那曲县、青海德令哈市以及对口帮扶贵州黔东南州、四川阿坝州、重庆涪陵区工作，兼顾项目扶持和智力支持，努力帮助受援地提高发展水平。以经贸合作、资本经营和产业对接为主导，进一步扩大与港澳台合作交流。

3. 打造重大发展平台

总体而言，杭州市域呈现东西差异发展格局，东部平原地区需要突出城市功能优化，西部丘陵地区需要更加突出绿色发展理念。同时，城区内部初步形成西部以科技创新为主，东部以智能制造为主，中部以高端商务为主的产业布局形态。为此，杭州创新平台的建设依托原有区块发展特色，按照"中心提升、新区集聚，拥江布局、一体发展"的空间导向，统筹市域整体布局，重点打造"一区两廊两带两港两特色"重大平台，全面提升城市能级和综合承载力，塑造杭州区域发展新版图。

第一，打造一区。一区就是国家自主创新示范区。突出"整合协同、联动发展"，支持高新区（滨江）建设世界一流高科技园区，在促进全市产业转型升级中发挥"大孵化器"功能和辐射带动作用。强化科技创新产业化，推动临江国家高新区建设综合科技新城。发挥高新区的辐射带动作用，以高新区（滨江）、临江两大国家高新区及城西科创大走廊为核心，力争国家自主创新示范区建设实现"一区十片、多园多点"市域全覆盖，努力建设创新驱动转型升级示范区、互联网大众创业集聚区、科技体制改革先行区、全球电子商务引领区和信息经济国际竞争先导区。

第二，打造两廊。一是城西科创大走廊。以文一西路、市域轨道交通杭临线为交通主轴线，东起浙江大学紫金港校区，经未来科技城、青山湖科技城，西至浙江农林大学，重点凸显沿线的梦想小镇、紫金众创小镇、云安小镇、云制造小镇、海创园、西溪谷、云谷、中国美术学院国家大学科技（创意）园等重要创新平台，聚合浙江大学、杭州师范大学、浙江农林大学以及阿里巴巴等一批高校、科研院所和科技企业，整体上形成以东西向带状为主体、以特色小镇为节点串珠成链的城西科创大走廊，辐射带动之江、富阳等区域，努力打造成为浙江的人才特区、创新特区和创业特区，建设杭州"硅谷"。二是城东智造大走廊。以产业智慧化为特色，统筹市域东部地区的大江东产业集聚区（临江国家高新区）、萧山经济技术开发区、萧山科技城、杭州经济技术开发区、钱塘智慧城、余杭经济技术开发区（钱江经济开发区）等国家级创新及转型升级平台，通过江东大道、德胜快速路等交通干道的串联，集聚清华大学长三角研究院杭州分院、中科院杭州科技园等创新资源，加快建设江干钱塘智造小镇、萧山机器人小镇、余杭新能源汽车小镇、大江东汽车小镇、下沙东部医药港小镇等一批智慧化特色小镇，积极推动中外合作产业园建设，构建全市智能制造集聚区，打造"中国制造2025"示范区。

第三，打造两带。一是运河湖滨高端商务带。深入实施运河综合保护工程和西湖综合保护工程，进一步优化提升运河商圈、黄龙商圈、武林商圈、湖滨商圈、钱江新城等区域功能。由北向南经余杭、拱墅、西湖、下城、上城、江干，深化城市有机更新，推进城北地区转型发展，着重发展高端商务商业、金融、时尚旅游等现代服务业，促进名城名河名湖交融发展，建设具有厚重历史文化底蕴、生态生产生活共美的高端商务区。二是钱塘江生态经济带。以钱塘江（富春江、新安江）为中轴，自东向西经钱江新城、钱江世纪城、高新区（滨江）、之江度假区、富阳、桐庐、建德、淳安等梯次布局，坚持协同发展，串联和统筹市域主要空间，强化中心城区对四县（市）的辐射带动，持续建设和保护沿江两岸景观，沿江布局以山水田园城镇为支撑的生态城镇体系，引导发展金融服务、旅游休闲、文化创意、养老养生、信息经济、智能制造、高新技术产业以及绿色生态产业，加快建设定位高端、联动发展、最能体现杭州发展水平的"黄金水道"金融带、生态带、景观带、城市带、产业带。

第四，打造两港。一是钱塘江金融港湾。以钱江新城为核心，杭州金融城、钱江金融城、钱江世纪城金融外滩、望江智慧金融城环绕，集聚钱塘江两岸金融资源，加快建设萧山陆家嘴金融创新园、滨江科技金融集聚区、杭州经济技术开发区双创金融谷等金融产业园区，培育发展上城玉皇山南基金小镇、西溪谷互联网金融小镇等特色小镇，积极创建国家金融综合改革试验区，努力建设成为区域金融总部中心、全国财富管理中心、全国新金融服务中心。二是杭州空港经济区。以航空口岸国际化为契机，推动扩容提升，建设完善机场至中心城区和杭州都市区城市的快速通道。以建设全省大航空经济的龙头区域为方向，参与和服务全省"两港物流圈"建设，大力发展临空经济，打造全省重要的空港产业基地、区域物流中心和开放合作平台，积极创建国家级临空经济示范区。

第五，打造两特。一是特色小镇。以特色山水资源为依托，按照"企业主体、资源整合、项目组合、产业融合"原则，聚焦"1＋6"产业集群，兼顾茶叶、丝绸、中药等历史经典产业，坚持产业、文化、旅游"三位一体"和生产、生活、生态融合发展，加快形成一批集高科技研发、高科技制造、高科技孵化于一体的科创小镇，培育建设"大众创业、万众创新"的平台体系，形成全域创新氛围。二是特色园区。深入推进全市开发区（产业园区）整合优化提升，通过临近园区归并或"一区多园"托管等形式，有序推进各级各类园区整合提升，探索建立跨区域协作模式和利益共享机制，实现集约联动共赢高效发展，推动各区县（市）基本形成"1＋N"模式的园区平台体系。着力提升园区主导产业竞争力，完善创新创业体系，优化园区土地要素配置，提高亩产综合效益，优化管理体制，促进园区产城融合和绿色发展。做好杭钢地块等历史工业区域的规划建设。

4. 提升区域产业集群

杭州深入实施"一号工程"，全力打造"1＋6"的产业集群。"1"就是建设万亿信息产业集群，"6"就是六个千亿产业集群，包括创意产业集群、旅游休闲产业集群、金融服务产业集群、健康产业集群、时尚产业集群和高端装备产业集群。按照"1＋6"产业集群的打造目标，需要分别建设各个产业集群的创新平台，形成创新平台和产业集聚之间共生互动的发展格局。

具体而言，就是重点依托包括云栖小镇、云谷小镇、云安小镇、杭州国际传感产业园、望江智慧产业园、京东杭州电商产业园和阿里巴巴电商基地在内的平台，打造国际电子商务中心、全国大数据和云计算中心、全国物联网产业中心、全国互联网金融中心、全国智慧物流中心和全国数字内容中心，形成万亿信息产业集群；重点依托之江创意产业园、中国移动手机阅读基地、西湖艺创小镇和滨江创意小镇在内的平台，着力发展数字内容、动漫影视、艺术品交易、文化演艺和文化产品制造领域，形成千亿创意产业集群；重点依托运河旅游区、千岛湖旅游度假区、新安江旅游度假区和临安红叶小镇在内的平台，着力发展旅游观光、休闲保健、文化体验、商务会展和乡村旅游，形成千亿旅游休闲产业集群；重点依托包括钱塘江金融港湾、山南基金小镇、运河财富小镇和湘湖金融小镇在内的平台，着力发展总部金融、互联网金融、股权投资、私募金融和普惠金融，形成千亿金融服务产业集群；重点依托上城健康产业园、桐庐健康城、余杭生物医药产业基地和富阳富春药谷小镇等在内的平台，着力发展医、康、养、健、美和药在内的六大领域，形成千亿健康产业集群；重点依托余杭艺尚小镇、桐庐时尚箱包小镇、湖滨时尚街、中国丝绸城和中国化妆品产业基地在内的平台，大力发展时尚服装服饰、时尚家居用品、珠宝首饰与化妆品和时尚消费电子产业，形成千亿时尚产业集群；重点依托城东智造走廊、余杭新能源汽车小镇、萧山机器人小镇和萧山空港小镇在内的平台，着力发展高效节能环保装备、新能源企业、新能源装备、现代物流装备、现代农业装备、机器人及智能制造装备和通用航空装备产业，形成千亿高端装备产业集群。

5. 凸显创新平台特色

每个创新平台之间存在包括资源禀赋、经济基础、发展环境与人文文化在内的诸多差异，任何一个地方不会拥有生产每种货物和服务所需的所有人才和技能。因此，创新平台的建设没有一种统一的模式，应当契合创新发展背景之下越来越个性化和非标准化的生产需求，最大限度形成同类或相似生产需求的规模集聚，以便更好地满足创新人群之间不断增长的接触需求。

具体而言，一是打造特色小镇。依托特色山水资源，按照"企业主体、资源整合、项目组合、产业融合"原则，聚焦"1+6"产业集群，兼顾包括茶叶、丝绸和中药在内的历史经典产业，坚持产业、文化、旅游"三位一体"和生产、生活、生态融合发展，加快形成一批集高科技研发、高科技制造、高科技孵化于一体的科创小镇，培育建设"大众创业、万众创新"的平台体系，形成全域创新氛围。二是打造特色园区。深入推进产业园区整合优化提升，通过临近园区归并或"一区多园"托管，有序推进各级各类园区整合提升，探索建立跨区域协作模式和利益共享机制，实现集约联动共赢高效发展。着力提升园区主导产业竞争力，完善创新创业体系，优化园区土地要素配置，提高亩产综合效益，优化管理体制，促进园区产城融合和绿色发展。三是打造特色节点。以"改革放权、以点拓面"为导向，以中心镇为重点，深化中心镇改革发展和小城市培育试点，创新和完善中心镇管理体制，赋予与事权相匹配的经济社会管理权限，积极培育"节点"平台。四是打造网络平台。依托中国（杭州）跨境电子商务综合试验区建设，以"网上丝路·杭州出发"为主题，着力打造"网上丝绸之路"，另外，还要加快建设包括智慧政务云平台、公共信用信息平台、智慧城市管理平台、网上产品质量监管协作平台在内的系列智慧平台。

6. 完善城乡一体发展

坚持全市一张图、一盘棋，坚持以人为核心的新型城镇化，同步推进新型工业化、信息化、农业现代化，优化中心城市功能，加大县（市）城和枢纽型城镇组团建设，推进城乡要素平等交换、合理配置，大力提升城乡一体化发展水平。围绕建设美丽、智慧、人文、安全城乡的目标，坚持空间转型、功能转型、设施转型、城市管理转型并举，着力提升城乡经济社会发展一体化水平。发挥县（市）资源禀赋优势特别是生态优势，以"互联网＋"推动传统块状经济转型升级，积极培育发展高新技术、电子商务、智慧物流、文化创意等新兴产业，大力发展现代民宿、农村电商、乡村旅游、运动休闲、健康养生等新兴业态，提升发展优势特色农业，推动生态优势向产业优势转化、县域经济向都市区经济转型。继续推进"三改一拆"，基本实现区县（市）无违建。开展农村主要精品线路、精品区块生态化改造，注重保留村庄原始风貌，推进农村社区建设，打造美丽乡村升级版，实现县域景区化发展。坚持项目带动、共同发展，完善区县（市）协作机制，加大城乡统筹力度，全面推动产业、科技、人才、文创、旅游、交通西进，推动市区和县（市）由协作发展向协同发展转变。深化户籍制度改革，建立积分落户管理办法，促进有能力在城镇稳定就业和生活的农业转移人口举家进城落户。实施居住证制度，努力实现基本公共服务常住人口全覆盖，提高户籍人口城镇化率。坚持"三权到人（户）、权跟人（户）走"，深化农村产权制度改革和村（社区）股份制改造。

第一，健全体制机制。坚持以人为核心的新型城镇化，积极稳妥推进农业转移人口市民化。强化农业转移人口技能和文化培训，提高农业转移人口融入城镇的素质和能力。完善城乡公用事业长效化运营、维护、管理机制，理顺市政公共产品和服务价格形成机制。深化区县（市）协作，加快推进城市优质资源下沉和延伸，深入实施科技、人才、文创、旅游、交通等西进行动，加大对县（市）的支持力度，促进市区和县（市）协同发展。适时推动行政区划调整。

第二，建设品质城镇。推动城镇建设重心下沉，深化建设一批高品质的小城市、中心镇、特色镇。以小城市标准建设中心镇，深化中心镇改革发展和小城市培育试点，创新和完善中心镇管理体制，赋予与事权相匹配的经济社会管理权限，将中心镇建设作为城乡区域统筹的突破口和区域经济社会中心。按照"一镇一方案"的原则建设特色镇，吸引周边农民进城务工经商，带动周边农村地区发展。积极争取国家新型城镇化综合试点，探索新型设市模式，培育建设镇级城市。

第三，推进拥江布局。依托钱塘江黄金水道，统筹沿江两岸资源，加快建设千岛湖科技城、马目—南峰高新园区、凤川—江南新城、鹿山新区、智慧新天地、钱江新城、钱江世纪城、萧山科技城、大江东产业集聚区（临江国家高新区）、杭州经济技术开发区等重大平台，加强各类高端要素集聚，完善沿江基础设施体系，从"沿江开发、跨江发展"向"拥江布局、一体发展"转变。

第四，打造美丽乡村。科学编制村庄规划，推动乡村规划全覆盖。优化乡村建设布局，以中心村、精品村、特色村、风情小镇创建为载体，打造沿江、沿河、沿湖、沿路环境整治和景观带，形成一批乡村风情带和精品区块。加强农村基础设施建设，深化提升"百村示范、千村整治"工程，深化"杭派民居"示范村建设。提高农房设计水平和建设质量，推进农房改造和危旧房改造。实施村庄生态化有机更新，优化人居环境，重点加强道路、危桥改造、农田水利、改水改厕、垃圾收集、农村电网改造、信息网络、供水和污水处理、抗灾防灾等设施建设。

7. 深化城市有机更新

习近平总书记指出："发展经济是领导者的重要责任，保护好古建筑，保护好传统街区，保护好文物，保护好名城，同样也是领导者的重要责任，二者同等重要。""十三五"时期，杭州需要更好地把握好包容与开放，彰显历史深厚、韵味独特的古都人文魅力，更好传承历史，打造"一河四遗址"五大传统文化名区，做好良渚遗址、临安城遗址等保护、展示、申遗等工作。深入实施"城市记忆"工程，积极挖掘具有地方特色的历史文化资源，积极保护农业文化遗产和工业文化遗产，推动城市有机更新，拾起历史记忆的碎片，使之成为让人"记得住乡愁"的有效载体。坚持"两疏散、三集中"，深入推进主城区城市有机更新，推动低端市场等非核心功能向外疏散，着力强化研发创新、现代服务、商务会展等功能，提升中心城市要素集聚和辐射带动能力。坚持拆除重建、综合整治和拆整结合等多种方式并举，打赢城中村改造五年攻坚战。推动主城区公共服务和配套基础设施改造提升，着力加强存量空间挖潜和地下空间开发利用，统筹推进电力、油气储运以及地下道路、管廊、停车库等公共服务设施建设管理，增强中心城市综合承载能力。推动城北地区提升转型，实施包括望江地区和火车东站周边在内的区块改造。推动"城市病"治理，创新城市治理模式，提高治理能力，体现"城市让生活更美好"。

8. 畅通立体交通网络

以建设交通枢纽和"公交都市"为目标，完善现代化立体交通网络。以"双高""双港"为重点，继续打造长三角南翼综合交通枢纽。以高速铁路

（城际铁路）和对外高速网为重点，加快区域交通设施建设，加快推进杭黄、金华至黄山（金华—建德段）等城际铁路以及都市圈环线（西复线）、临金高速、千黄高速等对外高速路网建设，进一步完善杭州铁路枢纽结构。推进萧山国际机场空港国际化建设，开辟国际航线，加密航班频率，通过空港外接路网建设加强对周边地区的辐射效应，打造国际知名、国内领先的大型区域性航空枢纽；继续深化杭州内河港建设以及与上海、宁波等海运港口协作。以"两张网"为重点，完善和优化城市道路网络系统，缓解主城和副城核心区交通"两难"。城市快速路网方面，进一步优化调整"一绕三纵五横"快速路网，加快研究"两绕四纵五横"快速路网。轨道交通线网方面，努力完成城市快速轨道交通二期建设，加快推进市域轨道富阳线、临安线和杭州都市圈海宁线、绍兴线，完成城市快速轨道交通三期建设规划报批工作并启动建设，建设形成由1号线、2号线、4号线、5号线、6号线以及富阳线和临安线组成运营的市域轨道交通基本网络，加强轨道交通与其他交通方式的换乘衔接。开展现代有轨电车等新型轨道交通方式研究，并适时启动建设，扩大轨道交通服务范围。选取若干试点建设慢生活区，完善城市慢行系统。

9. 加强精神文明建设

兼顾传承和创新，推动物质文明和精神文明协调发展，彰显杭州人文价值，提升城市文化软实力，着力建设"书香城市"。坚持"两手抓、两手都要硬"，坚持社会主义先进文化前进方向，以人民为中心，把社会效益放在首位，社会效益和经济效益相统一，弘扬杭州"最美现象"，深入推进文化名城强市建设。

第一，弘扬城市人文精神。大力培育和践行社会主义核心价值观，深化社会主义精神文明建设。继承和弘扬中国优秀传统文化，加强社会公德、职业道德、家庭美德、个人品德建设，健全发现"最美现象"、弘扬"最美精神"长效机制，持续提升市民文明素质。继续倡导和弘扬"精致和谐、大气开放"的杭州城市人文精神，增强发展的精神动力。充分彰显杭州文化底蕴，倡导全民阅读、全民学习，率先建设"人人皆学、时时能学、处处可学"的"书香城市"。大力发扬"杭商精神"，厚植"敢为人先、敢冒风险、敢争一流、宽容失败"的杭州创业创新文化，让人们在创造财富的过程中，更好地实现精神追求和自身价值。着力推进诚信文化建设，提升全社会信用水平。加强社会主义法治理念教育，全面普及现代法治精神，弘扬法治文化，将法治文化与机关文化、校园文化、企业文化相结合。

第二，彰显古都人文魅力。按照"保护为主、抢救第一、合理利用、强化管理"的方针，建立多层次文化遗产保护体系，进一步完善以国家级名录为重点的梯次结构名录建设体系。健全文物古迹分级保护制度，打造"一河四遗址"五大传统文化名区，做好良渚遗址、临安城遗址等保护、展示、申遗等工作。深入挖掘民间艺术、传统工艺和古老传说等非物质文化，完善非物质文化普查体系、遗产传承体系。围绕"城市国际化"战略，依托"西博会""中国国际动漫节""西湖之春"音乐节等大型文化活动，创新文化交流项目方式，多渠道、全方位展示杭城文化魅力。探索参与"丝绸之路文化产业带"建设的新路径，充分发挥动漫游戏、工艺美术、非物质文化遗产等优势，扩大对外文化交流，扩大文化产品出口，加强文化领域对外投资，加强文化国际传播力建设。

第三，完善文化服务体系。以"完善体系、提升效能、促进均等"为重点，积极构建现代公共文化服务体系，丰富服务内容，创新服务方式，健全服务网络。以深化文化体制改革为契机，鼓励社会力量、社会资本参与现代公共文化服务体系建设。扩大政府采购公益文化产品和服务范围，保障基层群众公平享受基本公共文化生活的权益。大力实施文化惠民工程，重点加强城乡基层文化、普及文化和精品文化建设，扩大公共文化设施免费开放范围。以实体馆为依托，发展数字图书馆、数字文化馆，推动县级数字图书馆虚拟网建设。探索"以需定供"的文化产品供给模式，完善公共文化资源配送和服务平台建设，促进文化惠民项目与群众文化需求有效对接，推动公共文化服务优质化。

第四，推进文化产业发展。促进传统媒体与新兴媒体融合发展，充分利用信息技术、现代技术创新传统媒体，构建现代媒体传播体系，提升主流媒体竞争力。推动数字内容、网络媒体、网络文化和新媒体创新发展，加大对新传媒的引导和扶持，创新发展影像文化、媒体文化。加强网络文化建设，把互联网作为新兴文化交流的主阵地，营造良好的网络环境。进一步推动文化资本、人才、产权、信息、版权、技术等要素平台发展，加强交易品市场、艺术集市等文化产品市场建设，促进文化资源和要素自由流动。建立健全现代文化市场体系，规范文化市场监管体系，通过加强法规建设、版权保护等手段促进文化市场规范化发展。

10. 推进军民深度融合

习总书记指出："经济建设与国防建设同为国家的两大职能，同为我国现代化建设的两大战略任务，同为综合国力的重要内容。坚持以经济建设为中心，并不意味着可以延缓国防建设的进程。"杭州探索建立军民融合领导机构，健全军民融合发展的组织管理体系、工作运行体系、政策制度体系，充分发挥杭州制造业的优势，依托包括机器人、航空设备、海洋工程、环保工程和新材料在内的优势特色产业，建立国防科技协同创新机制，加快形成一批军民融合创新示范项目，打造军民融合创新区。

第一，推动经济建设和国防建设融合发展。加强与军工央企、科研机构开展军民两用技术研发交流，探索军民科技协同创新体系，积极争取军民融合创新示范区。引进军工产业优质资源项目，积极争取网络空间、车辆、机电装备、航天设施、自动控制等领域"军转民"。发挥杭州民用产业优势，鼓励优势民企参与承担国防技术装备及军品核心部件乃至整机的科研生产，推进军事需求重点领域或产业"民参军"。推进华创科技创新成果产业转化中心发展，促进军民资本和技术的对接。

第二，健全军民深度融合发展的体制机制。加强党管武装工作，加强规划引领和资源整合，完善工作机制和政策措施，争创具有杭州特色的军民融合改革创新示范区，形成全要素、多领域、高效益的军民深度融合发展格局。以基础设施建设、产业发展、科技创新、力量建设、社会服务为重点，以军地急需、操作性强的具体项目为抓手，推进重点产业"民参军""军转民"，实现兴市富民与强军强武互促共赢。加强国防动员和后备力量建设，构建大国防教育体系。深化双拥模范城（县）建设，增进军政军民团结。

案例一

钱江新城：杭州城市有机更新的先导工程

钱江新城是杭州城市发展从"西湖时代"迈向"钱塘江时代"的主标志。钱江新城区域位置优越，距离西湖风景区仅约4.5千米，距离萧山国际机场仅约18千米。规划用地面积21平方千米，分成两期滚动实施，一期约15.8平方千米，二期约5.2平方千米。其中，清江路、秋涛路、庆春东路和钱塘江围合而成的4.02平方千米是钱江新城核心区，功能定位是要成为长三角南翼区域中心城市的中央商务区，杭州政治、经济、文化新中心。如果要用一把标尺衡量杭州城市的发展变迁和有机更新，钱江新城崛起无疑就是最为重要的选项。经过15年的持续开发，钱江新城已从钱塘江畔一个无人问津之地，发展成为如今聚集百万人才的创新之城、生态之城、和谐之城。

一、钱江新城的建设背景

中国处在快速城镇化的发展阶段，城乡关系处在剧烈的变动之中：从人口角度看，这是农村人口向城市集中、农民变市民、城市人口不断增长的过程；从景观角度看，这是城市向周边地区扩散、农村变城市、城市规模不断扩张、新兴城镇不断涌现的过程；从社会角度看，这是城市文明向农村地区传播，城市生活方式、组织方式、管理方式取代农村生活方式、组织方式、管理方式的过程；从经济角度看，这是生产要素向城市集聚、城市生产方式取代农村生产方式的过程。

处在这一快速城镇化阶段，中国城市发展既有更大的机遇和更大的动力，又要克服现代"城市病"的诸多挑战。城市发展质量和水平重要程度日益凸显，决定了城镇化乃至经济社会发展的可持续性。杭州作为中国东部沿海发达城市和浙江省省会城市，城市流入人口更多，无疑将会面临更大的推动城市发展和提升城市质量的责任，需要立足自身实际，借鉴国际经验，创新理念，创新思路，创新实践，推进"城市有机更新"。建设钱江新城则是杭州城市发展由"西湖时代"迈向"钱塘江时代"的"先导工程"，顺应了杭州城市有机更新的时代需要。

从国际背景看，随着经济与科技的发展和全球化时代的到来，全球制造业中心的东移，长江三角洲地区将成为新兴的世界制造业基地，面临着前所未有的发展机遇。长三角南翼的杭州也将遵从全球性的惯例和游戏规则，参与全球性的竞争与合作，并在全球经济活动中扮演着一定角色，成为这全球网络之中的一个闪亮结点。定位为现代CBD（中央商务区）的钱江新城，将是世界了解杭州乃至浙江全省的窗口和杭州走向世界的跳板，是内外交流和发展的桥梁。钱江新城将是展示杭州、浙江乃至中国的重要标志之一，将成为代表中国的形象。

从区域背景看，长三角经济一体化发展成为必然趋势。杭州需要抓住这一发展契机，主动接轨上海和参与长三角区域一体化。同时，杭州面临诸多层面、激烈而又复杂的区域竞争。作为长江三角洲地区的副中心城市、省会城市，杭州需要更加主动承担带动全省经济发展和辐射周边省市经济的历史使命。钱江新城作为杭州市乃至浙江省的中央商务区，可以发挥进一步增强杭州集聚和辐射功能的重要作用。钱江新城作为CBD，应当是杭州的行政、商务、金融和信息中心；其定位不仅仅是民营企业总部基地和信息基地，更应当是杭州的生产指挥、经济运行中心。

从历史背景看，杭州城市始终定位于江湖之间，东、南受制于钱塘江，西面受制于西湖群山和西溪湿地，形成"三面云山一面城"的城市空间形态。随着杭州城镇化加速推进，这种城市空间形态的弊端日益显现，包括发展空间不足、环境质量下降和道路交通拥堵在内的现代"城市病"日益加剧。由此，杭州城市发展需要从"西湖时代"迈向"钱塘江时代"。钱江新城处在钱江二桥与三桥之间的两岸地域。加快钱江新城建设，可以带动沿江经济发展，引导城市人口向东向南转移，实现"保老城、建新城"的良性互动，使现代化大都市与历史文化名城和谐共生。

二、钱江新城的经验做法

钱江新城按照打造"杭州CBD、天堂新地标、服务业主平台"的总目标，坚持高起点规划、高标准建设、高强度投入、高效能管理"四高"方针，坚持"办事不出新城、资金自求平衡"准国家级开发区管理体制，以"现代、开阔、大气、高度"为核心追求，充分蕴含杭州的灵气、文化、历史、个性和特色，坚持基础设施建设与招商引资并举，坚持大项目带动战略。"十二五"期间，钱江新城核心区中轴线两翼标志性建筑基本建成，基本呈现"日月同辉、天圆地方"的城市地标。

（一）坚持高起点规划

规划是引领城市建设与发展的龙头，也是抓好城市管理的第一环节。坚持规划优先、规划先行，创新规划理念，整合规划资源，提高规划水平，确保规划的超前性、科学性、综合性、权威性，体现城市发展的整体性与延续性，实现西湖、钱塘江与新城和谐统一，时代特征、杭州风格、钱塘江特色有机结合，充分展示"现代、大气、豪迈"的大都市风貌。钱江新城建设之初坚持高起点规划的要求，引进和借鉴国际国内CBD先进规划经验，按照城市管理的要求，包括城市路网系统、河道系统、绿化景观系统、地下管线系统、地下空间、公共空间、亮灯规划、停车场（位）配置、地铁站点设置、公交首末站设置、公共自行车定点、管理用房布点、公共服务设施配置、城市家具设置在内的城市各个系统进行提前布局，超前规划和建设，使得钱江新城充分体现具有"杭州特点、钱江特色、时代特征"，并为新城高标准建设、高效能管理奠定基础。

（二）坚持高标准建设

钱江新城各个项目建设过程之中，以打造"世纪精品、传世之作"作为标准，建设一批高品质的城市建筑和完善的基础配套设施。包括市民中心、杭州国际会议中心、杭州大剧院、城市阳台和波浪文化城在内的核心区中轴线五大社会公建项目建筑，成为新城核心区管理的主要对象。此外，构筑完善的城市道路体系，先期建设5个地铁站点，庆春路过江隧道建成通车，形成外连内畅、立体式综合交通网络。建设城市地下公共停车库、公共管廊，构造起庞大的包括地下交通、商业、文化、停车和人防在内的综合性开发空间，同时还为社会提供将近3000个公共地下停车位。实施"环境立城"战略，建成"三园两带一廊"，绿地达到200余万平方米。另外，完成包括公交站亭信息牌和信息柱在内的城市家具和服务设施。

（三）坚持高强度投入

2001年钱江新城正式启动建设以来，资金投入累计超过千亿元，其中政府项目投资约占三分之一，社会项目投资约占三分之二，开发总量超过800万平方米。其中，杭州大剧院作为亚洲舞台设备最为先进的标志性文化设施之一，居于亚洲同类建筑领先地位。杭州国际会议中心作为亚洲规格最高的国际会议场所之一，是全国最大的钢结构球形建筑。杭州市民中心作为亚洲规模最大的连体建筑，展现"天圆地方、广宇六合"的文化理念。波浪文化城作为中国最大的单体地下综合商业空间，成为"中国的地下银座"，引领中国立体都市发展潮流。浙江财富金融中心是一座集甲级智能办公和商业于一体的综合大楼，项目投资约为20亿元。华润新鸿基万象城占地9.95万平方米，建筑规模达到80万平方米，投资超过50亿港元港币。

（四）坚持高效能管理

根据中共杭州市委、杭州市人民政府《关于进一步加快钱江新城建设和发展的若干意见》明确：钱江新城管委会在钱江新城范围内行使市政府委托的管理权限，牵头组织开展钱江新城范围内规划管理、城市建设、城市经营和招商引资等工作，并承担相应的责任和义务。根据钱江新城开发建设进程，江干区、上城区具体负责钱江新城管委会开发范围内集体土地的征地拆迁、农居安置、城市管理等工作。这一意见规定明确了钱江新城管委会在城市管理中所承担的责任内容，奠定"属地城区为主，新城为辅"的基本工作原则。由此，根据杭州市委文件精神，形成"政府主导、市场化运作、社会化管理"的体制，明确城市管理"属地为主、多方配合"的思路，管理范围内的日常管理协调工作由属地城区政府负责，并建立联席会议机制，成立综合管理协调领导小组，定期召开工作例会，妥善解决管理问题，形成了"市、区、管委会、管理单位"四级联动，分工负责、无缝衔接的管理机制，使得城市管理"有钱办事""有人办事""有法办事"和"有设施办事"，提升城市管理水平。

三、钱江新城的建设成效

经过15年建设，钱江新城建设取得引人瞩目的建设成果，让人民群众共享城镇化带来的好处和实惠，让人民群众拥有与经济社会发展水平相对应的幸福感和满意度。一是钱江新城已经成为现代化CBD，不仅在建筑风格、交通设施之上体现现代化风格，还要引入当今世界的最新发展理念和科技最新成果，充分运用信息技术打造"电子化中央商务区"，形成自身特色。二是钱江新城已经成为综合化CBD，具有服务产业发展的综合功能，经济、社会、教科文卫协调发展。三是钱江新城已经成为生态化CBD，突出产业生态化和城市生态化，更加注重环境、资源的约束，注入节能、节约、经济循环的元素，构筑人与自然更加和谐的人居环境。由此，钱江新城对于全市发展形成越来越大的成效。

（一）提升了城市产业结构

随着城镇化的进展，城市发展迫切需要减少环境污染、破解要素制约、提升城市服务功能，大力发展新型都市工业、高新技术产业和现代服务业。钱江新城顺应杭州城市发展的这种迫切需求，集行政办公、金融、贸易、信息、商业、旅游和居住在内的各种功能于一体，形成商务办公区、证券金融中心、行政办公区、文化休闲区、商业娱乐综合区、滨江游憩区和精品商住区的综合产业布局，引进世界500强、央企、国企、著名浙商、杭商，做好总部经济、金融经济、智慧经济三大文章，综合服务、生产创新和要素集散功能得到充分发挥。

（二）优化了城市空间形态

杭州原来"三面云山一面城"的城市空间形态，使得杭州城市只能"螺蛳壳里做道场"，城市建设只能"摊大饼"。钱江新城的成功建设，有效地推动杭州城市向东、向南扩展，吸引城市人口、产业向东、向南转移，疏解旧城人口密度，缓解交通压力，改变了杭州长期以来以西湖为核心的团块状空间形态，代之以钱塘江为轴线的分散组团式形态，实现城市格局由"三面云山一面城"向"一江活水穿城过"转变，从而奠定了杭州城市"一主三副六组团"和"两条轴线、六条生态带"的大都市格局的基础。

（三）保护了历史文化名城

杭州是国务院首批命名的国家历史文化名城、中国七大古都之一，历史文化积淀十分深厚。然而，城镇化进程之中，保护与发展、保护历史文化遗产与改善人民生活不可避免地发生冲撞。杭州这座历史文化城市留给人们的历史和文化的记忆愈来愈少。随着钱江新城建设的成功推进，有效地疏散老城的功能、产业和人口，从而改善了老城环境，推进了西湖综合保护工程、西溪湿地综合保护工程和运河综合保护工程。同时，通过钱江新城的建设，引导沿江地区土地的高效率开发，使得城市发展从"拆旧城，建新城"的旧模式过渡到"保老城，建新城"的新模式。

（四）改善了城市生态环境

城镇化进程之中需要保护生态环境，让杭州天更蓝、水更清、山更绿、花更艳、老百姓寿命更长，真正做到既要"金山银山"又要"绿水青山"。钱江新城注重生态景观，针对钱塘江防浪墙的特点，运用城市阳台的理念，形成江边生态带，最大限度地接近水体；充分利用区域内外的丰富水系，沟通诸多水体，体现杭州以"水"闻名于世的城市特征。新城绿化结合区内水系的布局，强调绿化的系统性和网络性，注重商业旅游功能与绿化功能的复合，关注广场、道路、街景、雕塑、喷泉及河道景观绿化等的设计与建设，着力营造诗意般的城市栖居空间。

（五）彰显了城市个性特色

一座有个性、有特色的城市，才是一座有吸引力、生命力、竞争力的城市。钱江新城，是建在江面宽达1000米，比黄浦江甚至还宽1倍的钱塘江畔。因此，钱江新城从大范围、大尺度、高视点的角度，体现现代城市以高层建筑群为核心的特色。在建筑风格上，以香港中环和纽约曼哈顿为标榜，并在建筑的"高度""亮度"和"密度"三方面达到世界一流水平。重点突出100米以上的超高层建筑群，最高天际线可以达到300余米。不仅完美体现杭州作为国际化大都市的风貌，也尊重西湖"三面云山一面城"的历史格局，形成钱塘江的大气和西湖的秀美之间的强烈反差，并与之交相辉映，形成至美境界。

（六）提升了城市管理水平

一是坚持制度化、系统化管理。根据属地城区的管理职责与分工，出台综合管理工作方案，制定实施《广场（公共区域）管理办法》，引入 ISO9001 质量管理体系，推行包括一站式服务、首位责任制、零打扰服务、限时服务在内的一系列制度，提高新城核心区物业的系统化管理水平和效率；对在建工程项目，严格按照标准化工地和省市安全文明施工要求，做好施工中扬尘、噪音、渣土、围墙等施工形象管理，维护良好市容市貌。二是推行网格化、动态化管理。对管理区域进行网格化划分，分片负责、包干到位，同时注重重点部位。为强化工作监督，在物业管理上采取工作人员自查、主管巡查和经理抽查相结合的方式，保证"服务、管理、责任"三到位，对在建项目，组织定期例会，开展不定期检查，加强安全文明施工和进度控制，并做好服务工作。三是实施人性化、开放式管理。人性化体现在推出包括微笑服务及一站式服务、零打扰服务、专人导引服务、观光讲解在内的服务，设置公共休憩设施，树立提示标志，从而可为广大市民和游客营造宽松愉悦的游览、观光、休憩环境。"开放式"体现在除了危险或未开放区域之外，所有场所开放，让广大市民和游客自由游览，充分领略钱塘江畔的美丽风景和核心区中轴线的壮美建筑景观，充分共享新城建设的成果；所有活动开放，凡由新城举办的大型文艺演出等活动，一律对外开放，实行"无栏杆"管理，充分尊重前来游览的每一个人，无论是本地市民，还是外来民工，或是外地游客。

案例二

区县协作：杭州区域协同发展的机制创新

统筹城乡区域发展过程之中，杭州充分发挥五县（市）人力资源、发展空间和生态环境方面优势，着力接长"短板"，不断挖掘潜力，使五县（市）加快发展的过程成为转变经济发展方式和城乡发展方式的过程，成为共建共享全面小康社会和"东方品质之城"的过程，推动城乡区域互为资源、互为市场、互为补充、互促共进。[1]为此，杭州根据产业带动性和地域相连性原则，建立了城区与县（市）全面协作、联动发展的机制，由八城区和杭州经济技术开发区、西湖风景名胜区、钱江新城，与五县（市）对口建立协作关系。其中，萧山区、上城区与富阳市协作，余杭区、下城区与临安市协作，江干区、杭州经济技术开发区与建德市协作，西湖区、西湖风景名胜区、钱江新城与淳安县协作，拱墅区、杭州高新开发区（滨江）与桐庐县协作。并且，这轮协作关系是从2011年到2015年，重点是推进规划共绘、产业共兴、资源互动、环境共保、品质共享。

一、区县协作的主要做法

根据杭州市委、市政府的布置， 2011年上半年，杭州各区县先后建立协作工作机构，建立市领导联系指导和区县干部挂职制度，签订区县协作协议，落实资金保障，健全联席会议与联络员制度，推行量化考核、督办交办与督查通报考核机制，坚持以基础设施、产业发展、文化教育等项目协作为

---

[1] 需要说明的是，2015年2月，富阳撤市建区，杭州西部县市减少成为四个，包括桐庐、临安、建德和淳安。为了叙述方便和尊重历史，这里仍旧维持五县（市）的说法。

载体，积极开展县（市）、乡（镇）双层协作，初步形成市域范围内全覆盖、高强度、紧密型的区县协作机制，搭建了强强联合、互惠共赢的协作平台，切实推动城乡区域协调发展。

（一）创新统筹理念，强化组织保证

各区县始终围绕城乡区域一体化，创新各项工作理念，坚持以"十七个统筹"[1]作为协作的基本手段，把统筹的理念始终贯穿于经济、社会、政治、文化各个领域，通过全市一张图（规划）、一套政策、一套机制、一套考核办法，实现以城带乡、以乡促城、整合发展、协作发展。2010年8月，杭州成立由市委市政府主要领导挂帅、62个市级部门参加的城乡区域统筹发展工作委员会，下设办公室和区县（市）协作、产业发展、中心镇建设、中心村建设、土地综合整治、"三江两岸"环境治理、农村公共文化建设等7个推进领导小组。同时，建立市领导联系区县（市）协作制度，由市委市政府领导组成5个指导组，分别指导各协作组开展工作，并且每人负责联系一个中心镇。同时，由11个城区分别协作5县（市），成立5个协作组，并分别建立联络小组派驻对口县（市）挂职，负责协作双方的联系沟通等工作。每个联络小组由3名干部组成，组长由牵头联系区选派1名副处级干部担任，并挂职对口协作县（市）担任党委办、政府办和统筹办副主任，让城区（领导干部）直接参与到县（市）经济社会各项决策之中。

（二）兼顾县乡两个层级，开展区县乡双层协作

通过全市统一布置，并在区县（市）层面，分为五个一级协作组。其中，萧山、上城协作富阳，余杭、下城协作临安，西湖区、西湖风景名胜区

---

[1] 即统筹城乡区域规划、统筹中心城市规划建设、统筹中等城市规划建设、统筹小城镇规划建设、统筹农村新社区规划建设、统筹土地节约集约利用体制改革、统筹城乡基础设施建设、统筹现代农业发展、统筹现代工业发展、统筹现代服务业发展、统筹农村新型集体经济发展、统筹资源要素配置、统筹生态文明建设、统筹城乡社会事业发展、统筹城乡劳动就业、统筹城乡社会保障、统筹城乡管理和社会治理。

和钱江新城协作淳安，江干区和杭州经济技术开发区协作建德，拱墅区和滨江区协作桐庐。通过这种协作分工，也就形成区县（市）强强联合，"二对一"[1]协作，强化高层对接，促进区县（市）间直接交流、协作、互动和共赢。另外，乡镇层面，城区乡镇（街道）（包括部门、园区或企业）相应协作县（市）乡镇（街道），通过镇街（部门、园区或企业）与五县（市）乡镇（库区管委会）结成协作对子，从而形成了市域范围内全覆盖、高强度、紧密型的区县（市）协作总体框架，初步搭建了"层级对等、部门配合、企业参与"的协作架构，为统筹城乡区域协调发展奠定了更加全面的行政组织框架。

（三）突出经济协作，制定产业共兴战略

首先，尊重市场经济规律，从市级层面促进城区资金、技术、人才、信息等生产要素向县（市）合理流动，鼓励城区企业参与县（市）资源开发利用，吸纳农村富余劳动力转移就业。同时，构筑区、县（市）协作交流平台，开展招商引资，组织资源对接，推介投资项目，使县（市）成为城区的产业拓展基地、科技孵化基地、技术辐射基地、休闲度假基地、科技实验基地、教育体验基地和养生养老基地。其次，围绕产业转型升级，按照区域功能定位，抓住主城区结构调整的机遇，引导城区制造业、农产品加工业、休闲旅游业、现代服务业和创意产业等向县（市）转移；结合中心镇建设，区、县（市）共建产业集聚平台，引导城区产业项目向县（市）转移，加快城乡互动、错位发展。最后，通过区县（市）合作解决区域、流域环境问题，共同保护千岛湖、新安江、富春江、钱塘江水域和青山湖、苕溪、运河水域生态环境，全力打造生态型城市和山水园林城市。

---

[1] 指两个城区协作一个县（市）。其中，淳安县经济较薄弱，为两个城区和一个管委会协作一个县。

（四）强化中心镇建设，推进农村城镇化

推进城乡协调发展过程之中，杭州按照"一年上轨道、有亮点，三年初见成效，五年大变样，十年根本改变面貌"的要求，总体规划、突出重点、设计载体、整体推进。一是突出中心镇建设。按照建设新型小城市的要求，强化中心镇人口和产业集聚，重点建好27个中心镇。到2015年，中心镇镇区人口规模超过2万人，成为产业特色鲜明、生态环境优良、社会事业进步、功能设施完善的县域重要经济中心。规划5年内引导80万人口进入城镇和中心村。杭州市本级已经出台《中心镇培育实施意见》、《中心镇建设规划》和《中心镇培育小城市》等重要文件，各区县（市）也出台相应配套性文件，各地中心镇基础设施、产业平台、人口集聚工程得到全方位展开。二是加快中心村、特色村建设。按照浙江省委《关于加快培育建设中心村的若干意见》精神，结合"美丽乡村"和"风情小镇"建设，重点培育200个中心村，着力打造一批特色镇和特色村，使之成为统筹城乡发展的重要节点。三是突出"三江两岸"生态建设。发挥钱塘江、富春江、新安江"三江"流域一级水源保护区，国家级风景名胜区，国家级自然保护区和国家级森林公园等综合优势。通过科学规划、积极保护，综合整治、有序建设，构建"三江两岸"生态景观带和人文景观带，勾画新时期的"富春山居图"。

（五）围绕各自优势，不断拓展协作领域

各个协作组在深入开展产业平台建设、促进区域经济发展的同时，积极开展规划、教育、卫生、环保、劳动、党建、城管等领域的协作活动。一是教育协作全面展开。城区学校与对口县（市）学校结成教育互助共同体。二是党建协作有声有色。各协作组普遍建立区县（市）协作党员干部教育培训基地、干部党性锻炼实践基地。三是干部交流有序进行。五县（市）派遣干部到协作区挂职锻炼，各业务部门也在推进干部交流。四是人力资源交流活动频繁开展。五个对口协作县（市）全面开展城乡统筹、区县（市）协作人

力资源交流活动，组织招聘企业，推出就业岗位，展示创业项目。同时，帮助县（市）受培训人员转移就业。

二、区县协作的主要成效

区县（市）协作作为统筹城乡区域的重要推动机制，从而激发了"市辖县"体制活力，扩大了中心城市对所辖县（市）及其乡镇（街道）的辐射力，促进了区和县（市）之间的整合力，取得了"以城带乡、区域协同"的良好效应。

（一）借力工作平台，加强了各行政层级之间的工作紧密度和协调度

在"省管县"和"市辖县"两重行政管理体制下，基于人事权和财政权的双重约束，地级市作为中心城市或特大城市（或者是省会城市），对所辖县（市）的管理权力和带动义务极不相称，实际应有的辐射带动能力也没有发挥出来。在此背景下，区县（市）协作机制作为推进杭州城乡区域一体化的重要工作平台，构建了多层级、互动性、紧密型的行政、经济、社会发展的工作机制。一是每个杭州市级领导挂钩一个区、县（市），通过视察、调研、检查、督办等方式，及时掌握区县（市）协作进展情况，及时解决区县（市）在统筹城乡区域过程中遇到的实际困难与瓶颈，加强了市级政府对县（市）工作的指导作用，有效地促进了全市统筹城乡区域工作的进程。二是城区与县（市）的"二对一"协作，建立了"政府自觉"与"社会互动"的区域联盟。通过互派干部挂职、互相商议协作方式、项目引进、资金管理、人才流动等高层协作互促，共同参与五县（市）城乡规划、产业发展、环境保护、民生保障等重大决策和管理，推动了县（市）政府与城区政府之间的互动，构建了相对紧密型的市级与区（县）、城区与县（市）的工作关系，推进了城区管理理念、行政方式、资源要素向五县（市）转移，提高了五县（市）行政效率，加快了五县（市）融入主城区的进程。三是城区部门、街

道与五县（市）乡镇（街道）对接协作，通过把城区部门和街道的特色资源、管理方法以及工作作风带到五县（市）的基层，提升了五县（市）基层组织的发展动力、活力与创新力，从而形成了"层级对接、部门互动、上下联动"的区域工作机制。

（二）通过项目协作，促进基础设施和公共服务向五县（市）转移

五县（市）与杭州主城区之间的区域差距主要表现为发展条件、发展能力方面的差距，而发展条件和发展能力上的差距又主要表现为基础设施和公共服务两大短板。因此，弥补五县（市）基础设施和公共服务的"木桶"效应是本轮区县（市）协作的重中之重。首先，协作资金主要投放在基础设施建设上。基础设施协作之中，各城区以五县（市）县城和小城镇为节点，重点新增或为小城镇配套建设一些具有全局性、集聚型、生态型的基础设施项目。例如，由萧山区协作的富阳龙门镇、常安镇精品特色休闲线路：龙门镇瑶坞—永安山—杏梅坞道路工程，投入协作资金1250万元；由江干区与杭州经济技术开发区协作的建德市游泳健身中心游泳馆、健身馆建设，建筑面积12519平方米，投入协作资金1200万元；由滨江区和拱墅区分别协作的淳安县城农民集聚一、二期工程，建设面积17700多平方米，投资资金4000万元。此外，在杭州市政府积极引导下，借力市场力量，进一步推进基础设施向五县（市）覆盖。例如，目前杭州已规划2012年到2020年，分期开通五县（市）管道天然气，目前杭州至富阳段管道天然气的高压管线已建成，富阳高中压调压站已完成施工图设计。这项工程的完成，将大大降低杭州市域范围内环境NO_X、SO_2、TSP（总悬浮颗粒物）、单位温室气体（CO_2）的排放量，大大改善杭州城市的环境质量，为杭州打造绿色低碳城市提供技术保障。

（三）实施小城镇建设，提高市域城市化水平

在新型城市化主导下，各协作组重点协作网络化市域城市空间架构中的小城镇建设，取得显著成效。一是继续深化网络化大都市的杭州市域城市空间体

系。即深化"中心城市—中等城市—小城市—中心镇—特色镇—中心村—特色村"架构下的中心镇建设，并在27个中心镇中重点培育条件相对成熟的4个小城市。各城区协作五县（市）贯彻实施杭州市委、市政府关于《中心镇培育实施意见》，扎实推进《杭州市"十二五"中心镇发展规划》的新编和修编，进一步明确中心镇发展目标、空间布局、发展定位、主要任务和保障措施。各中心镇制订了五年培育方案和小城市试点三年行动计划，从而在全市范围内形成了小城镇建设的浓厚氛围，为分散大中城市的人口、交通压力，为承接大中城市的产业梯度转移提供了切实的平台和载体。其中，中心镇党政主要负责人，根据工作需要可由县（市）党政领导班子成员兼任。符合条件的中心镇主要负责人，可以享受副县（市）级待遇的政策极大提升了中心镇的政治地位、决策参与度，提振了中心镇建设的领导力。二是尽量把协作资金纳入中心镇重大项目建设。例如，富阳把协作资金的80%用于新登、常安等4个重点小城镇，建德市将协作资金中的1000万元用于寿昌镇垃圾填埋场（二期）建设。三是为了中心镇人口集聚，各中心镇以村庄整治、农房改造和土地整理为切入点，加大"三个置换"力度，加快"三个集中"和"三大转变"进度，有效保障了向中心镇和中心村转移80万人口的用地空间。

（四）产业协作亮点纷呈，县（市）产业结构进一步优化

在区域一体化理论指导下，各区县（市）以区域经济一体化为主要抓手，以区域产业分工与专业化发展为导向，通过政府协作与市场机制相结合，促进城区产业向五县（市）有序转移，县（市）产业集聚能力得到明显增强，产业结构得到明显优化。具体的，一是构筑五县（市）产业集聚平台。按照"十二五"时期要求，每个协作组建设2个产业集聚平台。其中，富阳市与萧山区、上城区协作，5年内帮助富阳建立机械制造、汽车配件、钢构网架、纺织化纤、电子机械等3个以上产业集聚平台。二是实现农产品进城和工业品下乡互动。为了推动五县（市）优质农产品进城，各协作城区推出了直接采购、定点直销、展示展销等多种举措。同时，城区企业也主动下乡寻找商机。三是推进城区与县（市）现代服务业协同发展。现代服务业协作既是五县（市）最适宜发展的产业，也是城区需要寻找第二发展空间的优势产业，是实现城乡资源共享、利益均沾的重要结合点。其中，西湖区、杭州市旅游集团与淳安县达成合作投资10亿元开发千岛湖高档旅游休闲项目；杭州众联文化产业机构与富阳市签订了投资总额1.8亿元杭州龙门客栈创意生态园建设项目协议。四是现代农业发展有效拓展。桐庐、淳安、萧山区江东、余杭区金山4个省级生态循环农业示范县（区）顺利创建。充足的农业资金、先进农业技术和现代管理人才进入五县（市），既充分利用了五县（市）相对丰富的农业土地资源，促进了五县（市）农业规模经营，带动了五县（市）农民增收致富，又拓展了区域企业的发展空间和盈利水平。这些产业发展互动，实质上带来的是产业互动与消费互动的有机结合，是"用你的优势解决我的问题、用我的优势解决你的问题"，是一种以利益为纽带的互惠共赢。

第四章
绿色发展理念在杭州的实践

　　绿色发展不仅是人类社会发展的必然趋势，也是增强综合实力和国际竞争力的必由之路。党的十八大把生态文明建设纳入中国特色社会主义事业"五位一体"的总体布局，提出建设"美丽中国"的战略目标。五中全会进一步强调，实现"十三五"时期发展目标，必须牢固树立并切实贯彻"创新、协调、绿色、开放、共享"的发展理念，并提出："坚持绿色发展，必须坚持节约资源和保护环境的基本国策，坚持可持续发展，坚定走生产发展、生活富裕、生态良好的文明发展道路，加快建设资源节约型、环境友好型社会，形成人与自然和谐发展现代化建设新格局，推进美丽中国建设，为全球生态安全做出新贡献。"近年来，杭州确立"绿色发展""环境立市"战略，大力实施"蓝天、碧水、绿色、清静"工程，推进生态市建设，城市生态环境明显改善。联合国人居奖、国际花园城市、全国绿化模范城市、全国环境综合整治优秀城市等称号花落杭州……这里山清水秀、天蓝地净、绿色低碳、宜居舒适、道法自然、幸福和谐，生态美、生产美、生活美，是"美丽中国"的先行区。2016年9月4—5日杭州圆满完成了G20峰会举办任务，是践行"绿色发展""绿水青山就是金山银山"科学论断的最好诠释。

一、绿色发展理念的历史必然性

从18世纪中叶开始，人类社会三次工业革命带来了物质财富的极大丰富，短短两百多年间所创造的财富远远超过了农耕文明几千年的财富总和。然而，这种粗放的工业文明发展模式极大地破坏了自然环境，造成了人与自然的尖锐矛盾。自然灾害频发、环境污染加剧、各种资源枯竭，这种发展模式是不可持续的。进入 21 世纪，人类社会进入第四次工业革命，即绿色工业革命，发展模式将从前三次工业革命的"黑色发展模式"转向全面的"绿色发展模式"。[1]2010年4月，习近平同志出席博鳌亚洲论坛开幕式并发表演讲时就鲜明地指出："绿色发展和可持续发展是当今世界的时代潮流。"当今世界，在日趋激烈的竞争环境下，各国都在努力寻找新的发展引擎，打造新的经济增长点，绿色发展是重要的抓手和目标。

所谓绿色发展，是在综合考量生态环境容量和资源承载能力的前提下，倡导保护自然环境、实现人类可持续发展的一种新型发展模式。它强调"经济—自然—社会"三者的和谐发展，力求在经济系统实现"绿色增长"，在自然系统积累"绿色财富"，在社会系统提升"绿色福利"。正如习近平同志指出的那样："我们追求人与自然的和谐、经济与社会的和谐，通俗地讲，就是要'两座山'：既要金山银山，又要绿水青山，绿水青山就是金山银山。"近几年来，习近平同志关于绿色发展的思想和理念日臻完善，他把马克思主义生态理论与当今时代发展尤其是我国经济社会发展阶段性特征相结合，提出的绿色发展新理念，为中国社会的可持续发展指明了方向，在今后相当长的时期内，将指引我们更好地实现人民富裕、国家富强，在人与自然的和谐相处中，实现中华民族的永续发展。

---

[1] 胡鞍钢，周绍杰：《绿色发展：功能界定、机制分析与发展战略》，《中国人口·资源与环境》，2014 年第 24 卷第 1 期。

（一）绿色发展是中国经济社会可持续发展的必然选择

1. 绿色发展是最重要的民生问题

为政者必须高度关注民主问题，回应民众的诉求。随着经济社会的发展和人民生活水平的提高，人们对生态环境的要求越来越高，生态环境质量在幸福指数中的地位不断凸显。人民群众渴望获得干净的水、清新的空气、安全的食品、优美的环境。然而，粗放的经济发展模式和发展理念造成我国生态环境质量恶化，成为影响人们生活质量的一块短板和突出的民生问题，民众对此的呼声和诉求日益强烈。习近平同志指出，良好生态环境是最公平的公共产品，是最普惠的民生福祉。生态环境一头连着人民群众生活质量，一头连着社会和谐稳定；保护生态环境就是保障民生，改善生态环境就是改善民生。由此可见，习近平同志的绿色发展理念以惠民为基本价值取向，彰显了我们党对新时期惠民之道的深刻认识，也是"坚持人民主体地位"的切实体现。绿色发展理念的根本宗旨在于改善人们的生存环境和生活水平，提升民众的幸福感，它是我国实现全面建成小康社会奋斗目标、推动经济社会持续健康发展必须遵循的理念和要求。习近平同志指出："我们将继续实施可持续发展战略，优化国土空间开发格局，全面促进资源节约，加大自然生态系统和环境保护力度，着力解决雾霾等一系列问题，努力建设天蓝地绿水净的美丽中国。" 通过绿色发展，提升绿色福利，创造良好的生态环境，着力解决人民群众密切关注的民生问题，是绿色发展理念的出发点和基本要义。

2. 绿色发展是美丽中国的实现途径

从"盼温饱"到"盼环保"，从"求生存"到"求生态"，美丽中国是当代中国人的新梦想，而绿色发展正是实现这个梦想的必由之路。习近平同志指出，走向生态文明新时代，建设美丽中国，是实现中华民族伟大复兴的中国梦的重要内容。党的十八大报告首次强调建设美丽中国，并把生态文明建设放在了突出地位，尤其强调了在经济建设、政治建设、文化建设、社会建设中生态文明的融入。习近平同志强调："经济发展、GDP数字的加大，不是我们追求的全部，我们还要注重社会进步、文明兴盛的指标，特别是人文指标、资源指标、环境指标；我们不仅要为今天的发展努力，更要对明天的发展负责，为今后的发展提供良好的基础和可以永续利用的资源和环境。"党的十八届五中全会及时提出了绿色发展的理念，强调必须坚持节约资源和保护环境的基本国策，坚持可持续发展，坚定走生产发展、生活富裕、生态良好的文明发展道路，加快建设资源节约型、环境友好型社会，形成人与自然和谐发展现代化建设新格局，推进美丽中国建设，为全球生态安全做出新贡献。绿色发展强调人与自然和谐共生，社会低碳循环发展，全面节约和高效利用资源，加大现有环境的治理力度，筑牢生态安全屏障，这些理念和措施为建设美丽中国插上了腾飞的翅膀，使得中国梦的实现有了切实的途径和可靠的保障。

3. 绿色发展是经济发展方式的转变

绿色、低碳、循环发展是当今时代科技革命和产业变革的方向。我国目前正处于调整优化经济结构、转变经济发展方式的重要历史阶段，经济发展模式要从低成本要素投入、高生态环境代价的粗放模式向创新发展和绿色发展双轮驱动模式转变，绿色发展是必然的选择。习近平同志指出："建立在过度资源消耗和环境污染基础上的增长得不偿失。我们既要创新发展思路，也要创新发展手段。要打破旧的思维定势和条条框框，坚持绿色发展、循环发展、低碳发展。" 他指出："加快经济发展方式转变和经济结构调整，是积极应对气候变化，实现绿色发展和人口、资源、环境可持续发展的重要前提。"习近平同志强调绿色发展对经济增长的重大意义，他指出："要把节约资源作为基本国策，发展循环经济，保护生态环境，加快建设资源节约型、环境友好型社会，促进经济发展与人口资源环境相协调；要呵护人类赖以生存的地球家园，建设生态文明，形成节约能源资源和保护生态环境的产业结构、增长方式、消费模式。" 绿色产业包括环保产业、清洁生产产业、绿色服务业等，是方兴未艾的朝阳产业和未来经济社会发展新的增长点。循环经济、产业集群绿色升级、智慧技术的加快发展和应用，会带动经济增长方式和整个社会消费模式的转变。

（二）杭州践行绿色发展理念的选择和优势

杭州经济发达，是一个环境资源大市。这里山清水秀、人杰地灵，被称为"人间天堂"。但是，杭州缺乏港口资源、政策资源、项目资源，在发展中面临着资源和环境等因素的制约。坚持环境立市，走绿色发展之路是杭州市经济社会发展的内在要求，也是有效化解经济发展与环境资源矛盾、实现绿富美有机统一的必然选择。党的十八大召开后，杭州市委、市政府全面贯彻落实推进生态文明、建设美丽中国等战略部署，提出了努力建成美丽中国先行区的奋斗目标，做出并实施了"美丽杭州"建设各项决策部署。特别是当前杭州要实现新的跨越式发展，根本动力在于全面深化改革、扩大开放，根本出路在于坚持创新驱动、加快转型升级，始终以让人民生活得更好为目标，以提高经济增长质量和效益为中心，着力推动绿色发展。

1. 杭州实施绿色发展的必要性

（1）转型发展与环境治理的紧迫性。尽管绿色生态是杭州的特色和优势，但目前的生态环境状况并不容乐观。空气污染、水污染、重金属污染、农业面源污染等问题日益凸显，雾霾天气增多、水质等级偏低、水体自净能力减弱、食品安全堪忧，等等。面对日益严峻的生态形势，老百姓的诉求非常强烈。无论从经济社会的长远发展，还是从回应民众的现实需求出发，加强生态建设和生态修复都刻不容缓。然而，生态文明建设和工业经济发展两者间有冲突，在某些地区冲突还比较激烈。调整产业结构，淘汰落后产能引入高端产业，需要好几年的"阵痛"之后，调整效益才能显现。经济增长新旧模式转换需要一定的消化期，也会对经济增速产生一定的影响。这一切需要思维方式的转变和相当的定力，这些都考验着政府的智慧。同时，环境保护和治理本身，也面临着既要应对结构调整等新转折，也要着力解决自身容量超载、环境质量改善复杂等难题。杭州"三五"治理（五水共治、五气共治、五废共治）工程任务特别繁重艰巨，与此相对应的是人员、时间、技术、能力等保障不足，统筹协调能力、工作执行力、科技支撑力有待提高。要解决两者之间的矛盾，必须把保护生态环境放在优先位置，坚持保护第一，同时加强源头管控，坚持治污先行，加大攻坚力度，并提供制度、科技等方面的支撑。

（2）传统制造业绿色改造的迫切需要。清洁生产是从源头提高资源利用效率、减少或避免污染物产生的有效措施。循环经济则要求在发展经济时，以环境友好的方式利用自然资源和环境容量，目的是实现经济活动的生态化转向。自20世纪90年代以来，发达国家就把发展企业清洁生产和循环经济，建立循环型社会，看作是实施可持续发展战略的重要途径和实现方式。国家工信部发布的《工业绿色发展规划（2016—2020年）》明确提出，要支持绿色清洁生产，推进传统制造业绿色改造，推动建立绿色低碳循环发展产业体系。在杭州，传统制造业以中小规模民营企业为主要支撑，这些企业普遍存在缺乏自主知识产权、产品科技含量与附加值偏低，创新意识薄弱、创新动力不足、创新能力缺乏，资源损耗高、环境污染严重等问题。因此，必须以提升工业清洁生产水平为目标，针对产品生命周期的各个环节创新清洁生产推行方式，从点（重点企业）、线（重点行业）向面（重点区域、重点流域）转变，从关注常规污染物（烟粉尘、二氧化硫、氮氧化物、化学需氧量、氨氮）减排向特征污染物（挥发性有机物、持久性有机物和重金属）减排转变，强化激励约束作用，突出企业主体责任，鼓励传统制造业进行绿色改造，实现减污增效、清洁生产。

（3）产业和城市升级的必然选择。杭州要实现经济的可持续发展，实现产业升级和城市发展升级，必须走绿色发展之路。城市发展理念的升级会带动整个产业的升级，杭州要打造一个智慧型、创新型城市，这种城市发展的新理念，会为企业的创新和现代制造业的发展提供广阔的空间。特别是智慧经济，这种将大数据与云计算综合运用后的新经济模式，符合绿色、创新发展的理念，前景不可估量。杭州要利用自己的先发优势，进一步统筹规划，始终起到引领的作用。根据杭州"十三五"发展规划的要求，杭州实施"互联网强市"

战略，以智慧产业化、产业智慧化为方向，坚持基础建设、产业发展、应用服务"三位一体"，加快形成以信息经济为引领、高端服务业为主导、先进制造业为支撑、都市现代农业为基础的产业新体系。对于企业而言，产业升级、绿色发展包括产品绿色节能的生产技术、降低交易成本的市场开发技术、提高产品附加值的品牌创新技术等。企业的创新发展，特别是一流高科技企业的创新发展，能起到"孵化器"功能和辐射带动作用，使城市的智慧转型成为可能。

2. 杭州实现绿色发展的优势和条件

生态环境是杭州最具魅力、最富竞争力的独特优势和战略资源。绿色发展是社会发展的高级阶段，也是杭州人民追求幸福的迫切要求。因而，践行绿色发展理念是杭州的必然选择。好山、好水、好生态带来好的发展优势，也蕴含着巨大的潜力。只要拥有好的环境，就会带来源源不断的"金山银山"。与"美丽杭州"相得益彰的"美丽经济"——绿水青山，不仅是杭州的"金字招牌"，更是杭州可持续发展的"摇钱树"和"聚宝盆"。

（1）制度创新保障绿色发展。随着杭州经济社会发展迈向新的发展阶段，杭州的经济产业结构逐渐变"新"、发展模式逐渐变"绿"、经济质量逐渐变"优"。杭州在扎实推进国家生态文明先行示范区和"两美"浙江示范区建设的同时，加快推进生产美、生态美、生活美、人文美"四美融合"发展，力争走出一条"绿水青山就是金山银山"的新路。这其中，一系列的制度创新和安排为杭州的绿色发展提供了坚实的保障。严守生态保护红线，全面落实环境功能区划。制定实施生态空间管控制度，做好环境差异化要求的空间落地和用途管治，制定不同区域生态保护、环境准入、污染治理、绩效评价等差异化政策，有效调整区域发展方式和开发强度。强化减排倒逼传导机制，更多依靠结构调整和技术进步推动污染减排，实现产业升级和工艺提升。根据区域流域资源禀赋和环境承载力，深化落实空间、总量、项目准入"三位一体"环境准入制度，引导产业合理布局，防止落后产能转移。坚持标准引领，发挥标准在污染整治中的强制性作用、在结构调整中的先导性功能。

（2）青山绿水推动旅游业蓬勃发展。旅游业是杭州传统的优势产业，是典型的绿色产业。作为第三产业中的现代服务业，旅游业资源消耗低，带动系数大，就业机会多，社会效益好。据世界旅游组织研究报告，旅游产业万元增加值能耗只有0.2吨标准煤，仅为工业能耗的1/11，是典型的绿色产业、循环产业、低碳产业。2016年9月二十国集团杭州峰会的召开，可以说让全世界认识了杭州，将极大地促进杭州旅游业的发展。杭州是历史文化名城，又是创新活力之城，兼具环境自然禀赋、历史文化底蕴及现代大都市的特点，传统旅游业可以进一步向都市旅游业态发展。未来杭州的旅游业可以在城市区域历史文物遗存旅游、城市大型标志景观旅游、城市游乐场旅游、城市博物馆旅游、城市休闲街区旅游、城市休闲公园旅游、城市商业步行休憩区旅游、城市主题公园旅游等方面开拓更大的空间。

（3）优美环境催生绿色经济新业态。浙江省委、省政府提出，要在全省建设一批聚焦信息、环保、健康、旅游、时尚、金融、高端装备制造等七大产业，兼顾丝绸、黄酒等历史经典产业，具有独特文化内涵和旅游功能的特色小镇。例如，在青山环绕、碧水中流的杭州转塘"云栖小镇"，阿里巴巴等一批互联网企业来此落户，上百家围绕云产业生态链的企业在这里聚集，信息经济正在绿水青山间孕育。创业创新是新常态下汇聚发展新动能的重要举措，近年来杭州市高度重视推进创业创新，积极搭建载体、优化环境，建立服务体系，形成大众创业、万众创新的良好氛围。拥有全球第二大市值的阿里巴巴携手梦想小镇、云栖小镇等共同打造众创空间、云计算产业，发展信息经济、智慧经济。在杭州高新区（滨江），如咖啡馆一般的"孵化器"和"众创空间"培育了海康威视、聚光科技、华三通信等一大批知名企业，正在生成经济发展的强劲动力。

（4）"美丽乡村"孕育"绿色经济"。美丽乡村建设是浙江省、杭州市的重点工作，一直走在全国前列。以"千村示范、万村整治"工程为依托，杭州市通过打造各类精品村、特色村、中心村，实现村庄整治全覆盖。各地紧密结合地方实际，开展绿色新环境、绿色新产业、绿色新社区、绿色新文化等创建工作，不仅推动了农村土地综合整治和乡村环境改善，也促进了特色农业、生态旅游等产业的联动发展。杭州农村的环境更加优美，基础设施、公共服务逐步完善，为全市农村巧借山水、盘活资源、经营村庄开创了机遇。"美丽乡村"孕育出多彩多姿的"绿色经济"，从农家乐到民宿游，现代民宿、农村电商、乡村旅游、运动休闲、健康养生等新兴业态不断产生。在遍布全市的一个个美丽乡村，休闲观光、摄影写生、寻根探史蓬勃兴起，民宿避暑、运动探险、养老养生让大山成为城里人热门的度假目的地，风景变成了产业，经济效益不断提升。

二、杭州绿色发展的主要举措和成效

《杭州市国民经济和社会发展第十三个五年规划纲要》指出，要坚持五大发展理念，促进经济社会持续健康发展。强调坚持节约资源和保护环境的基本国策，照着"绿水青山就是金山银山"路子走下去，全面推进生产美、生态美、生活美、人文美的"美丽杭州"建设，加快建设资源节约型、环境友好型社会，推动形成人口与自然和谐发展的新格局，实现遵循自然规律的可持续发展。杭州要走绿色发展之路，建设"美丽杭州"，全面达到国家生态文明建设示范区的目标要求：山清水秀的自然生态，天蓝地净的健康环境，绿色低碳的产业体系，宜居舒适的人居环境，道法自然的人文风尚，幸福和谐的品质生活。必须根据习近平同志的讲话精神，在发展的价值取向、思维方式以及人们的生活方式上实现全面而深刻的变革。

（一）杭州推进绿色发展的主要举措

1. 明确一个"美丽中国"杭州样本目标

杭州遵照习近平总书记在浙江的"绿水青山就是金山银山"的科学论断，贯彻浙江省委、省政府的"绿色浙江""生态浙江""美丽浙江""美好生活"战略，"继续发挥先行和示范作用"，"在提高全面建成小康社会水平上更进一步"。近年来始终明确以"美丽中国"杭州样本为目标，建设山清水秀、天蓝地净、绿色低碳、宜居舒适、道法自然、幸福和谐的生态美、生产美、生活美的"美丽杭州"，在绿色杭州、生态市、生态杭州、"美丽中国"杭州样本的不同建设时期，将绿色发展贯穿于经济、政治、文化、社会和生态文明五大建设各方面和全过程。2002年，杭州就提出了"环境立市"战略；2003年，颁布实施《杭州生态市建设规划》；2009年，杭州被列为第二批全国生态文明建设试点市之一；2011年，推出《杭州市"811"生态文明建设推进行动方案（2011—2015）》；2012年，推出《杭州市生态文明建设十大行动计划》并顺利通过核查创建"国家环保模范城市"复检工作。十八大以后，习近平总书记在听取杭州市委主要负责同志关于杭州市工作情况汇报时指出，"杭州山川秀美，生态建设基础不错，要加强保护，尤其是水环境的保护，使绿水青山常在。希望你们更加扎实地推进生态文明建设，努力成为美丽中国建设的样本"，为杭州加快科学发展、绿色发展进一步指明了方向，提出了更高要求。2013年7月，提出"美丽杭州"建设，全面启动美丽杭州建设工作；2013年8月推行《"美丽杭州"建设实施纲要（2013—2020）》《"美丽杭州"建设三年行动计划（2013—2015）》，有序推进绿色发展建设各项工作任务；2015年10月，顺利通过国家生态文明城市创建技术核查，实现了历史性地跨越；2016年上半年在市政协十届四次会议上，首次提出了"西湖蓝"的概念；8月，顺利通过国家级生态城市的验收，这是一个杭州践行绿色发展理念的重大突破；2016年明确推行杭州国际化，建设世界名城，以G20为起点，争取通过五年、十年的努力跻身一线城市行列。其间在围绕美丽中国"杭州样本"建设中，解决突出矛盾，打出了"五水共治""两化融合""四换三名""三改一拆""特色小镇""互联网＋"和"绿色化发展"等组合拳，不断推进大众创业、万众创新，倒逼经济社会转型升级。科学布局、有序开发，创新驱动、转型发展，形成节约资源和保护环境的空间格局、产业结构、生产方式、生活方式，全面提升经济社会发展质量和生态环境质量，加快建成美丽中国先行区，实现四美，美美与共，在迈向社会主义生态文明新时代的进程中走在前列。

2. 筑牢两道防线，积极推进绿色发展新举措

筑牢生态红线和发展底线两道防线。生态红线方面，构筑"两圈、两廊、多块、六带"的生态格局，巩固"江、河、湖、山、田、城"的自然生态基础网架，建设西部生态安全屏障区，保育关键生态节点，保留永久生态空间。杭州市近年来实施了一系列重大环境综合整治和民生保障工程，为创建国家级生态市加分不少，也让早日实现"西湖蓝"成为可能。希望通过三到五年的努力，力争在"十三五"期末、我国全面建成小康社会来临之际，完美呈现出天蓝地净、山清水秀的"西湖蓝"。发展底线方面，注重转变生产方式，坚持走绿色、低碳、高效的发展之路。深入实施"一号工程"，推进信息经济、智慧应用，推动智慧产业化、产业智慧化，注重运用"互联网＋"思维，推进"两化"深度融合，持续优化产业结构。加快"三去一降一补"，注重推进"僵尸企业"兼并重组和破产清算。积极发展生态经济，推进绿色经济、循环经济、环保产业发展。

3. 打好环境整治仗、交通治堵仗、安全保障仗三场硬仗

对于一座城市而言，生态环境恰如其颜面，已然成为城市的名片和重要竞争力。当前，城市之间的竞争早已不再单纯地依赖经济总量，判断一座城市或地区的发展潜力和竞争优势，越来越多地会考虑到生态环境因素。三场硬仗为建设"美丽杭州"绿色发展提供了强劲动力。

（1）打好 "三五牌"环境整治仗，迎接G20。"三五牌"即"五水共治""五气共治""五废共治"。一是推进"五水共治"。2013年，杭州市出台《杭州市"五水共治"三年行动计划（2014—2016）》。切实增强政治责任感和历史使命感，增强思想自觉和行动自觉，团结和带领全市人民加快推进"美丽杭州"建设，走绿色发展的路径。实施西湖、西溪湿地、运河、湘湖等综保工程和市区道路（河道）综合整治、"清静工程""四边三化"专项行动、大江东（江海）湿地保护整治、"三江两岸"生态景观保护与建设等一系列生态重点工程，累计投入上千亿元，进一步保护提升了生态系统

的服务功能。特别是"三江两岸"生态景观保护工程，对新安江、富春江、钱塘江"三江"流域主干流及其主要支流沿线开展综合整治，建成了300公里沿江（湖）生态廊道和滨水绿道，绘就现代版的"富春山居图"。在巩固前期成效的基础上，加快截污纳管，推进"污水零直排区"全覆盖，抓好城镇污水处理厂一级A提标改造和七格四期、之江污水处理厂建设。加强农村污水治理和农业面源污染防治。推进"海绵城市"试点和重点区域建设，深化节水型小区（企业）创建，加快千岛湖配供水等工程建设。二是推进"五气共治"。加大新能源车的使用和推广力度，推广使用国 V 柴油，加强油气的回收治理。加强建筑工地扬尘治理，推进建筑工地全覆盖监管，加强"餐饮排气"治理。三是推进"五废共治"，将深化生活垃圾"三化四分"，加强生活垃圾分区总量控制管理，推进建筑固废综合利用，加强工业危险废物和医疗废物的处置。

（2）打好交通治堵仗，加强市民文明交通引导。交通问题涉及方方面面，也是社会关注的焦点问题。政府通过从建、管、倡三个方面下功夫，着力深化交通治堵。进一步加快"建"的速度，科学合理规划，有时序、有节奏地推进地铁、快速路、停车场（库）等的建设，打通断头路。进一步提高"管"的水平，出台一系列优化交通组织管理的措施，包括强化路面严管严控、推进"禁左"、严格停车管理、优化人行横道和红绿灯设置等。进一步加大"倡"的力度，加强市民文明交通意识和行为规范教育，倡导文明行车、文明行路。

（3）打好安全保障仗，强化公众参与治理机制。开展市民素质提升行动，鼓励市民戴上"红袖章"、穿上"红马甲"，进行义务巡逻、文明劝导和平安宣传，营造全民支持和服务G20峰会的浓厚氛围。深化治安、交通、消防、网络、食品、环境等领域的隐患排查和专项治理，有效化解不稳定因素，确保社会安定。加强智慧安保，通过各种信息技术手段，做到及时、快速反应，确保万无一失。切实强化公众参与治理机制，充分发挥公众参与对推动环境治理、深化环保改革的强大动力。深入推进环保政务公开，完善权力清单制度，对重大环保政策、环境质量数据、污染排放数据、环境处罚信息等进行全面公开，加强重特大突发环境事件信息公开，及时公布处置情况。加强环境舆情动态监测、分析和跟踪，完善突发环境污染事件和群体性事件的应急响应机制。强化环境宣传教育，促进生活方式绿色化，构建"家庭—学校—社会"三位一体的环境教育和培训体系。

4. 做好绿色发展的"加减乘除"，推进产业升级

（1）做加法，推进"城市增绿"。通过舆论引导更多人关注和参与推进城市绿色发展，营造城市发展正能量。推进"城市增绿"，完善"一圈两轴六带"的绿地骨架和绿地网建设，完成两岸江堤200米内生态景观带建设36.6公里、绿化174万平方米，其中示范带8.2公里、绿化62万平方米。大力实施林相改造工程，目前已完成沿岸林相改造面积3.8万亩。将环境提升与景观营造效果延伸到城市的每个角落，突出江南韵味、杭州特色。把脉时代，刷新颜值，杭州敞开绿色怀抱。"蓝天、碧水、绿色、清静"，大面积的森林覆盖和绿化，使杭州赢得了"生态绿都"的美誉。

（2）做减法，推动结构减排。降低能耗和污染排放，全面推动结构减排、管理减排和工程减排，强化减排倒逼传导机制，实施能耗强度、总量和煤炭消费总量"三控"行动。继续开展清洁土壤工作，划定土壤环境保护优先区域，严格落实优先保护区域相关要求。强化绿色发展的刚性约束，进一步优化环保标准引领、环境空间管控和污染减排约束机制，促进区域布局合理化、污染排放减量化、生产生活方式绿色化，推动绿色转型，促进人与自然和谐相处。

（3）做乘法，推动科技创新和产业结构升级。落实创新发展理念，把科技创新作为推动产业结构调整、优化的主要驱动力，提升企业创新能力和产业科技含量，充分释放科技创新的乘数效应。习近平在G20峰会上提出："建设创新型世界经济，开辟增长源泉。创新是从根本上打开增长之锁的钥匙。"以政府权力"减法"换创业创新"乘法"。鼓励杭州经济技术开发区坚持创新驱动，抢抓中国（杭州）跨境电子商务综合试验区、国家自主创新

示范区等重大契机，推动以科技创新为核心的全面创新。2016年G20杭州峰会，中国首次把绿色金融引入议题。对绿色技术、绿色发展高度重视。促进各国在绿色金融领域开展合作，带动投资，创造需求和就业，带动全球走出当前的经济疲软，为各国发展绿色金融献计献策，支持全球经济向绿色低碳转型。

（4）做除法，加大监管力度。对违法违规行为要"零容忍""严惩处"。开展城市环境秩序治理活动，执法部门要敢于担当，社会公众要挺身而出，努力营造整洁、有序、和谐、优美的城市环境秩序。近几年，随着环保在线数据应用越来越广（排污费征收、总量核定等），部分不法单位将弄虚作假、规避监管的歪主意打到在线监测设施上来了。杭州市、县两级环保部门集中开展一系列"亮剑"专项执法行动，对全市各类企业开展突击检查，重点查处各类环境违法行为，特别是不正常使用污染物防治设施、偷排漏排及违法排放有毒有害污染物、非法处置危险废物、伪造或者篡改环境监测数据等恶意违法行为。

5. 发挥五种力量，推动绿色发展深入人心

积极发挥政府引导力、市场主体力、社会推动力、政策撬动力、资金保障力作用，推动绿色发展。一是发挥政府引导力作用，即政府将着重做好各项绿色发展专项规划编制，推进"多规合一"，科学划定城市空间增长边界。塑造要素有序自由流动、主体功能约束有效、基本公共服务均等、资源环境可承载的区域协调发展新格局。鼓励绿色出行，推广绿色建材，引导消费朝着智能、绿色、健康、安全方向转变。同时，政府将以身作则，推动绿色发展。二是发挥市场主体力作用。绿色发展是大战略，如果没有市场参加，就有可能成为空中楼阁、纸上谈兵。推动全市广大企业更加注重绿色发展，在生产过程中做到节能节材和环境友好。三是发挥社会推动力作用。积极倡导绿色创新的价值观和责任感，推动全社会共同参与，从生活小事、细节入手，节约资源、保护环境、提高文明程度，推动城市绿色发展。四是发挥政策撬动力作用。出台各种有利于城市绿色、文明发展的相关政策，鼓励

企业发展循环经济和生产绿色产品，引导绿色消费。五是发挥资金保障力作用。建立健全对重点生态功能区的生态补偿机制和用能权、用水权、排污权、碳排放权初始分配制度。探索发展绿色金融，建立绿色发展基金，实施绿色信贷战略等。

（二）杭州发展绿色经济成效

改善环境质量、推动绿色发展，不仅是一以贯之的战略抉择、奋斗导向，也是全市人民孜孜不倦的共同追求。杭州市近年来借G20峰会契机，推动"生产美、生态美、生活美和心灵美"四美并举、美美与共，向世界展示良好的生态环境和发展环境，为争取到"两会、两区"创造了前所未有的历史机遇，正在朝世界名城大幅跃进。

1. 深化供给侧改革，推进"两化"融合，实现了"生产美"

践行绿色生活，建设"美丽杭州"，以转型升级为路径。当前，杭州通过创造良好创新创业环境，产业升级，带来城市品质提升；通过腾笼换鸟、机器换人、空间换地、电商换市，着力培育名企、名品、名家；通过加快发展信息、环保、健康、旅游、时尚、金融、高端制造七大产业，持续优化产业结构。2015年，杭州淘汰落后产能426项，腾出用地2155亩，减少用水6718万吨，破解了"三去一降一补"等系列难题，实现"生产美"。通过积极创建中国（杭州）跨境电子商务综合试验区和国家自主创新示范区，实施创新驱动发展战略，全力推进"一号工程"建设，不断加快产业转型升级，顺利跻身GDP万亿俱乐部，成功晋升新一线城市。通过大力发展信息经济、推动智慧应用，加快实现智慧产业化和产业智慧化。杭州市三次产业结构2015年调整为2.9∶38.9∶58.2，服务业增加值对GDP增长的贡献率达74.6%。努力在电子商务和大数据、云计算、物联网等前沿领域和关键技术方面取得更大突破，加快产业转型升级，用"生产美"促进"生态美"、保障"生活美"。

2. 打好"三五牌"，造就"西湖蓝"，实现了"生态美"

近年来，杭州通过实施"五水共治"，初步实现了主城区"污水零直排"和县（市）"全域可游泳"目标，两年多来，杭州共整治黑臭河5100多公里。目前，西部四县（市）水体基本达到三类水以上，基本实现全域可游泳，城区污水零直排正逐步实现。截至2015年年底，杭城84条137公里河道全部摘掉了"黑臭河"的帽子；加快截污纳管和污水处理厂等基础设施建设改造，推进"污水零直排区"全覆盖，已完成6267个污水排放口整治；强化环境综合治理，坚决守住生态底线，保护好生态安全屏障。近年来杭州市累计投入新能源汽车2.2万辆，居全国城市第三，率先成为无钢铁生产基地、无燃煤火电机组、基本无黄标车的"三无"城市；严格执行国六标准，进一步加严氮氧化物和颗粒物的排放限值，进一步调整产业能源结构，全力造就"西湖蓝"。"西湖蓝"，指的是杭州的碧水蓝天、全方位的优美生态环境，它既是城市宣言，又是美丽风景，同时又是杭州绿色发展在环境治理方面的最新目标。峰会期间杭州市环境空气质量优于国家二级标准。确保到2020年，杭州大气质量达到优秀标准。协同推进"五废共治"，有幸入选国家第一批生活垃圾分类示范城市；深化生活垃圾"三化四分"，打造固废监管智慧化模式，推行危险废物与污水处理产生污泥的"刷卡转运"，提高危废无害化处置水平。通过打造"环境监管最严格城市"，保障全市环境安全，2016年8月完成国家生态市创建，实现"生态美"。

3. 完善生态规划体系，保障制度，实现了"生活美"

践行绿色生活、建设"美丽杭州"，通过完善生态市县乡村四级生态规划体系，推进西湖、运河、西溪湿地和"三江两岸"等生态综保工程，积极倡导绿色文明生活方式，加快破解交通拥堵等难题，努力实现"生活美"。勇于直面城市化进程中出现的环境问题，迎难而上，坚定不移地持续打好"治水、治气、治堵、治废"攻坚战，施以"三改一拆""四边三化"等配套举措，形成一套"组合拳"，并以完善制度为保障。党的十八大以来，杭州出台了《"美丽杭州"建设实施纲要（2013—2020）》、"杭改十条""杭法十条"等一系列新的政策举措，把杭州生态文明建设的制度化水平推向了新的阶段、新的高度。要按照"谁污染、谁治理，谁破坏、谁恢复，谁受益、谁补偿"的原则，不断完善生态补偿机制；按照"节能减排"的目标、任务和要求，淘汰高污染、高排放、高消耗产能，提高环境准入门槛，进一步强化约束机制，切实保障实现可持续的绿色发展。着力提升城市的美观度。加强环境整治、保护和美化、洁化，让这座文化名城重现"清澈的流水、清新的空气、畅通的马路、洁净的街道"美丽画卷，实现"生活美"。

4. 推动市民共同参与，提升素质，实现"人文美"

积极提倡科学、绿色、低碳的生活方式，正确引导社会舆论导向，营造有利于工作的良好氛围。遵循文明行为规范，推动生态文明习惯养成，培育绿色发展道德文化，成为内化于心的自觉修养和外化于行的自觉行为，逐步在全社会树立起"保护环境从我做起、美化环境小事做起""爱护环境光荣、破坏环境可耻"的新风尚。引导"保"护，即加强宣传教育工作，提高公众自我防护意识，引导公众在雾霾天气时有效地自我保护。杭州公共自行车自成立8年来成为全球最大的公共自行车服务系统，也是"五位一体"城市公共交通体系的重要组成部分。截至2016年6月底，共有3574个服务点、8.41万辆公共自行车，累计租用达到6.75亿人次，日最高租用量45.2680万人次。推广垃圾分类和清洁直运。推动每一个家庭、每一位市民踊跃参与，厉行勤俭节约，反对铺张浪费，率先在衣、食、住、行、游等方面，践行绿色生活。2016年9月4—5日杭州成功承办G20峰会，获得了世界主要国家元首的高度肯定，峰会期间，包括"小青荷""武林大妈""西湖红袖章""微笑亭"志愿服务站点在内的全市许多志愿者忙碌在重要场馆，坚守在车站码头，活跃在街头巷尾，用微笑、爱心、真情，给四方来客留下了美好的印象，更加说明杭州市民共同参与推进"美丽杭州"绿色发展的成效。

三、杭州深化绿色发展的思路和框架

近几年来，杭州在践行绿色发展理念方面成效卓著，经济社会的发展取得了长足的进步。要进一步提升杭州的综合实力和城市竞争力，必须始终把

绿色发展放在战略的高度，进一步明确山、水、林、田、湖和城市是一个命运共同体的理念，做好生态立市这篇大文章。杭州推动绿色发展首先必须坚持保护第一，坚持"一张蓝图干到底"，加强源头管控，深入实施主体功能区战略，严守耕地和生态红线，严格按照优化开发、重点开发、限制开发、禁止开发的定位，切实保护好杭州市域的生态屏障，做好"留白"的文章，促进生产空间集约高效、生活空间宜居适度、生态空间山清水秀、人文空间精致和谐。其次，杭州要重点围绕建设"美丽杭州"的目标，突出"清水治污"和"大气整治"两个重点，深入实施功能布局优化行动、生态保育修复行动、环境质量改善行动、城乡建设提质行动、产业转型升级行动、节能减排低碳行动、绿色生态示范行动、人文传承弘扬行动、公共服务提升行动等"九大行动"，努力为"美丽中国"建设做出应有贡献。最后，绿色发展需要"绿色"法治思维，用法治思维和法治方式谋划绿色发展，以科学立法、严格执法、公正司法、全民守法的方式，使生态文明建设走上法治轨道。

（一）建设美丽宜人的自然生态系统

杭州要实施绿色发展，建设"美丽杭州"，首先必须在生态文明建设上体现出高水准，使自然生态系统更加优美宜居。树立尊重自然、顺应自然、保护自然的生态文明理念，实施环境立市战略，严守生态红线，在保护中求发展。

1. 有效保护生态带，保持城市生态平衡

要坚持保护优先，严格保护现有的生态空间，加强生态带之间、生态带与大型自然斑块之间的关键区域生态恢复，强化城市绿地和区域生态系统的连通性和自然属性，对生态带内已被占用的生态空间建立有序退出机制。根据杭州的自然地貌，要持续保护建设西部山地生态屏障，不断增强生态产品供给能力。《杭州市国民经济和社会发展第十三个五年规划纲要》提出，要坚持系统保护，科学划定"六条生态带"的具体范围，推动生态带概念规划及控制性规划修改完善，形成空间管理一张图，并固化下来。杭州市规划建

设的西北部生态带、西南部生态带、南部生态带、东南部生态带、东部生态带、北部生态带等六条生态带，对于防止城市无序扩张、维护城市生态空间、保障城市生态平衡发挥着重要的作用。要尽快启动生态带保护立法，坚持依法保护的原则。严格划分生态功能区，在禁止开发的区域内不再新建项目，经严格评审把关后允许适度发展旅游观光、郊野型绿道、简朴驿站等绿色产业；在限制开发的区域内，积极发展生态农业和生态林业，在确保环境容量的前提下，适度发展环境友好型的旅游休闲、信息经济等项目。

2. 深化生态屏障建设，保障城市可持续发展

生态屏障也称生态环境保护的绿色屏障，指处于某一特定区域的生态系统，其结构与功能符合人类生存和发展的生态要求，对人类社会的可持续发展意义十分重大。杭州要以淳安县、建德市、桐庐县、临安市和富阳区境内海拔200米以上地区、千岛湖湿地等为重点，强化天然林保护，完善钱塘江、苕溪等饮用水源区水源涵养林和水土保持林的建设，保护和恢复千岛湖湿地及河流水系，深入建设西部生态安全屏障区。重视沿江沿河生态廊道以及沿绕城高速公路、都市区高速公路等重大交通通道两侧的辐射性绿色廊道建设，构建多层次、多体系生态廊道体系。发展带环镶嵌的森林网络，发展碳汇林业、生态公益林、珍贵乡土用材林、高效经济林、花卉苗木及珍贵树种。提高森林生态系统质量，增加林分、改善林相，提升森林固碳能力。增加城区绿地总量，丰富绿化体系层级，建设一批城市郊区森林公园。构筑城区300米见绿、500米见园的绿色开敞空间，确保市民居住在公园的10分钟步行圈。开展湿地保护区建设，恢复湿地系统生物多样性，增强湿地固碳能力。

3. 深入推进生态修复，改善城市生态功能

生态修复的一个重要方面是深入推进"城市增绿"行动，提高森林覆盖率和林木蓄积量，增强森林吸收并储存二氧化碳的能力（即碳汇能力）。根据杭州市的自然条件，全面深化城市绿化、山区绿化、平原绿化和村庄绿化建设，以重点河流、湖泊、水环境功能区为关键，深入推进水生态环境修复，促进水体自净能力和污染物降解能力稳步提高。加强坡耕地及小流域林

地水土流失综合治理，控制水土流失面积。积极开展土壤污染排查，加强工业废弃地、垃圾堆放场、科学实验场的土壤修复，推进农用地土壤持久性有机污染物和重金属的综合防治，改善土壤环境质量。积极开展废弃矿山、湿地、滩涂的环境治理和生态修复。以废弃矿山治理作为自然生态环境保护和治理的重点，积极开展废弃矿山等的治理修复，争取废弃矿井、废弃矿山的治理率达90%以上。开展工业企业退役场地的污染治理，从后端的被动应对转向前期的主动管理，确保杭州市工业企业退役场地的环境安全。

（二）促进城乡生产生活更加绿色低碳

绿色低碳的生产和生活方式将是大势所趋，是全新的生态系统，直接影响到政府、企业、金融、社会、民生等各个方面，将引领未来区域经济发展和城市发展的新趋势。

1. 持续推进绿色低碳生产，提高资源利用效率

进入21世纪以来，中国的能源需求增长速度比经济增长快了近一半。我国能源利用总效率约为32%，比国际平均水平低10个百分点以上。能源利用效率低下所导致的能源浪费是影响我国经济可持续发展的重大问题，因此杭州的发展必须走绿色低碳之路。要推广节能低碳技术、产品和商业模式，开展全市重点用能单位节能监控，深入推进工业、建筑、交通等重点节能工程，提高建筑节能标准，合理控制能源消费总量，提高能源利用效率。全面推动结构减排、管理减排和工程减排，确保实现削减主要污染物排放的目标。实施最严格的耕地保护制度，合理控制新增建设用地规模，建立节约集约用地激励和约束机制，全面提高土地利用效率。完善水资源有偿使用机制，实施节水示范工程，打造节水型社会。推广可再生材料、新型墙体材料、绿色建材等新材料应用，鼓励节材包装。

2. 全面建设低碳社会，实现跨越式发展

绿色低碳经济将加速技术和产业的全球化转移，导致新一轮国际经济竞争的白热化，决定新一轮国际竞争的战略制高点。绿色低碳经济也成为经济

增长方式改变的新引擎以及新的经济发展模式。中国是能源消耗大国，杭州要高度重视能源资源节约问题，抓住机遇，制定发展战略，实现低碳经济跨越式发展。实施重大低碳技术研发工程，积极发展低碳农业，推进林业碳汇发展。鼓励和发展低碳设计，探索推行低碳产品标准、标识和认证等制度。鼓励碳金融市场发展，加快开展碳排放交易。继续开展低碳城区、低碳县、低碳乡镇、低碳社区、低碳家庭、低碳农村和低碳园区试点示范，加大推广发展力度。利用广播电视、互联网、出版物等多种手段开展宣传教育，增进社会各界对这一问题的共识，使绿色、环保、健康、节能成为人们生活理念和生产方式的主基调，通过提倡低碳生活为人们提供更舒适的生活环境，探索一种低碳的可持续的消费模式。

3. 完善循环经济，走资源综合利用的道路

杭州经济发展进入新常态，要提升发展的质量和效益，就必须用尽可能低的资源能源消耗，获得尽可能高的效益，走循环经济和资源综合利用的道路。相比于末端治理，循环经济从源头和生产全过程高效利用资源，实现"资源—产品—再生资源"的反馈式闭合循环和资源永续利用，变废为宝、化害为利，是破解当前环境恶化、资源短缺难题的最佳路径。杭州要大力发展循环经济，推进各类示范项目建设，推行清洁生产和再制造生产模式，推动循环经济模式由企业内部向企业之间扩展，发展特色农业循环经济、特色工业循环经济。全面推进国家级和省级园区（开发区）实施园区循环化改造。以开展生活餐厨垃圾资源化利用和无害化处理、再生资源回收利用、海水淡化设备研发和制造、"城市矿产"资源回收利用、汽车零部件再制造等试点为支撑，积极推进社会大循环体系建设。为提高资源的综合利用率，要探索开展资源产出率统计研究。推动生产者落实废弃产品回收处理等责任。推进种养业废弃物资源化利用，促进种养业有机结合、循环发展。研究制定再生资源回收目录，对复合包装物、电池、农膜等低值废弃物逐步实行强制回收。制定完善资源分类回收利用标准。推动资源再生产品和原料推广使用，推行绿色制造，限制一次性用品包装和使用。

（三）完善绿色发展的制度保障体系

为有效推进"美丽杭州"建设，杭州市委、市政府先后颁布实施了《关于加快推进生态建设与环境保护的若干意见》《关于落实科学发展观加强环境保护工作的若干意见》《中共杭州市委关于认真学习贯彻党的十八大精神扎实推进东方品质之城幸福和谐杭州建设的决定》《关于推进生态型城市建设的若干意见》《关于建设"美丽杭州"的决议》等一系列政策措施，始终把统筹城乡生态文明建设作为全市经济社会发展的重大目标，努力践行绿色发展的理念。

1. 持续推进改革，构建市场化生态保护机制

建立生态环境损害赔偿、生态产品市场交易与生态保护补偿协同推进生态环境保护的新机制。稳妥有序开展生态环境损害赔偿制度改革，推进重点流域、重点区域排污权交易，扩大排污权有偿使用和交易试点。开展排污权、用能权、用水权和碳排放权初始分配制度，健全"谁污染、谁付费"的排污权市场化机制，实施以单位生产总值能耗为基础的用能权有偿使用和交易制度，开展以总量争取、配额分配为重点的碳排放权交易体系建设。推行重点监管企业主要污染物刷卡排污制度，建立覆盖所有固定污染源的企业排放许可制。发展绿色金融，推广实施排污权质押贷款，完善环境信用评价制度，探索建立环境污染责任保险制度。培育环境治理和生态保护市场主体，实施环境污染第三方治理试点，开展合同能源管理和合同节水管理。

2. 完善生态补偿机制，促进绿色生产和生活方式

生态环境具有整体性的特点，牵一发而动全身，必须全盘考虑。在探索建立生态补偿机制方面，浙江省一直走在全国前列。继2005年出台《关于进一步完善生态补偿机制的若干意见》、2006年出台《钱塘江源头地区生态环境保护省级财政专项补助暂行办法》之后，2008年又出台了《浙江省生态环保财力转移支付试行办法》，成为全国第一个实施省内全流域生态补偿的省份。作为浙江省整个生态链的重要一环，杭州市对于重点领域和禁止开发区

域、重点生态功能区要健全生态补偿机制，实现生态保护补偿全覆盖，补偿水平与经济社会发展状况相适应，探索多元化的补偿机制，结合生态保护补偿推进精准脱贫。开展地区间建立横向生态补偿机制研究，完善生态保护、环境管理绩效与资金分配挂钩的激励约束机制。实施全区域生态补偿，加大对钱塘江、苕溪两大流域上游地区生态补偿的力度，配合推进国家新安江水环境补偿试点。基本建立符合杭州市情的生态保护补偿制度体系，促进形成绿色生产方式和生活方式。

3. 建立绩效评价和责任追究制度，确保绿色发展落到实处

2015年9月，党中央发布了《生态文明体制改革总体方案》，明确提出了健全自然资源资产产权制度、完善生态文明绩效评价和责任追究制度等8项根本制度，确定了探索编制自然资源资产负债表作为生态文明绩效评价和责任追究制度中的重要内容之一。杭州市要探索建立自然资源资产产权制度，开展水流、森林、山岭、滩涂等自然资源确权登记，探索建立自然资源资产台账体系，适时启动编制自然资源资产负债表，逐步建立资源环境承载力评价与监测预警机制。研究将资源消耗、环境损害、生态效益等指标纳入经济社会发展综合评价体系，对于淳安县等生态功能区要建立差异化综合考核评价制度。我国从2015年开始启动领导干部自然资源资产离任审计，到2018年将成为一项经常性的审计制度。领导干部离任不仅要接受经济责任审计，还将接受自然资源资产责任审计。对于干部业绩的考核，增加了生态保护的内容，并对生态环境损害责任实行终身追究制，划定了领导干部在生态环境保护领域的责任红线，是督促领导干部正确履职、树立科学的政绩观和发展观的重要推手，也是践行绿色发展理念的重要保障。

四、杭州绿色发展下一步需克服的瓶颈

经过多年努力，杭州市绿色发展建设取得了良好的发展态势，但杭州绿色发展处于关键时期，仍存在瓶颈，生态文明和生态环境状况实现根本转

折、持续向好的基础有待进一步稳固，绿色经济能释放出巨大潜力，决定于规划的细致、制度的严密和动力机制的耦合、自主技术的重大突破，需要进一步破解。

（一）绿色发展统一协调体制顶层设计需进一步完善

绿色发展，离不开统一的制度顶层设计和科学合理的制度保障。随着全社会对环境问题的关注逐步加大，以及新环保法、大气条例、治水治气等法律法规的修订实施，"十三五"规划建议首次将最严格环境保护制度纳入规划。社会各界对加大环境保护力度、加强执法、提高生态环境质量和确保城市绿色发展和安全的要求与呼声明显增加，环境监管执法力度和要求不断加大与执法监管力量相对不足之间的矛盾更加凸显，还有环境质量标准体系、统一的生态环境绩效评价机制及跨行政区域流域环境协同治理机制需要进一步完善。现有机构设置不完善、不适应、不平衡的问题更加突出。现有的涉及绿色发展的机构分别散布于发改委、环保局、国土局、五水办、统筹办、城建委等部门，全市没有一个统筹协调绿色发展机构。目前杭州有生态办，但没有绿色发展办公室，缺少一个牵头单位整合力量，也没有相关的统一编制和人员机构。从事绿色发展相关的人员缺乏，监管力量薄弱，执法力量不足，乡镇一级机构和队伍严重缺失，基层管理工作难以得到有效支撑。

（二）绿色发展激励约束机制的动力机制需进一步耦合

当前发展绿色经济的一大"软肋"就是缺乏行之有效、体系完整的激励约束机制。现行的经济社会发展的目标体系和责任考核机制还没有充分体现绿色发展生态文明要求，产业、人口、土地、环境等关键要素的管理政策间需要有效联动。用能权、用水权、排污权、碳排放权初始分配制度还没有建立健全。国土空间开发保护基础制度还没有建立横向和流域生态补偿机制，特别是区、县、市基层空间规划、用途管制、领导干部自然资源资产离任审计、差异化绩效考核等构成的空间治理体系还需完善，如，2016年G20峰会、

"三五"治理工程等任务特别繁重艰巨，与此相对应的是人员、时间、技术、能力等保障不足，统筹协调能力、工作执行力、科技支撑力有待提高。另一方面推进绿色发展的政策法规体系有待进一步完善，绿色生态环境保护体制机制与绿色发展建设的要求还不相适应，法制不够健全，立法未能完全适应形势需要，有法不依、执法不严的现象还比较突出。还有市场准入的绿色门槛系统设置还不够规范。包括制定绿色技术、质量、安全等各种规范标准，兴办企业进行生产活动，购买商品进行消费，筹集资金开发建设等，都必须遵循这些规范。最后要按法律法规和具体规划标准，建立强有力的惩治机制，重点解决"违法成本低，守法成本高"的问题。同时通过资源价格改革等经济措施，把环境污染、资源消耗等转嫁给社会的生态成本内化为企业的生产成本，迫使企业不得不进行技术创新和经济转型，从而保护和鼓励绿色生产和消费。如何按照国家治理体系和治理能力现代化的要求，着力破解制约绿色发展的体制机制障碍，形成激励与约束耦合的一套绿色环境治理长效机制和绿色发展制度体系是当前发展的瓶颈。

（三）城市绿色产业布局发展合力有待进一步集聚

当前杭州市综合实力已经达到"上中等"发达国家水平，但"东快西慢、东强西弱"格局，城乡发展不协调、区域发展不平衡、城乡居民收入差距较大的矛盾仍然较为突出，杭州的产业布局升级和环境治理的紧迫性强，发展合力有待进一步加强。与北京、上海、广州等一线大城市相比，杭州的三产比重相对较低，工业结构中仍存在大量高能耗、高污染行业。随着经济发展增速放缓，政府财政收入增幅下降，产业转型升级和结构调整的成本相应提高。产业转型升级压力继续加大。同时，能源结构以煤为主、产业结构偏重和种植强度较大等结构性问题短期内难以根本解决，城市资源环境承载力矛盾更加凸显。建设用地比例和开发强度远超过国内同等城市，土地利用效能偏低，"三高一低"中小污染企业依然大量存在。而另一方面杭州市正处于人均GDP从1万美元向2万美元跨越的新阶段，当前，本市城市人口总量快速增加，产业经济仍保持较快发展，资源消耗总量、污染物排放总量和单位土地排放强度仍处于较高水平，通过末端治理的减排潜力已十分有限。城市人口将高度集中，经济发展将进入到更高阶段，有限的环境容量和经济持续增长的矛盾在新一轮发展中将更加凸显。城市自身容量超载、环境质量改善复杂、百姓诉求强烈、城市环保压力等难题增大仍然存在。农村地区尤其是城郊接合部"村中厂""厂中厂"等中小企业工艺落后，污染严重，环境安全隐患较为突出；部分区域畜禽养殖总量大、分布散，污染严重，治理推进难度大，畜禽粪便还田利用不太规范，农业面源污染控制成效不太明显。由于绿色产业结构和功能布局的不合理，仅靠末端污染治理和执法监管难以根本实现绿色发展，必须在加快优化结构布局和推进发展转型上下大决心、花大力气、下狠功夫。

（四）生态环境质量距离群众获得感还有差异

近五年来，杭州的生态环境控制质量逐年提升，污染状况逐年改善，但当前以PM$_{2.5}$、水污染为代表的复合型污染问题仍十分突出。重污染天气呈现常态化，酸雨率仍居高不下，2015年，市区仍有123天空气质量超标天数，市区PM$_{2.5}$年平均浓度57微克/立方米，距离达到国家年均限值35微克/立方米的标准还任重道远。全市仍有部分地表水断面达不到功能目标要求，京杭运河、钱塘江等水系局部河段仍存在一定程度污染，部分平原河网污染仍然严重，近岸海域水质总体仍为极差。全市47个市控以上断面，仍有7个断面未达到水环境功能要求，仍有3个断面为劣Ⅴ类。土壤环境质量不容乐观，重金属、化学持久性有机物等新型污染日益显现。固体废弃物特别是危险废物无害化处置能力与需求仍不匹配，工业固废和生活垃圾资源化利用水平总体不高。生态用地保护和生态空间建设难度很大，生态用地比例逼近底线。总体上，城市生态环境现状不容乐观，加之全社会对环境问题更加关注，生态环境质量与国家标准、市民期盼的常年实现"西湖蓝"生态宜居城市，距离群众获得感相比还存在差距。

案例一

淳安县着力打造绿色发展生态样本

　　淳安既是"美丽杭州"实验区所在地，也是杭州"绿色发展"生态样本典范。地处浙江省西部，辖23个乡镇425个行政村，户籍人口45万，是一个集山区、库区、老区于一体特色极其鲜明的县。境内四面多山，溪河纵横，风光秀丽，民风淳朴，素以"锦山秀水""文献名邦"著称，20世纪50年代因兴建新安江水电站蓄水而成的千岛湖更有"天下第一秀水"的美誉。

一、背景

（一）"美丽杭州"实验区建设提供了契机

　　在淳安这座秀水山城，多年来，全县上下已经形成一种共识，即生态环境是当地的生存之基和发展之本，也是加快发展的最大优势和核心竞争力，要始终坚持环境立县战略不动摇，严格保护生态环境，特别是要像呵护自己的眼睛一样去保护千岛湖。2005年，时任浙江省委书记的习近平同志就对淳安提出要争当生态建设、欠发达地区跨越式发展、党的先进性建设"三个示范"的要求，从而加快了淳安生态发展的步伐。而2013年"美丽杭州"实验区的设立，更意味着淳安将迎来一个新的重要发展机遇。为此，淳安县高度重视，先后召开了党政联席会议、四套班子专题会议、县委常委会、市县对接会和各层面的专题座谈会，加快"以湖兴县、蝶变淳安"的总战略实施。特别是2014年2月21日，淳安县第十五届人民代表大会第三次会议通过的《关于加快推进"美丽杭州"实验区建设的决定》，更是对实验区建设提出了明确要求：实验区建设立足县域生态化、景区化要求，核心内容是更严要求保护生态环境、更大力度发展生态经济、更快步伐改善民生保障、更高层次处理保护与发展的关系，强化"绿水青山就是金山银山""山水林田湖是一个生命共同体""尊重自然、顺应自然、天人合一"理念，深化"三个五"战略，着力实施以"水更美、山更美、城更美、村更美、业更美、人更美"为主要内涵的"六个更美工程"，并探索形成一整套在全国同类地区可借鉴、可推广的"美丽杭州"建设淳安经验。

（二）千岛湖综合保护"一号工程"推进

浙江淳安县一直把"护一湖秀水"作为首要任务，把"富一方百姓"作为重大的历史责任。为了推进"秀水富民"，浙江淳安县列出了2015年及今后一个时期要重点实施的十大工程，其中"一号工程"就是千岛湖综合保护工程。截至2015年底，千岛湖地表水13个断面、21个监测点水质指标势将达到《地表水环境质量标准》（GB3838-2002）Ⅱ类标准以上；大坝前出境断面继续保持Ⅰ类水质；全县84条主要河流全部达到Ⅱ类水质以上；空气环境质量始终保持优良，PM$_{2.5}$小于35微克/立方米。2015年，千岛湖水质评价结果在各类考核中均为优秀，首次实现断面出境水质和环境空气考核双优秀，荣获2015年度浙江省"五水共治"大禹鼎，还被环保部命名为浙江省五个"国家生态县"之一，成功摘得了全国生态建设的最高绿色奖杯。2016年，淳安将构建环境转型新模式，结合生态环保"十三五"规划，深入推进千岛湖综合保护。

二、主要做法

"美丽杭州"实验区的设立，对淳安人民在改革创新绿色发展样本方面提出了更高的要求。因为实验区建设，除了要始终如一地加强生态环境保护之外，还要不断创新工作举措，协同推进绿色生态经济发展和保障改善民生工作。归纳而言，这些工作举措主要体现在以下五大方面：

（一）以绿色生态立县战略为主心骨，依托资源优势，积极构建绿色产业体系

在推进实验区建设过程中，淳安确定了"以大旅游为龙头的服务经济是首位经济、三大产业在生态平台上融合发展"的产业定位，通过依托良好的生态资源优势，积极推进绿色产业体系的建构。实验区建设的核心问题，就是如何处理好生态保护和经济发展的关系问题。因此，生态经济的发展情况将直接关系到实验区建设的顺利推进。从目前来看，淳安以旅游为龙头的服务业呈现蓬勃发展势头，产业结构也得以不断优化，2015年三次产业比例为16.5：41：42.5，在杭州五县市中率先形成"三二一"产业结构。

1. 拓展全域旅游，提升服务经济首位度

一方面，强化大项目带动作用。近年来，通过旅游大项目的投资建设，淳安全县已建成一批高星级酒店集群，拥有"洲际""喜来登""希尔顿"等五星级酒店7家，五星度假公寓1家，四星级酒店6家。预计三年以后，全县高星级酒店将达到25家，其中五星级酒店将达到15家。为这些旅游大项目配套服务的浙江旅游职业学院千岛湖国际酒店管理学院也已开工建设。另一方面，加快推进全县景区化。围绕打造环千岛湖休闲度假圈，加快湖区旅游向全县景区化拓展，突出"点示范、块集聚、线串联"的发展路径，积极构建"一城一湖一环多点"的大景区格局，以环千岛湖精品绿道为链接，积极做大做强"绿道经济"，加快推进沿线的风情小镇、度假村落、民宿民居建设，打造环千岛湖休闲度假圈；"多点"，就是坚持"乡土气息、美丽元素、景观风貌"要求，突出度假功能，大力发展会议会展、养老养生、户外休闲运动、婚纱摄影、乡村度假、民宿民居等新型业态，加快乡村旅游的发展。据统计，2015年1—7月份，淳安全县共接待游客555.42万人，实现旅游经济总收入45.9亿元，同比增长10.4%和10.5%。其中，乡村旅游接待游客183.9万人次，实现乡村旅游收入1.94亿元，同比增长20.1%和23.5%；接待婚纱摄影2.5万对，同比增长25%；接待骑行游客数超过15万人次，同比增长127.3%。

2. 加快转型提升，推动生态工业绿色发展

淳安县专门出台政策意见，突出生态导向，加快生态工业转型升级。具体举措主要包括三个方面：一是促进平台整合。在强化经济开发区产业集聚功能的同时，对现有的乡镇生态工业功能区进行优化整合，取消4个乡镇工业功能区，引导生态工业向主平台集约集聚发展。二是优化产业导向。根据淳安的特色和优势，集聚发展科技型、税源型、带动就业型的产业，形成了以农夫山泉、千岛湖啤酒为龙头的年产值40亿元的水饮料产业，引进了康诺邦奶粉等一批优质生态工业项目，吸引了浙商创投、德邦控股等6家创投企业落户。与此同时，积极推进电商换市，引进讯唯公司成立电子商务协会，建立县电子商务公共服务中心和农村电子商务服务站，筹建淘宝网千岛湖特色馆。目前，全县在淘宝、京东等知名电商平台开设网店165家，上半年实现销售产值5000万元。此外，依托千岛湖科技城，积极培育人脑加电脑的科技产业。三是推动融合发展。鼓励企业开发生产观光、产品体验、休闲娱乐等项目。目前，已开发了农夫山泉、千啤激情广场等一批工业旅游项目，拥有1个国家级工业旅游示范点、1个省级工业旅游示范点，并积极向A级景区发展。

3. 注重品质品牌，探索生态农业新模式

淳安是中国茶叶之乡、中国山核桃之乡和浙江省茶叶、蚕桑产业强县，农业产业呈现"东茶、西桑、南竹、北果、湖中鱼"的特色格局。淳安突出生态资源和品牌特色，深化农旅对接，推动传统农业向休闲观光和生态有机农业加快转变。一是积极发展现代农业。以推进农村土地规模流转和社会资本进入为基础，着力破解要素瓶颈。2015年还出台了家庭农场发展扶持政策，新发展家庭农场77家，成立全省首个林权股份专业合作社。同时，通过加大现代农业示范园区、农林产品精深加工项目的招商力度，按照"三产融合、景区景点、串点成线"的要求，计划五年内建设120个农业园区，其中现代示范园区50个。二是引导发展有机农业。以国家有机产品认证示范区和省级生态循环农业示范县创建为载体，推进农业向生态有机、高端精品加快发展。打造柑橘、杨梅、茶叶、葡萄等淳安有机农业品牌。利用蚕桑、山核桃等有机废弃物发展起来的

食用菌产业态势良好，产值已达1.2亿元。千岛湖露珠油茶基地等23个基地被认定为浙江省森林食品基地，认定总面积达到5.8万亩。三是提升发展品牌农业。通过强化千岛湖农产品品牌资源整合和营销，实现茶桑等主导产业提质增效。淳安是龙井茶的钱塘产区，也是浙江省唯一的国家级优良茶种——鸠坑种的故乡。现有茶叶16万亩，年产量4200吨、产值6亿元，茶叶面积居全省前3位，产值居全省前6位。主要品牌有"千岛玉叶龙井茶"和"鸠坑毛尖"，其中"千岛玉叶龙井茶"是浙江省十大名茶。2015年以来，在整体行情下滑的情况下，淳安的茶叶保持平稳态势，"千岛玉叶龙井茶"平均交易单价比去年还增加了45元/千克。蚕桑现有桑园8万亩，养蚕农户2万余户，蚕茧产量6000余吨，总产值3亿元，年蚕茧量约占浙江省的15%，凭借一流的生态和茧丝绸贸工农一体化机制，淳安蚕茧质量始终名列全省前列。

（二）以"五水共治"为突破口，自我全面加压，不断拉高生态保护标杆

自"美丽杭州"实验区设立以来，淳安以"五水共治"为突破口，以千岛湖保护为重点，自加压力，争当示范，不断拉高生态环境保护的标杆。对此，可以用"四个最"加以概括：

1. 最彻底的排查

淳安以问题为导向，变压力为动力，从2015年4月份开始，组织了3000余名党员干部，分城区、农村、湖区等三大区域，对全县所有污染源进行逐村、逐户、逐点地毯式大排查，全面摸清了全县污水治理的盲区和薄弱点。

2. 最坚决的治理

围绕"守护生命线、碧水润千岛"的总要求，坚持"城乡并举、水陆并进、整转并推、建管并重、干群并抓"的治理思路，提出了通过两年集中攻坚，实现"村域全覆盖、污水尽治理"的总目标。

3. 最大力度的投入

淳安计划投入33.8亿元，实施"五水共治"三年行动，其中治污水23.8亿

元，其他防洪水、保供水等投入10亿元。在淳安治水历史上，这样的投入规模是前所未有的。同时提出"3＋1"的工作思路，以时间服从质量为前提，将三年治污计划提前到两年完成。

4. 最严格的监管

环境监管再加强，排污需达"千岛湖排放标准"。千岛湖综合保护的目标是到2016年底，保持千岛湖地表水13个断面、21个监测点水质指标均达到《地表水环境质量标准》（GB3838-2002）Ⅱ类标准以上；大坝前出境断面继续保持Ⅰ类水质；全县84条主要河流全部达到Ⅱ类水质以上；空气环境质量始终保持优良，$PM_{2.5}$小于35微克/立方米。为了实现这一目标，淳安继续加强环境监管，借助环境保护工作巡查机制、环境网格化监管平台，综合协调各乡镇、各部门的监管资源，严格执行新环保法，确保区域环境安全。同时，建立更具威慑力的执法监管手段，灵活采用移送公安、经济处罚、约谈警示、突击检查等手段和方法。严把环境准入审批关，对不符合要求的项目实施禁批制度，对限制准入区的建设项目进行严格控制和限制；引导产业科学发展和合理布局，对空间上属于限制和禁止发展的产业实行禁批，对先进制造业、高新技术产业等产业在总量分配上优先调剂；严格实行专家评价和公众评价相结合的环境准入决策评价机制，做到项目审批集体讨论、民主决策。

排污口整治一直是千岛湖综合治理的关键，2016年淳安强力推进企业截污纳管工程，将重点瞄向乡镇企业截污纳管工程，目标是到2016年底消除一切非政府性排放口，做到所有污水都经污水处理厂处理后排放。同时，在环境质量、污染排放、环境监管等方面探索制定适用于淳安的特定"千岛湖排放标准"，城集中式污水处理厂从现有城镇一级A标排放的基础上，再提高排放标准。

（三）以强化工作保障为主抓手，创新工作机制，不断提升绿色发展自觉意识

为推进实验区建设，淳安坚持绿色生态自觉与制度约束相统一，通过强化引导、创新机制、提升意识，努力为实验区建设工作提供坚实保障。具体而言，主要体现在以下四个方面：

1. 强化工作引导

一是突出考核导向。根据杭州市对淳安实行单列考核的工作导向，淳安县对乡镇综合考评作了重大改革，一般性工作不再列入综合考评，仅设置生态保护、生态经济、改善保障民生三类考核指标，其中两项生态指标占到发展指标的70%。二是突出政策引导。制定并公布淳安县企业投资项目管理"负面清单"，"负面清单"重点突出生态环保导向。对原有的生态工业财政扶持政策进行梳理和绩效评估，把有限的财力扶持资金聚焦聚力到推动生态工业企业集约集聚、科技创新、节能环保改造等方面。同时，制定出台提升乡村旅游促进全县景区化的实施意见，突出发展重点，强化旅游服务经济对农民致富的带动性。三是突出制度规范。严把项目准入门槛，在招商引资、项目建设、资源开发和经济发展过程中，严格坚守"决不以牺牲环境为代价换取经济一时发展，决不放低环保门槛作为招商引资优惠条件，决不在接受产业转移中接受环境污染"原则。今年结合中办督查调研要求，围绕"多种树、慎挖山、不填湖"要求，制定出台加强建设项目占用千岛湖水域管理、加强千岛湖临湖地带建设项目联合审查和监管等规范性文件，进一步严格生态保护要求。

2. 创新监管机制

一是建立环境形势专家会诊制度。与中国环科院、中科院南京地理与湖泊研究所等一流环境研究机构达成战略合作关系，建立环境保护院士工作站。每半年召开一次环境形势分析会，研讨分析千岛湖生态环境保护工作，并有针对性地制定工作措施。二是创新区域环境联保机制。主动加强与千岛湖上游的黄山市、歙县等地区联系沟通，创新开展上下游联合水质监测、联合垃圾打捞、联合环境执法、联合多边交流等活动。今年，共同实施安徽籍入湖游船污水上岸工程，实现区域联动、综合管理、共同保护。三是创新乡镇交接断面水质监管机制。按照交接断面水质情况对乡镇采取奖励、警告、一票否决等多种方式进行考核，进一步推动县域小流域综合治理，做好源头保护文章。四是建立"河长制"。明确湖区、4家县级河道、86条乡级河道湖长和河长，建立"一河一策"治理方案，形成全县水域（河）湖长和治理全覆盖。五是建立多元的生态保护投入机制。建立全省首个县级环境保护专项基金，按照"围墙"理论，建立政府、企业、社会多元化的投入机制，积极争取国家重点支持湖泊保护试点，获得中央资金3.39亿元支持。

3. 提升环保意识

一是开展多形式专项行动。持续深入开展"清洁乡村"工程，并紧密结合城乡统筹发展、美丽乡村建设和"三江两岸"生态景观保护与建设等工作实施，扎实开展农村环境连片整治、清洁庭院等系列农村环境整治工程，将全民保护生态环境的意识转化为自觉行动。二是提高农村保洁水平。新增投入2000余万元大幅提升清洁乡村人员、设施水平，实施每月、每个村环境卫生检查和排名公示制度，将禁止乱倒垃圾、乱排污水纳入村规民约，城乡环境卫生明显提升。三是严格环境执法。成立公安环境警察大队，建立公安环保联合执法机制，组织开展"飞行监测"和"零点行动"。2016年共检查企业125家，出动380人次，先后对淳安县佳禾炭业有限公司等4家企业给予了关停和取缔。四是深化环保宣传。开通环境保护公众曝光台，拓展深化"绿色"创建，加强企业法人环境管理体系、清洁生产和污染防治法规宣传，全方位、多层面、多形式地普及生态环保知识，切实增强全社会的生态保护意识。

（四）创新农村运维保洁模式，完善考核机制，让清流入乡村

目前，淳安县农村治污的工作重心已从工程建设向设施运维转变。一是积极创新农村运维模式，完善了农村生活污水治理的工程运行维护管理机制，建立了以县为责任主体、乡镇（青溪新城）为管理主体、村为落实主体、农户为受益主体以及第三方专业运行维护机构为服务主体的"五位一体"的维护管理体系。同时，成立农村环境综合整治办公室，专门负责全县清洁乡村、河长制、农村生活污水运行维护等。二是将农村生活污水治理设

施运行维护纳入县对乡镇的考核内容，采用县、乡两级考核模式，并将考核结果与运维费用挂钩。2016年淳安农村治污工程验收委托第三方有资质的中介机构，通过科学数据对农村治污工程质量进行量化考核。2016年新建18个农村生活污水治理设施，新增受益农户2671户；对沿湖、沿溪（沿河）排放要求较高的自然村和目前排放水质较差的自然村的治理设施进行工艺改造，新增5000平方米人工湿地和30套动力设施。三是实现2016年千岛湖湖面垃圾打捞工作全湖区市场化运营。通过委托第三方公司将汛期突击打捞向全湖区常态化保洁转变，同时在各个景区、沿湖乡镇、渔政站、林场等地建立信息员，实时掌握湖面垃圾动态。据悉，千岛湖湖面垃圾资源化利用工程2015年7月正式投入运行。

（五）完善智慧环保监控平台，构建双要素生态监控体系，让绿色淳安更"智慧"

淳安千岛湖水质牵动上下游许多的关注，随着智慧系统推进，以环境监测为基础，正逐步实现千岛湖护水、治水智慧化。一是继续充实环境监测监控系统的实时数据接入和污染源的实时视频监控设备安装工作，开展农村污水处理设施前端视频监控设备及水质观察点租借。加快水质水华监测预警项目的开发，在原有基础上，进一步充实完善智慧环保平台。新建环境事故应急指挥和环境综合监督管理两大系统，通过对各个风险源企业建立详细的资料信息库，确保在突发事件发生时，为应急人员提供"快、准、全"的资源信息。二是构建一体化办公环境，实现项目审批、现场检查、监测管理、限期治理、行政处罚、排污许可、排污收费、督查管理等业务协同性、流程化动态管理。三是构建双要素生态监控体系。自2017年1月1日起，环保部门与城市管理部门两个部门对环保监控点实施共同监控。智慧城管监控体系共享了环保局333个生态环保监控，包括镇村排污口、重点监管企业，以及千岛湖上游入水口、风景区内各景点等环保敏感点和11个$PM_{2.5}$监测点。范围覆盖全县所有乡镇、村，让绿色淳安更"智慧"。

案例二

杭州老工业基地的绿色转型

　　地处千年古运河最南端的拱墅区是杭州工业的摇篮。新中国成立后，拱墅作为杭州北郊的工业发展重地，境内拥有许多大型国有企业，如当时亚洲规模最大的拥有700台麻纺织机的浙江麻纺厂以及杭丝联、杭二毛、杭钢集团、半山电厂、中石化杭州炼油厂等，特别是1978年实行改革开放以来到20世纪90年代初鼎盛时期，拱墅区的工业产值占全杭州市主城区的60%以上，是名副其实的杭州工业摇篮，为浙江乃至长三角地区的经济建设做出过卓越的贡献。曾经的拱墅，厂房林立、机器轰鸣、滚滚白烟，每天上万人出入各大厂区。随着城市化进程的加快，产业结构的调整，老百姓对优美环境的诉求日益强烈，老工业基地面临着转型的抉择。经过近十年的努力，拱墅区实现了华丽的转身。如今，鼎盛的工业人潮早已退去，一间间旧式厂房住进了"环保"的文创、商贸企业，这个杭州老工业的主要集聚地，正在践行绿色发展理念，向着"天蓝、地绿、水清、景美"的生态新城迈进。

一、拱墅区绿色发展的必然选择

　　2001年初，杭州市区划调整，萧山、余杭撤市设区，使拱墅区由原来的市区最北端转变为中心城区。数据显示，2007年，拱墅区废水、废气排放量占杭州市区七成以上，空气优良天数在主城区最低。随着城市化进程的不断推进，经济发展对环境改善的要求越来越强烈，土地等空间资源日益紧缺，节能降耗的要求不断提高，传统工业粗放型、高污染、高能耗、低土地利用率的特点，已经无法适应拱墅中心城区定位的要求、城市功能调整的要求、生活品质提升的要求、产业可持续发展的要求、经济平稳较快增长的要求。面对中心城区定位的机遇和产业调整的挑战，践行绿色发展理念推动转型升级成了拱墅新世纪跨越发展的必然选择，以此来实现城市功能之变、经济发展方式之变、民生改善之变。

二、拱墅区绿色发展的主要举措

（一）在优化区域生态环境上精准发力，着力打造拱墅生态美

良好的生态环境是人和社会持续发展的根本基础。拱墅区秉承"绿水青山就是金山银山"的科学发展理念，着力提升城区生态环境质量。一是深入实施运河综合整治与保护开发。围绕"一河穿城过、碧水青山满城绿"的生态建设目标，深入推进运河综合整治与保护开发，实施19条41.8公里河道整治，在运河两岸先后建成五大国家级博物馆和三大历史街区，挖掘保护23处文化遗址集聚，打造了以运河为中心的三条水上黄金旅游线，京杭大运河杭州景区成功创建国家4A级景区。2014年6月中国大运河正式列入《世界遗产名录》，拱宸桥、桥西直街、富义仓成为世界遗产点，同年11月21日，李克强总理亲临视察并给予充分肯定。二是成功打造杭州主城区首个双"国字号"森林公园。坚持把资源环境开发与保护有机结合，促进经济发展与生态建设良性互动，实现"绿色崛起"。2010年，面积1000公顷、森林覆盖率高达90.1%的半山森林公园正式被国家林业局批准设立为国家级森林公园，成了杭州主城区首个国家森林公园，与西湖、西溪并列为杭州三大生态支撑。2013年，该公园被国家林业局、教育部、共青团中央授予"国家生态文明教育基地"称号，成为主城区内首个双"国字号"森林公园，连续六年被评为"杭州市民最具品质体验点"。三是创新构建全方位治水机制。2012年底拱墅区率先提出到2015年底实现生活污水、工业废水"零直排"，以治水倒逼转型升级。通过实施截污纳管清洁水体三年行动计划，严格落实河长制，实行每月例会、三色预警和项目化推进，全省首创河道和地下管网智慧平台，

全面消除黑臭河，实现生活污水和工业废水"零直排"，康桥新开河成为杭州主城区唯一的省级建设优秀示范工程，后横港河道成为杭州首个生态示范河道，拱墅区区委、区政府被浙江省委、省政府授予2015年度浙江省"五水共治"工作优秀县（市、区）"大禹鼎"，拱墅治水金名片再获肯定。四是"退二进三"提升大气环境治理水平。连续开展两轮半山和北大桥环境综合整治，累计关停转迁高能耗、高排放企业115家。深入推进"无燃煤区"建设，半山电厂完成"煤改气"，杭钢集团半山生产基地全面关停，曾占全市2/3燃煤量的拱墅区实现燃煤"归零"。万元工业增加值综合能耗、垃圾无害化处理率、生活垃圾分类收集处置率等指标提前完成"十二五"规划目标。"十二五"期间，全区削减工业废水排放800多万吨、COD287吨/年、耗煤量122万吨/年、二氧化硫7200吨/年，腾出土地1400多亩，为实现区域生态经济的可持续发展奠定了坚实的基础。

（二）在狠抓产业转型发展上精准发力，着力打造拱墅生产美

拱墅区积极应对复杂严峻的宏观经济形势，以政府工作项目化机制为抓手，加快构建现代产业体系，打好转型升级"组合拳"，促进产、城、人融合发展，为建设"美丽拱墅"提供支撑。一是加大产业结构调整力度。加速推进以运河为轴的运河产业带向运河立体商圈转型，累计关停转迁杭汽发、杭玻、蓝孔雀、赛诺菲等工业企业516家，服务业增加值占比由2010年的58.4%提高到2015年的76%。加大技术改造和"机器换人"力度，加快传统工业向都市工业转型，积极推动专业市场、大卖场等传统服务业向楼宇经济、文创经济、综合体经济等中高端服务业转型。成功创建国家智慧城市试点、全省首批民间融资管理创新试点区。杭州北部软件园从区级工业园区转型为杭州运河国家广告产业园、中国（杭州）智慧信息产业园和国家电子商务示范基地。二是大力发展"6＋2"产业。按照杭州市十大产业发展要求，结合拱墅实际，提出了"6＋2"（主攻文化创意、旅游休闲、科技信息、现代商贸、金融服务、中介服务六大产业，优化提升都市工业、建筑业两大产业）

产业发展方向并编制了产业发展规划，制定出台加快推进产业转型升级17条扶持政策，明确一个产业发展规划、一个牵头部门、一套工作推进机制、若干产业平台。"十二五"期间，"6＋2"产业主营业务收入达到1600亿元以上，其中信息经济实现较快增长，2015年全区信息产业实现增加值40.81亿元，同比增长11.5%，占GDP比重达9.47%。目前，全区共有电子商务类企业516家，浙江执御信息成为全市跨境电商细分行业龙头企业。三是打造产业发展平台。抢抓杭州市"两区"创建机遇，谋划产业平台建设，加快产业项目投用，全力扩大有效投资。2011年以来，拱墅区固定资产投资高歌猛进，年均增幅保持在25%以上。运河中央商务区、上塘电商产业集聚区先后成为省、市级特色小镇。银泰城、万达广场、万通中心等一批标志性项目建成投用，中粮"大悦城"、绿地中央广场、复地蓝孔雀等项目正加速推进。2015年，全区完成固定资产投资456.57亿元，同比增长18.9%，获得2015年度浙江省扩大有效投资优秀单位，是杭州地区唯一获此殊荣的区（县、市）。四是保持招商引资高位进位。招商引资持续走在主城区前列，2011年以来，累计完成实际到位市外资金超1200亿元，出让土地5760亩，出让金总额840亿元，28家世界500强、42家国内500强企业的投资项目在拱墅落地生根、开花结果。引进奥地利保时捷、绿地集团等世界500强企业投资项目7个，大连万达集团等国内500强企业投资项目13个。五是全力助推企业上市。积极加强走访服务，全力助推企业对接资本市场。2015年，新增17家新三板挂牌企业，新三板挂牌企业总数达19家，居全省区（县、市）第3位。目前，全区上市企业总数达24家，储备上市企业70家。海外海、建华集团、康汽集团3家企业上榜"2015中国民营企业500强"和"2015中国服务业企业500强"。

（三）在持续完善城市功能上精准发力，着力打造拱墅生活美

建设美丽拱墅，归根结底是让人民群众生活得更好。拱墅区坚持以人为本、民生优先，加大民生保障投入，提升公共服务能力，不断满足群众的公共服务需求。一是不断提升城市品质。通过加快基础设施建设、提速城中村改造、提升城市管理水平，进一步完善城市形态，优化城市功能，提升城市能级。2011年以来，不断推动城市有机更新，每年投入各类城建资金100亿元，累计拆迁住户4600户，开工安置房224万平方米，竣工354万平方米，安置在外过渡拆迁户8100余户。建成44条支小路，新建、整治道路78公里，24条主次干道建设加快推进，地铁7个站点全面开工，五年建成32个停车场库项目共6797个泊位，动态交通能力进一步提升。建成留石公园、紫荆公园和半山公园游步道北延工程等，五年新增绿地168.4万平方米。创建市级"无违建街道"8个，完成旧住宅区改造78406户、399万平方米，城中村改造256万平方米，旧厂区改造176万平方米，拆除各类违法建筑416万平方米。二是全面发展社会事业。成功创建全国义务教育发展基本均衡区、全国教育信息化试点区、浙江省教育基本现代化区。建成各级各类高品质学校33所，引进杭州上海世界外国语小学、华东师大附属杭州学校等5个国内优质教育品牌，全区等级幼儿园覆盖率100%。通过全国基层中医药服务先进区复评，成功申报省级公共文化服务体系示范区，实现中小学校体育场地全部向社会免费开放。三是稳步提升民生保障水平。推行"邻家式"医保服务，在全市率先推出区级困难救助信息共享平台，实现边缘困难群众医保全覆盖，残疾人保障逐步从基本生活保障向综合保障转变。设立杭州北部人力资源服务市场，创办大学生创业园，动态消除"零就业家庭"，"失业预警干预""一岗解两难"机制成效显著，"十二五"期间累计新增城镇就业15.58万人。"公建民营""养医结合"养老体系逐步成熟，全省首个老年服务产业园建设启动。

三、拱墅区绿色发展的主要成效

（一）"天蓝、地绿、水清、景美"的"生态美"

拱墅区统筹推进"五气共治"，实行多部门联防联控，着力控制堆场、码头等重点区域的扬尘污染，落实建筑工地标准化建设，持续开展渣土专项整治，进一步减少扬尘。加快高排放、高能耗企业关停转迁，巩固"无燃煤区"建设成果，做好杭钢集团半山生产基地停产后的环境保护工作。加强绿化景观建设，打造花园型城区。深入推进"五废共治"，强化垃圾减量管理，提高垃圾分类质量，确保各类垃圾得到有效处置。以GDP换蓝天，拱墅亮出了绿色账单：2015年1至11月，全区环境空气优良率达到62.9%，同比上升10.5%。PM$_{2.5}$平均浓度为60.2微克/立方米，同比下降14.9%。2015年12月23日，历经半个多世纪的杭钢集团半山基地正式关停。

（二）转型升级的"生产美"

拱墅区经过产业结构的深度调整，实现了从工业仓储区向商业商贸商住区的转型。一直以来，拱墅区积极应对工业文明向生态文明转型的历史大背景，大力实施"退二进三""腾笼换鸟"战略，加速推进以运河为轴的运河产业带向运河立体商圈转型。三次产业结构实现从"二三一"到"三二一"的调整。目前，全区信息产业占GDP比重为9.6%，金融服务业占比14.8%，文化创意产业占比18.7%。随着大量工业企业的搬迁关停，遗留下大量闲置的老厂房。而包豪斯风格的厂区，几乎没有经过任何修缮改建，成为工业遗存保护区。车间里的钢铁扶手、楼梯，锈迹斑斑的机器、工业管道还在，却少了一些"工业味"，取而代之的是一张张创意工作台，一个个转型升级后的新产业。国际时装周、ADM生活创新展……旧式厂房里，一股新的气息正在涌动。昔日的老化纤厂，化身文创基地"LOFT49"；长征化工厂的旧址上，崛起了"西岸国际艺术区"；曾经的船坞修理厂，建起了创意生活体验点"浙窑陶艺"；与北京南新仓并称为"天下粮仓"的"富义仓"，则变身文创园，进驻十余家文化创意企业。如今，拱墅文创产业已有"一园十三区"，近五年来主营业务收入年均增长20%。"夕阳厂房嫁接上朝阳产业"，由此，运河两岸实现了由老工业区向文创新城的华丽转身。

（三）获得感强的"生活美"

拱墅区坚持绿色发展理念，把全区作为一个大景区来规划、建设和管理，护好绿水青山，让好山、好水、好风光融入城市，提高城市的宜居性。按照景区标准，精心设计，精致打造，精准养护，推进标准、手段、结果精细化，让城市环境变得更整洁、更舒适、更宜人。用心用情养护环境，对于辖区的基础设施、城市家具、绿化亮灯，以及每一条街巷、每一条河流，都要落实日常巡查，确保第一时间发现并解决问题，全面提升城市管理水平。在提升城市宜居性的同时，拱墅区着力增强群众获得感，努力创造共享发展新成果。坚持共享发展理念，把普惠发展成果作为推进社会建设的目标导向，按照人人参与、人人尽力、人人享有的要求，在提升公共服务上多办实事、多出实招、多见实效，让全区人民加快迈入更高水平的小康社会。一是稳步提升民生保障水平。切实增加社会建设投入，着力保障改善民生，让老百姓感受到既有速度又有温度的发展。二是不断优化公共服务供给。着眼满足群众不断增长的优质公共服务需求，统筹公共资源区域均衡配置，着力扩大优质资源覆盖。三是全力促进社会平安和谐。全面落实维稳、综治、安全生产责任制，扎实推进矛盾纠纷和社会风险化解管控，积极完善防欠薪行业监管联动机制，发动群众、依靠群众共同构建平安拱墅的牢固基石。

（四）"精神富有"的"人文美"

拱墅区以本区深厚的历史人文底蕴为基础，传承优秀传统文化，提升本区人民的社会道德水平，以物质富裕、精神富有为内涵，构建包容、公平、和谐的社会环境，营造乐享平和、诚信宽容、公平正义、被爱归属的个体感受和社会心态，激发社会正能量。秉承"文明无止境，创建不停步"的思路，拱墅区涌现了不少精神文明建设的特色街区。例如辖区内的大关街道，通过打造特色"精神文明一条街"，进一步继承和发扬中华优秀传统文化和传统美德。一是突出宜居、人文、幸福大关。感染、号召辖区居民热爱大关地区、珍惜爱护一草一木，为打造美好的生活街区形成居民合力。二是突出社会主义核心价值观。积极宣传24字核心内容，并结合街道每月一次进社区活动，宣传主流价值观，切实践行节俭养德、孝亲敬老、爱岗敬业等主题。

三是突出精神文明活动。将辖区举办的各类弘扬中华美德、展现正能量、宣传未成年人思想道德教育等的特色活动图片信息轮流放置在宣传展示区内，通过动态的展示与核心价值观固定宣传相互辉映，浓厚氛围。在普及生态文明教育方面，拱墅区积极贯彻杭州市政府的部署和要求，制定和实施生态文明建设道德规范，发布生态文明公约，推动生态文明行为养成。在各类学校教育中增加生态文化教育内容的同时，对广大公众开展生态教育，加强有关生态环境与生态文明的专业知识培训，提高公众的生态素养。加强辖区内公益服务组织的培育，发扬社会组织、志愿者的志愿服务精神，倡导生态文明理念宣讲和行为示范，促进公共文明行为习惯的养成。拱墅区以生态文明教育为载体，倡导健康的生活方式，努力营造道德高尚、社会和谐、身心健康、行为绿色、生活舒适的社会环境。

第五章
开放发展理念在杭州的实践

对外开放是一项引领中华民族走向复兴富强的基本国策，是中国共产党在科学总结社会主义现代化建设经验和深刻认识世界发展大势的基础上做出的重大战略决策。改革开放近40年来，我国社会从封闭走向开放，对外开放战略也在实践探索中不断发展。特别是党的十六届五中全会明确提出实施互利共赢的开放战略，意味着我国对外开放由适应性、学习性开放向战略性、制度性开放转变。党的十七大又全面阐述了坚持互利共赢对外开放战略的新思维和新蓝图，党的十八大更是强调我国将始终不渝奉行互利共赢的开放战略，使这一战略更加完善。习近平同志系列重要讲话提出开放发展新理念，准确把握当今世界和我国发展大势，直面我国对外开放中的突出矛盾和问题，体现了我们党对经济社会发展规律认识的深化、对外开放思想的丰富和发展。

杭州作为我国经济社会发展水平较高的地区，作为改革开放的先行地区，在探索实践新发展理念上做了许多创造性的工作。尤其以实施城市国际化战略打造世界名城为战略目标，创造性地贯彻落实开放发展新理念，取得了积极的阶段性成果。

一、开放发展战略的历史考察

（一）我国对外开放的光辉历程

1978年十一届三中全会后，中国逐步打开国门实施对外开放。

1. 从开放区域来看，中国对外开放战略历经了三个主要阶段：沿海开放战略、沿边开放战略、建立自由贸易区战略

20世纪80年代，以兴办经济特区和开放沿海地区为战略选择，我国对外开放和外向型经济发展实现重大突破。1980年，设立深圳、珠海、汕头、厦门4个经济特区；1984年，开放大连、天津、青岛、上海、宁波、福州、广州等14个沿海城市；1985年，又将珠江三角洲、长江三角洲、闽南厦漳泉三角地区的51个市县开辟为沿海经济开放区，随后又扩展到辽东半岛、山东半岛及其他沿海地区的一些市县；1988年建立海南经济特区。

20世纪90年代，全方位、多层次、宽领域对外开放格局逐步形成。1990年中央决定开发开放上海浦东新区。1992年对外开放的地域又向纵深推进，相继开放了重庆、武汉、九江等6个沿江港口城市，以及满洲里等13个陆地边境城市和所有内地省会城市，并实施灵活的鼓励外商投资的区域经济政策。随后几年，又陆续开放了一大批符合条件的内陆市县。至此，我国全方位对外开放格局基本形成，促进了国民经济迅速发展。

以加入世贸组织为标志，我国对外开放进入了新阶段。2001年12月11日，经过长达15年艰难而曲折的历程，我国成为世贸组织成员。从此，我国的对外开放由有限范围、领域、地域内的开放，转变为全方位、多层次、宽领域的开放；由以试点为特征的政策性开放，转变为在法律框架下的制度性开放；由单方面为主的自我开放市场，转变为我国与世贸组织成员之间的双向开放市场；由被动地接受国际经贸规则的开放，转变为主动参与制定国际经贸规则的开放；由只能依靠双边磋商机制协调经贸关系的开放，转变为可以多双边机制相互结合和相互促进的开放，为我国参与经济全球化开辟了新

的途径，为国民经济和社会发展开拓了新的空间。

为了打造具有核心竞争力，提高我国企业的国际竞争力，打造"升级版"对外开放，我国于2013年9月成立上海自贸区。自贸区实行贸易自由化、投资自由化、金融国际化和行政精简化"四化"。自贸区旨在通过开放促进国内改革，打造中国经济的升级版；实行负面清单管理和扩大服务领域开放，外资在自贸区的空间更大；金融改革有助于国内市场一体化。

2. 从开放的内容来看，中国对外开放战略历经了三个主要阶段：让利吸引阶段、互利发展阶段和互利共赢阶段

让利吸引的初始探索阶段（1978—1991年）。党的十一届三中全会的召开标志着中国进入了对外开放的初始探索阶段。这一时期的对外开放政策主要以让利方式吸引国外资本与先进技术，并以试点形式逐步推广扩大。为了创造良好的开放大局，我国在税收、土地、利率等方面采取了一系列让利优惠措施，以此吸引国外投资和先进技术。我国采取了先行设立经济特区的方式，实行试点式、由点带面的开放模式。作为国外经验与国内环境相结合的试验场地，经济特区旨在降低开放的风险与代价，不断积累有效经验，探索适合我国具体国情的开放形式。经济特区的成功实践，使我国的对外开放得以逐步扩展至全国。从对外开放的初始探索中，我国逐渐摸索出一条符合自身国情的特色发展道路，为改革开放的长远发展奠定了基础。

互利发展的全面开放阶段（1992—2005年）。对外开放初始探索的成功，为我国转向以互利发展为特点的全面开放奠定了基础。我国互利共赢开放战略的形成经历了三个重要节点，即1992年党的十四大确立了对外开放进入全面发展阶段，1997年中国在东亚金融危机中的表现将互利共赢战略落实到地区关系中，2001年中国加入世界贸易组织（WTO）标志着对外开放由政策性向制度化的转变。

互利共赢开放战略的确立（2005—2013年）。20多年改革开放的成功经验，催生了互利共赢的开放战略，并于2005年被正式纳入国家发展规划。党的十六届五中全会在"十一五"规划中明确提出，实行互利共赢的

开放战略，统筹国内发展和对外开放，不断提高对外开放水平，增强在扩大开放条件下促进发展的能力。十六届五中全会首次以官方文件形式明确了在经济全球化背景下对外开放战略的指导方针——互利共赢。党的十七大报告指出，坚持对外开放的基本国策，完善内外联动、互利共赢、安全高效的开放型经济体系，形成经济全球化条件下参与国际经济合作和竞争新优势。十七届五中全会在"十二五"规划中强调，实施互利共赢的开放战略，进一步提高对外开放水平，与国际社会共同应对全球性挑战、共同分享发展机遇。党的十八大报告重申，我国将始终不渝地奉行互利共赢的开放战略，通过深化合作促进世界经济强劲、可持续、平衡增长，从而使这一战略更加成熟和完善。

（二）开放发展理念的科学内涵

开放发展理念，其核心是解决发展内外联动问题，目标是提高对外开放质量，发展更高层次的开放型经济。开放发展理念包含主动开放、双向开放、公平开放、全面开放、共赢开放等重要思想，将全方位升级我国开放型经济。

主动开放，把开放作为发展的内在要求，更加积极主动地扩大对外开放。对外开放不是权宜之计，而是国家繁荣发展的必由之路。习近平同志指出："中国越发展，就越开放。"坚持主动开放，就要统筹国内国际两个大局，把既符合我国利益又能促进共同发展作为处理与各国经贸关系的基本准则；以开放促改革，健全有利于合作共赢并同国际贸易投资规则相适应的体制机制；积极参与全球治理，提高我国在全球经济治理中的制度性话语权；努力实现对外开放与维护经济安全的有机统一，在扩大开放中动态地谋求更高层次的总体安全。近年来，我国着力于推动二十国集团加强合作、推进"一带一路"建设、筹建亚投行等，迈出主动开放的稳健步伐。在世界经济复苏缓慢、贸易保护主义抬头的今天，我国坚定不移地扩大对外开放，做全球自由贸易的推动者，彰显了负责任大国的胸怀和担当。

双向开放，坚持引进来和走出去并重。坚持引进来和走出去并重，是开放型经济发展到较高阶段的重要特征，也是更好地统筹国际国内两个市场、两种资源、两类规则的有效途径。在引进来方面，适应我国加快转变经济发展方式的要求，着力提高引资的质量，注重吸收国际投资搭载的技术创新能力、先进管理经验以及高素质人才。在走出去方面，适应我国对外开放从贸易大国迈向贸易强国、投资大国以及市场、能源资源、投资"三头"对外深度融合的新局面，支持我国企业扩大对外投资，推动装备、技术、标准、服务走出去，提升在全球价值链中的位置。推进双向开放，要求促进国内国际要素有序流动、资源高效配置、市场深度融合。

公平开放，构建公平竞争的内外资发展环境。习近平同志强调："中国市场环境是公平的。所有在中国内地注册企业，都是中国经济重要组成部分。"公平开放要求改变过去依靠土地、税收等优惠政策招商引资的做法，通过加强法治建设，为外资企业提供公平、透明、可预期的市场环境，实现各类企业依法平等使用生产要素、公平参与市场竞争、同等受到法律保护。推进公平开放，表明中国利用外资的政策不会变，对外商投资企业合法权益的保护不会变，为各国企业在华投资兴业提供更好服务的方向不会变，必将进一步增强外资企业长期在华发展的信心。

全面开放，全面布局开放举措、开放内容、开放空间，打造陆海内外联动、东西双向开放的全面开放新格局。追求全面是提高开放水平的必然。习近平同志指出："中国将继续全面对外开放，推进同世界各国的互利合作。"全面开放体现在开放举措上，就是坚持自主开放与对等开放，加强走出去战略谋划，统筹多双边和区域开放合作，加快实施自由贸易区战略，推进"一带一路"建设，推动陆海内外联动、东西双向开放；体现在开放内容上，就是进一步放开一般制造业，有序扩大服务业对外开放，扩大金融业双向开放，促进基础设施互联互通；体现在开放空间上，就是改变我国对外开放东快西慢、沿海强内陆弱的区域格局，逐步形成沿海内陆沿边分工协作、互动发展的全方位开放新格局。推进全面开放，要求协同推进战略互信、经贸合作、人文交流。

共赢开放，加强国际交流合作，推动经济全球化朝着普惠共赢的方向发展。当前，全球产业链、供应链、价值链加速整合，各国发展联动、机遇共享、命运与共的利益交融关系日益凸显。共赢开放反对保护主义，主张构建开放型世界经济，维护和加强多边贸易体制，为世界各国发展提供充足空间；主张区域自由贸易安排对多边贸易体制形成有益补充，而不是造成新的障碍或藩篱，推动经济全球化朝着普惠共赢的方向发展；以开放发展为各国创造更广阔的市场和发展空间，促进形成各国增长相互促进、相得益彰的合作共赢新格局。推进共赢开放，要求发展全方位、多层次国际合作，扩大同各国各地区的利益汇合，实现互利共赢。

贯彻开放发展理念，推动互利共赢的国际发展合作。习近平同志指出："我们将坚定不移奉行互利共赢的开放战略，继续从世界汲取发展动力，也让中国发展更好惠及世界。"贯彻落实开放发展理念，我们将以对外开放的主动赢得经济发展和国际竞争的主动，在扩大开放中同世界各国形成深度融合的互利合作格局。

推进"一带一路"建设。今日之世界已成为一个你中有我、我中有你的命运共同体。"一带一路"建设顺应时代潮流，秉持共商、共建、共享原则，致力于实现各国在发展机遇上的共创共享，促进中国与世界在发展机遇相互转化中实现合作共赢，是我国扩大对外开放的重大战略举措。推进"一带一路"建设，应弘扬开放包容、互学互鉴的精神，坚持互利共赢、共同发展的目标，奉行以人为本、造福于民的宗旨，完善双边和多边合作机制，推进同相关国家和地区多领域互利共赢的务实合作。积极推进政策沟通、设施联通、贸易畅通、资金融通、民心相通，广泛开展教育、科技、文化、旅游、卫生、环保等领域合作，共建开放多元共赢的金融合作平台，为世界可持续发展提供新动力，给沿线各国人民带来实实在在的利益。

培育国际经济合作和竞争新优势。形成对外开放新体制，是培育国际经济合作和竞争新优势的关键。为此，上海、广东、天津、福建四个自由贸易试验区正在进行积极探索。今后，应进一步加大制度改革力度，在形成对外开放新体制上迈出新步伐。建立贸易便利化体制机制，全面实施单一窗口和通关一体化；提高自由贸易试验区建设质量，在更大范围推广复制；创新外商投资管理体制，全面实行准入前国民待遇加负面清单管理制度；完善境外投资管理体制，清理取消束缚对外投资的各种不合理限制；加快构建开放安全的金融体系，完善涉外法律法规体系，建立健全风险防控体系等等。通过全面深化改革，大力营造竞争有序的市场环境、透明高效的政务环境、公平正义的法治环境、合作共赢的人文环境、法治化国际化便利化的营商环境，加快形成有利于培育新的比较优势和竞争优势的制度安排。

形成对外开放战略新布局。完善对外开放区域布局、对外贸易布局、双向投资布局，是形成对外开放战略新布局的重要内容和标志。完善对外开放区域布局，应贯彻开放型经济发展与区域协调发展相结合的思路，支持沿海地区全面参与全球经济合作和竞争，加快内陆沿边地区开放步伐，形成各有侧重的对外开放基地。完善对外贸易布局，应加快对外贸易优化升级，推动外贸由大进大出向优质优价、优进优出转变，着力建设贸易强国。完善双向投资布局，应在大力引进境外资金和先进技术的同时，支持我国企业扩大对外投资，积极搭建金融服务平台，为国际产能和装备制造合作提供更好的金融服务。同时，注重深化内地和港澳、大陆和台湾地区合作发展。

推动全球经济治理体系改革完善。近年来，中国努力推动互利共赢的国际发展合作，成为推动构建平等公正、合作共赢国际经济新秩序的中坚力量。今后，中国将继续推动全球经济治理体系改革完善，积极承担与自身能力和地位相适应的国际责任和义务，努力使全球治理体制更加平衡地反映大多数国家的意愿和利益。加强宏观经济政策国际协调，维护多边贸易体制，加快实施自由贸易区战略，促进形成各国发展创新、增长联动、利益融合的世界经济。

二、杭州开放发展战略的实践创新

（一）城市国际化是实施开放发展战略的实践创新

城市国际化是指城市在人、财、物、信息及整体文化等方面进行跨国界的相互往来与交流活动不断增加，城市的辐射力、吸引力影响到国外的过程以及国际性城市的形成过程。20世纪80年代以来，城市国际化概念在全世界被广泛接受，并成为衡量一个城市国际影响力和竞争力的重要标志。城市国际化是指城市按照国际通行惯例，在全球范围内运用和配置各种资源，全面参与国际合作与竞争的过程和状态，主要包括经济国际化、社会国际化、人文国际化、基础设施国际化和以开放为取向的制度创新等内容。中国特色的城市国际化，包含经济、港口、基础设施国际化，社会人文国际交流合作，通用国际商务规则国际接轨和开放制度创新等内容和要求。

城市国际化的直接表现是城市国际影响力和竞争力的不断提高，核心是国内外人才、资本、信息等高端优质资源要素的大量集聚、高效配置和利用，目的是整体提升城市综合实力、国际竞争力和可持续发展能力，提升城市现代化发展水平，让城市居民享有更高更好的福利，共享宜居宜业的发展成果。城市国际化战略着眼于跨国社会经济联系的建立，寻求在国际合作中获得发展。它具有以下特征：全局联结性。国际化城市经济高度发达，拥有雄厚经济实力，一般是制造业中心、商贸中心、金融中心、交通中心、通信中心、信息中心和管理中心等，对世界各城市的进化起着强烈的示范效应。国际化战略就要着眼于其诸多城市中心功能的综合，从而表现出全局联结性的特征。国际指向性。国际化城市地理位置优越，区位优势明显，与国内市场与世界大市场高度关联，是世界市场链条体系的中心环节。它们接受国际市场供求关系的调节，根据国际市场的需求变化来安排生产、经营，从而成为连接国内外经济的桥梁和枢纽。城市国际化战略就要表现出国际指向性特征，注重城市在国内外经济中的结合点，突现其集散牵头功能。因此，城市国际化战略是对单边开放、单领域开放的片面开放理念和实践的否定。

开放发展新理念，其核心要义是解决发展内外联动问题，目标是提高对外开放质量，包含主动开放、双向开放、公平开放、全面开放、共赢开放等重要思想。在这个意义上，城市国际化战略是贯彻落实新发展理念的具体实践。

（二）城市国际化的初步探索

杭州"城市国际化"的提出由来已久。从建设"东方纽约""东方日内瓦"到共建共享与世界名城相媲美的"生活品质之城"和打造"东方品质之城"，国际化始终贯穿着城市规划、建设与管理的实践。

在杭州市国民经济和社会发展五年规划、政府工作报告等重大文件中，扩大对外开放、加快经济国际化及旅游国际化进程等字眼屡屡被提及。《杭州市国民经济和社会发展第十个五年计划纲要》提出，要"提高杭州的国际知名度和影响力，加快杭州经济国际化进程"。《杭州市国民经济和社会发展第十一个五年规划纲要》提出，要"建设国际风景旅游城市和'东方休闲之都'"，"扩大开放提高经济国际化水平"。2008年7月，市委十届四次全会首次将"城市国际化"列为杭州市发展"六大战略"之一，将"城市国际化"提升到了新的战略高度。2009年6月，市委、市政府发布了《关于实施城市国际化战略，提高城市国际化水平的若干意见》（市委〔2009〕18号），提出了推进政府管理、社会服务、经济贸易、城市设施、科教文化、生活居住和市民观念等七个方面国际化的具体意见。2012年2月，市第十一次党代会上明确将"城市国际化"作为杭州市今后发展的"主抓手"之一。以G20峰会的召开为标志，杭州市迎来一个崭新的发展时期。2016年7月11日，中共杭州市委十一届十一次全体（扩大）会议审议通过了《中共杭州市委关于全面提升杭州城市国际化水平的若干意见》，分阶段提出了杭州市的"国际化"目标。

在市委、市政府的高度重视下，近年来，面对复杂多变的国内外经济形势，各级各部门将加快城市国际化进程融入日常工作中，扎扎实实，循序渐进，在扩大对外开放和交流、推进旅游国际化、提升城市竞争力等诸多方面，取得了较大的突破和进展。

1. 主要指标居全国前列，综合实力有显著的提升

"十二五"以来，我市面对经济新常态，坚持科学发展，主动转型升级，积极发展创新型经济，建设和谐幸福杭州，经济社会取得较快发展，综合实力保持全国前列。

2015年，杭州市实现生产总值10053.58亿元，经济总量保持副省级城市第五、全国大中城市第十。按户籍人口计算的人均GDP为112268元（折算后为18025美元），达到上中等发达国家水平。全年完成财政总收入2238.75亿元，地方财政收入1233.88亿元。市区城镇居民人均可支配收入48316元，农村居民人均纯收入25719元。第三产业比重不断提高，三次产业比例调整为2.9∶38.9∶58.2，其中，文化创意、金融服务、旅游休闲、电子商务等部分现代服务业产业竞争力居全国前列。民营经济发达，中国民营企业500强中，50家总部设在杭州，连续14年居全国城市首位。2015年社会发展总指数居副省级城市第一名，社会发展水平已连续多年位列副省级城市第一方阵。人均期望寿命突破80岁，已与世界高收入国家水平齐平。

2. 开放型经济日趋发达，发展主动融入国际分工

杭州市坚持实施"开放带动"战略，充分利用两个市场、两种资源，积极有效利用外资，加快推动企业"走出去"，力争在更大范围、更广领域和更高层次上参与国际经济合作与竞争，经济国际化水平进一步提高。对外贸易不断拓展。"十二五"期间全市进出口总额3252.91亿美元，全市累计出口2267.82亿美元，年均分别增长4.9%和7.2%。2015年，全市外贸进出口总额665.66亿美元，其中出口500.67亿美元，列副省级城市第5名；机电产品和高新技术产品成为出口主导产品，出口额分别为201.92美元、63.6亿美元。服务贸易发展迅猛，全市服务贸易进出口190.33亿美元，位居全国服务贸易示范城市第一方阵。

利用外资量质齐升。"十二五"期间，全市累计实际到资284.07亿美元。引资结构更趋优化，2015年全市批准外商直接投资475项，实到外资71.13亿美元，增长12.3%。新批总投资3000万美元以上项目130个，总投资140.09亿美元，占新批外商项目总投资的84.9%。引进世界500强投资项目10个，至2015年末，有112家世界500强企业来杭投资188个项目。

境外投资步伐加快。至2015年末，全市设立各类境外投资企业（机构）1341个，其中非贸易企业491个。境外合同投资26.49亿美元，其中非贸易性投资14.71亿美元，增长64.9%。对外承包工程和劳务合作营业额17.69亿美元，增长69.8%。离岸服务外包合同执行额51.94亿美元，增长26.7%。民营企业是杭州"走出去"的主力军，华立、万向、富通等一大批民营企业赴境外投资。

开放型平台建设日趋成熟。开发区越来越成为杭州经济发展的重要载体，2015年，杭州经济技术开发区、杭州高新技术产业开发区、萧山经济技术开发区、杭州之江国家旅游度假区、余杭经济技术开发区、富阳经济技术开发区、临江国家高新区等7个国家级开发区全年实现规模以上企业主营业务收入8130.19亿元，企业利润586.3亿元。园区产业转型不断加快，杭州经济技术开发区新加坡科技园、杭州高新技术产业开发区物联网产业园、钱江经济开发区节能环保装备产业园、富阳经济开发区工业设计创意产业园和临安经济开发区高端机械装备产业园等特色品牌园区和余杭经济开发区生物医药产业基地等外商投资新兴产业示范基地相继建立。

3. 各领域对外交流广泛，国内外影响力不断扩大

通过官方、民间、半官方等多种渠道，我市在文化、教育、人才培养等多领域均搭建了良好的交流平台。

国际友城交往密切。截至2011年底，杭州市已与29个城市建立了友好城市关系，并已连续举办六届"杭州国际友城市长峰会"，每年有近50个国内外友城代表团400余位嘉宾参加。通过与友城之间的交流和学习，借鉴友城在城建规划、城市管理、历史文化遗产保护、产业发展、人才培养等多个领域的经验和做法；通过发挥友城的桥梁纽带作用，拓展与其所在国的经贸合

作，形成以友城为中心的对外交流辐射网；通过 "友城之窗"、《杭州日报》等平台，定期向市民介绍友城的风土人情、城市特色，形成了我市与友城之间互动互鉴、多元合作的良好局面。

民间国际商务交流日益活跃。据不完全统计，我市与近300家境外商务协会建立了密切的业务联系，为推动境外访问团来杭交流互访以及企业参与国际经济竞合打下了基础。

对外文化体育交流活动频繁。"追寻马可·波罗足迹——天城之旅"意大利画家画杭州系列活动、"公望遗韵·西泠百印"台北展、西湖国际音乐节、中日韩茶文化交流大会、海外华裔青少年"寻根之旅夏令营"等文化交流活动不胜枚举；《中国印象》《和平颂》《梦幻西湖》等大批文化精品项目走向海外市场；世界钱塘江国际冲浪嘉年华、世界汽车漂移赛、西湖国际马拉松赛等国际体育赛事以及"海外华文媒体杭州行""城市国际日"等主题宣传体验活动，均有效地提升了杭州"历史文化名城"的海外形象和城市知名度。

实施《杭州市推进教育国际化行动计划》，教育国际交流深层次发展。除教师、学生出国（境）交流访问等常规性项目外，2010年起，杭州市开始实施中小学与港澳台及国外学校"百校结对"行动计划，至2015年共结姐妹学校87对。2012年，启动实施"校校有外教"工程和普通高中中外合作办学项目，杭十四中、杭师大附中、东方中学等7所学校中外合作办学项目已获省教育厅批准。

4. 旅游休闲享誉海内外，会展国际化迈上新台阶

"十二五"时期是我市国际旅游休闲中心建设的重要时期，各项旅游指标保持较快增长。2015年，我市旅游总收入2200.67亿元，旅游外汇收入29.31亿美元，接待入境旅游者人数342万人次。旅游接待能力不断提高，星级宾馆达到186家，其中五星级24家，四星级46家；A级景区54个，其中5A级景点3个，4A级景点34个。"东方休闲之都，品质生活之城"的杭州旅游品牌形象享誉世界，先后被"世界休闲组织"授予"东方休闲之都"称号，被世界旅

游组织（UNWTO）和国家旅游局评为首批"中国最佳旅游城市"之一，被美国《纽约时报》推荐为"2011年全球最值得去的旅游城市"，西湖文化景观和大运河先后列入《世界遗产名录》。

会展功能得到明显增强。近年来，在杭举办的重大国际会展和涉外活动每年都在20个以上，如西博会、休博会、世界经济论坛——杭州研讨会、国际电子信息技术博览会、APEC工商咨询理事会年会、世界遗产保护·杭州论坛等等，城市会展功能得到明显增强，在国内会展城市中地位不断提升，先后被授予"中国十大最佳会展城市""中国十大节庆城市"榜首、"中国十佳会议旅游目的地"第一名等多项荣誉。2015年，杭州市位列国际会议与大会协会（ICCA）国家城市会议排行榜亚太地区城市排名第27名，国内城市排名仅次于北京和上海。

5. 城市竞争力与日俱增，要素吸纳能力不断增强

杭州市依托资源禀赋、产业特色和历史人文优势，加快建设"一基地四中心"，区域影响力日益增强，多次在城市投资环境、商务环境评比中排名靠前。

多项荣誉彰显城市竞争力。连续4年被世界银行评为中国城市总体投资环境最佳城市第一名，连续5年被美国《福布斯》杂志评为中国大陆最佳商业城市第一名，成为中国第一个以"工艺与民间艺术之都"加入联合国教科文组织评选的"全球创意城市网络"的城市。此外，联合国"最佳人居奖"、国际花园城市、跨境贸易电子商务服务试点城市、中国最具幸福感城市、中国大陆最具软实力城市、中国创业之城、中国民生成就典范城市最高荣誉奖等多项荣誉，均体现了杭州的综合竞争力所在。从中国社会科学院发布的《中国城市竞争力报告》来看，2005年以来，杭州的竞争力排名在逐步提升。2015年，杭州在全国（含港澳台）294个城市中排名第8位，居长三角城市第2位。其中，文化教育竞争力居第3名，仅次于南京和上海；社会环境竞争力居第6位；创新环境竞争力居第10位。

创新创业要素加快集聚。通过杭州国际人才交流与合作大会、"杭州市

高校毕业生和留学回国人员创业三年行动计划"、全球引才"521"计划、
"美国硅谷清华学子杭州行"等多形式的引智措施,海内外创新资源集聚杭
州。截至2015年底,杭州市已引进海外人才2.3万多人,其中有272人入选国家
"千人计划"人选,395人入选省"千人计划"人选,市"521"计划专家172
名,自主申报入选"国千"人数108名,居全国同类城市前列。全市有浙江大
学、杭州师范大学等普通高等院校39所,在校学生47.56万人,为杭州市发展
创新型经济、总部型经济提供了坚实的智力支持。

(三)城市国际化的主要障碍

纵观城市国际化的建设历程和发展基础,杭州市在国际国内的综合影响
力还不够大,参与国际分工的竞争力还不够强,提升国际化水平的载体还不
够多,国际服务的功能还不够完善,国际化的氛围还不够浓,需要在今后的
发展中予以解决。

1. 国际综合影响力仍然不足

作为省会城市,杭州在区域经济发展体系中处于领先位置,但与国际国
内先进城市相比,综合竞争力、综合影响力仍然落后。一是缺乏国际性大事
件。缺乏像天津夏季达沃斯论坛、广交会这样的国际性大事件。目前,杭州
已经形成了西博会、休博会等一系列会展活动品牌,但总体上仍处于初创阶
段,境外展位数和客商比重比较低,国际化合作程度和活动知名度有待进一
步提高。二是国际竞争力排名靠后。在中国社科院发布的《全球城市竞争力
报告2011—2012》中,杭州排名全球205位,在内地城市中排名第9位;国际
竞争力自2007年以来虽有所上升,但排名仍在200位之外,与深圳、广州等城
市相比,相差甚远。三是对外知名度不高。通过调研发现,国外许多企业界
人士不了解杭州,对杭州的认识仅限于悠久的历史文化和秀丽的西湖风光,
对杭州的综合实力、投资环境等所知不深。

2. 产业结构性、素质性矛盾比较突出

杭州市民营经济高度发达,与世界经济发展全面接轨、加速融合,但与

世界经济的融合发展还处于程度不够深、水平比较低的阶段。在经济国际化过程中，一些结构性、素质性矛盾正日益凸显出来。一是外贸产品结构有待优化。高技术产品出口占比偏低，服务贸易与货物贸易比例失衡，缺乏国际性大企业、大品牌，出口商品的国际竞争力有待提升。二是利用外资的质量和结构有待提升。跨国公司地区总部数量、世界500强企业入驻率等指标与上海相比，差距较大；服务业利用外资主要靠房地产业支撑，房地产业实际利用外资占服务业利用外资近60%，科学研究和综合技术服务业、租赁及商务服务业、信息传输、计算机服务和软件业等现代服务业利用外资相对滞后。三是"引进来"和"走出去"不平衡。与"引进来"相比，境外投资规模偏小，企业"走出去"参与国际产业分工和国际资本市场运作的步伐相对滞后，"走出去"的服务体系和配套政策有待完善。四是国际化人才支撑不足。具有较高外语水平、丰富专业知识，熟悉国际经济法律和国际惯例，同时具备一定跨文化交流能力的综合性、开放型人才支撑不足。

3. 缺乏大载体、大平台、大项目或现有带动作用未能有效发挥

一是缺乏具有国际竞争优势的产业平台。我市已有杭州经济技术开发区、萧山经济技术开发区、杭州高新技术产业开发区等多个产业平台，但与苏州工业园区、苏州高新技术产业开发区等相比，在利用外资、外商产业链招商、产业梯度承接等方面有较大差距；大江东产业集聚区、城西科创产业集聚区等一批新兴产业集聚区尚处建设期，综合竞争优势不能充分发挥。二是缺乏大型高端会展设施。虽然G20主会场在新建奥体博览中心胜利召开，但总体上我市现有会展硬件设施落后于省内宁波、义乌以及长三角上海、南京、苏州等城市。三是缺乏国际商务资源集聚区。据不完全统计，目前已有数十家国际商务机构在杭州设立办事处，但与上海相比，杭州市国际商务机构和组织偏少，且分布较为分散。

4. 国际服务功能有待加强

随着城市发展进入新阶段，杭州的城市建设已经从拉开城市框架为主向集聚高端要素、完善城市功能为主转变。然而，目前我市在公共交通、教

育、社会保障、文化娱乐、居住等公共服务方面还存在诸多薄弱环节，与建成国际化大都市的要求有一定差距。一是公共交通方面，轨道交通尚处试运营阶段，萧山机场的国际服务功能尚未完全发挥，仅开通国际航线33条，旅客吞吐量全国排名从2008年来逐年下降，杭州市在对外大交通建设、改善城市内部交通、优化现有交通资源等方面还大有改进空间。二是教育方面，杭州的教育总体水平与国内先进城市相比还有较大差距，在国内外有较大影响力的高校仅浙江大学一所，基础教育阶段的国际合作项目比较少。三是社会保障方面，由于社会保障和福利制度的差异，境外医疗机构、养老机构引进存在种种障碍。四是文化娱乐方面，大型专业国际性体育赛事和文化演出比较少，缺乏供外籍人士娱乐休闲的场所。五是居住方面，适合外籍人员居住的房源不多，缺乏国际友人社区，一定程度上影响了外籍人员的长期居住。

5. 国际化城市氛围不浓

一是外籍人士少，外籍人士的多少一定程度上体现了城市国际化程度，目前，在杭外籍常住人口不足2万人，仅占全市常住人口的0.2%，在杭就业的外籍人口则更少。二是对外来文化的包容性仍有待加强，很多市民对城市国际化的必要性和重要性还缺乏理解。三是外语环境不佳，杭州缺乏本土的外语类广播电视栏目和报纸杂志，大部分公共场所和公共交通设施缺乏双语环境，普通市民和窗口工作人员中英语普及率较低。四是空气、水、食品等环境和行业的质量标准不与国际标准接轨，或与国际标准"低轨"相接。五是营商环境和办事规则欠国际化，也是制约杭州城市国际化的因素。

三、推进城市国际化的主要举措

（一）明确城市国际化的阶段目标

到2020年，城市创新创业能力和产业国际竞争力明显增强，城市功能和人居环境更加完善，公共服务水平和社会文明程度显著提高，国际往来和人文交流更加深入，成为具有较高全球知名度的国际城市。

到2030年，城市国际化向纵深推进，城市核心竞争力走在全国城市第一方队前列，初步成为特色彰显、具有较大影响力的世界名城。

到21世纪中叶，杭州城市的国际性特征进一步完备，经济、文化、社会和生态等领域的自身特色和个性特质充分彰显，成为具有独特东方魅力和全球重大影响力的世界名城。

（二）着力打造具有全球影响力的"互联网＋"创新创业中心

1. 拓展国际创新创业载体

以杭州国家自主创新示范区建设为龙头，实施"一区十片、多园多点"发展布局，加快创新创业平台建设。发挥国家高新区引领作用，把杭州高新区（滨江）建设成为世界一流高科技园区，把临江高新区建设成为一流制造中心。高水平规划建设杭州城西科创大走廊、城东智造大走廊。加快建设一批具有国际影响力的科创特色小镇、离岸创新创业基地、开放式创业街区和高端众创空间，形成聚合高端要素的国际化创新创业空间体系。提升云栖大会等一批国际创新资源交流平台，大力吸引国际研发机构、知名孵化平台和顶级创新创业导师团队落户。到2020年，全市集聚国内外顶尖人才20名左右、国家级领军人才500名左右、海外高层次人才2万名左右。

2. 构建国际前沿和高端产业集群

落实"互联网＋"战略，深入实施信息经济与智慧应用互动融合发展的"一号工程"，在重点领域突破掌握一批具有自主核心知识产权的重大共性和关键技术，抢占国际标准制定话语权，形成万亿级信息产业集群，打造全球领先的信息经济科创中心。实施《中国制造2025杭州行动纲要》，大力发展新一代信息技术、高端装备制造、汽车与新能源汽车、节能环保与新材料、生物医药和高性能医疗器械、时尚等六大重点产业，跟踪发展人工智能、量子通信、增材制造、新型显示、虚拟现实等前沿产业，抢占全球产业制高点。实施领军企业和跨国企业培育战略，在重点优势领域培育一批国际知名创新型领军企业，打造一批具有国际竞争力的本土跨国企业。到2020

年，规上高新技术产业增加值占工业增加值比重达到50%以上。

3. 打造国际开放合作高地

加快营造高标准的国际化营商环境，加强国际化专业招商队伍建设，着力引进一批世界500强企业、全球行业领先企业、国际创新型企业、细分领域"小巨人"企业和优质浙商回归项目。巩固和深化杭州跨境电商综试区先行先试优势，重点突破跨境电商贸易瓶颈，推广运用新商业模式，建设全球最优跨境电商生态圈，打造国际网络贸易中心。推进服务贸易创新发展试点，扩大优质服务产品输出，建设高能级服务贸易产业园区。推进国家综合保税区建设，打造"网上丝绸之路"重要战略枢纽城市，支持企业用好国际国内资源、技术和市场，建设一批境外产业合作园区，实施一批参与"一带一路"建设重大项目。

4. 营造国际创新创业生态环境

深入实施"创新创业新天堂"行动计划，完善政用产学研合作机制，支持行业龙头企业联合组建产业研究院，组织实施一批重大科技示范应用项目，加大对本地企业自主创新支持力度。深化国家自主知识产权示范城市建设，打造具有全球影响力的科技交易市场，推动科技成果有效转化。推进钱塘江金融港湾建设，打造财富管理中心和新金融中心，构建创新创业金融服务体系。做好全国小微企业创业创新基地城市示范工作，实施新一轮科技型初创企业培育工程。到2020年，全社会研发经费支出占全市生产总值比重达到3.5%，万人有效发明专利拥有量达到38项，国际专利申请量明显提升。

（三）着力打造国际会议目的地城市

1. 打响全球会议目的地品牌

充分发挥杭州成为G20峰会举办城市的带动效应，加强与国际机构和国家部委的合作交流，着力引进一批有世界影响的国际会议、高端论坛项目。充分发挥在杭高校和科研机构的作用，争取更多的国际学术会议在杭举办。争取联合国相关机构和有关国际组织入驻杭州或设立办事处等机构。建设或改造提升大型会议场馆和国际型酒店群等配套设施，培育引进专业会议组织者、目的地管理公司等专业机构，提升举办国际会议承载服务能力。到2020年，杭州进入由国际大会及会议协会发布的全球会议目的地城市前80强行列。

2. 提升展会国际化水平

完善以杭州国际博览中心为重点的大型会展场馆布局，创新经营理念和运营机制，提升会展服务水平和配套能力，打造会展创新创业基地。继续推进西湖国际博览会转型升级，提升世界休闲博览会、中国国际动漫节等展会国际化水平，挖掘历史人文、旅游休闲、电子商务等杭州特色会展元素，培育具有国际影响力和号召力的本土会展品牌。建立国际会展引进和申办联动机制，引进一批国际知名会展项目。理顺会展业管理体制，完善工作推进机制和管理机构，培育市场主体，壮大会展业市场。

3. 增强国际体育赛事组织能力

按照国际一流水准，推进一批重点体育场馆建设和改造提升，办好2017年全国学生运动会、2018年世界短池游泳锦标赛、2022年亚运会等重大赛事。提升本土赛事品牌的国际知名度，培育发展本土职业体育俱乐部。大力发展群众体育，持续提升杭州游泳等项目的国际领先地位。加强与国际性体育赛事组织的联系与合作，创新体育赛事开发推广方式，大力培育引进体育赛事运营企业和项目，形成市场化、多元化、专业化办赛模式。到2022年前，累计承办各类国际A类体育赛事10项。

（四）着力打造国际重要的旅游休闲中心

1. 深入推进旅游国际化

制定实施新一轮旅游国际化行动计划，全面推进旅游产品、营销、功能、服务、管理、环境国际化。拓展"互联网＋旅游"模式，加快发展智慧旅游、共享旅游等新业态。依托西湖、西溪湿地、千岛湖、天目山等自然山水资源，挖掘古都古城、大运河等丰厚历史文化资源，推动旅游与休闲、餐饮、会展、文化、健康等特色潜力产业深度融合，积极引进大型品牌主题公园，打造一批世界级旅游产品和品牌，加快形成适应国内外不同层次游客需求的旅游产品体系。建立以国际权威媒体和新媒体为推广重点，以跨国旅行商和在线旅行商为营销切入点的国际旅游营销体系，开展全球性精准化营销主题推广系列活动。加快建设与国际接轨的游客服务体系、导游服务队伍和旅游环境，提升旅游国际可进入性。到2020年接待境外游客人数达到435万。

2. 大力实施旅游全域化

以创建国家全域旅游示范区为契机，完善美丽乡村建设和城乡统筹协作机制，持续推进"旅游西进"，打响一批旅游特色小镇品牌，大力发展乡村旅游，把"三江两岸"打造成为最美绿色风景廊道，着力构建大杭州全域化旅游新格局。深度挖掘市域西部县（市）山水林田湖和文化等资源，重点培育农事体验、民宿乡居、绿道骑游、户外拓展、休闲养生等特色旅游业态，加快区县（市）旅游新业态培育和旅游公共服务体系完善。到2020年，全市旅游休闲产业增加值年均增长10%以上。

3. 努力建设国际消费中心城市

优化商贸业布局，提高延安路商业街国际知名度，深入推进武林、湖滨、吴山、黄龙等商圈融合发展，重点建设钱江新城、钱江世纪城等国际化商业中心。实施名品进名店、名店进名街战略，运用大数据改造提升传统商贸业态，营造既有国际品牌集聚，又有浓郁杭州特色的高品质购物体验环境。强化商旅互动，用好杭州航空口岸144小时过境免签政策，完善中转服务体系，争取境外旅客购物离境退税试点，加快进境免税店落地和大型免税购物中心、区域性进口商品展示交易中心建设。健全与国际接轨的消费领域标准体系，加强跨境消费者权益保护，建立国家电子商务投诉维权中心和国家流通领域网络商品质量监测中心，设立国际商事仲裁机构。

（五）着力打造东方文化国际交流重要城市

1. 塑造东方文化品牌个性

发挥西湖文化景观、大运河两大世界文化遗产的带动效应，推进跨湖桥、良渚、南宋皇城、钱塘江古海塘、西溪湿地等文化遗址保护与开发，传承弘扬金石篆刻、浙派古琴、传统蚕桑丝织技艺等世界非物质文化遗产和优秀传统文化，形成世界级文化遗产群。实施"城市记忆工程"，建设城市历史演进3D展示馆。挖掘吴越、南宋等地域历史文化，打造东方儒学与世界佛教文化交流中心。实施"文化＋"行动，充分展示丝绸、茶叶、中医药、杭帮菜、金石书画、围棋等特色文化。培育时尚文化，发展时尚产业。到2020年，文化创意产业增加值年均增长12%以上。

2. 深化国际文化交流与合作

建立健全对外文化交流合作机制，创新对外传播、文化交流、文化贸易方式，加强经常性对外交流。深化发展友好城市和友好交流城市，更好地挖掘友城资源，增强合作的深度和广度。鼓励社会力量参与对外文化交流事业，支持艺术团体创作富有杭州特色和国际元素的作品。加强政策支持、信息服务和平台建设，打造和输出一批现当代文学艺术、出版、影视、戏曲、动漫游戏、数字内容、创意设计等文化精品。支持重点文化企业参与国际展会，开拓海外文化市场。加快建设具有国际水平的音乐厅、美术馆、书画院，培育引进国际一流演艺经纪公司，策划举办一批具有国际影响的音乐节、舞蹈节、电视节、旅游节等重大文化活动。加强与联合国教科文组织、国际知名智库等机构对接，建设具有重要影响的非政府国际文化交流平台。

3. 提升市民素质和城市文明程度

深入实施"满城书香"工程，建设全球学习型城市。建设国际化公共文化空间与设施，积极引进国际文化人才、技术和经营管理经验。加强"国际理解教育"，拓展国际视野，提升杭州政府、企业和市民的国际意识，增强同国际社会交往的能力。深入实施"市民文明素质提升工程"，进一步弘扬"精致和谐、大气开放"的城市人文精神，培育开放包容、多元共融的城市文化，打响"最美现象"品牌，深入开展文明出行、文明行为、文明服务、文明社区等系列文明行动，提升社会文明程度。

（六）加快形成一流生态宜居环境

1. 优化城市空间布局

严格落实新修订的杭州城市总体规划，科学修编新一轮城市总体规划。坚持"多规合一"，划定城市开发边界和永久性基本农田，牢牢守住资源消耗上限、环境质量底线、耕地和生态保护红线，加强对山系、水系、绿系的保护和合理利用，努力形成集约紧凑、疏密有致的空间格局。以六条生态带为依托，建设一批郊野公园，实现城市内外绿地连接贯通。加强人口和城市功能调控，完善倒逼和激励机制，严格控制增量，有序疏解存量，引导核心区人口和功能向外疏散。加快钱江新城二期、钱江世纪城、大江东新城等重点区域开发建设，继续推进"三改一拆"，区县（市）实现基本无违建，推进棚户区改造，加快实施主城区城中村改造五年攻坚行动。加快地下综合管廊建设，推进城市地下空间综合开发和城市立体发展。

2. 塑造城市特色风貌

认真落实中央城市工作会议提出的"一尊重五统筹"要求，树立高水平规划、高标准建设、高效能管理、高品位生活的理念，从整体平面和立体空间统筹协调城市景观风貌，更好体现地域特征、江南特色和时代风貌。着力彰显西湖、钱塘江、大运河、西溪湿地、湘湖等景观风貌区，打造更具东方韵味的山水园林城市。弘扬城市美学、建筑美学、色彩美学、生活美学，制定城市设计政策和标准，落实相关措施，强化建筑立面管理规范，优化城市建筑形态。加强对历史文化遗产保护和利用。提升街道、公园、广场等城市公共空间品质，精心设计城市家具，美化城市景观。

3. 提升生态环境质量

持续推进治污水、防洪水、排涝水、保供水、抓节水"五水共治"，推进海绵城市建设，到2020年前全面消除黑臭河和地表水劣Ⅴ类断面；强化饮用水源安全保障，扎实推进千岛湖配供水工程。严格控制煤炭消费总量，统筹推进燃煤烟气、工业废气、车船尾气、餐饮排气、扬尘灰气"五气共治", 实现$PM_{2.5}$浓度持续下降、空气质量优良天数比率大幅提升。加快装配式建筑发展, 推进建筑工业化, 减少建筑垃圾和扬尘污染。统筹推进生活固废、建筑固废、污泥固废、有害固废、再生固废"五废共治", 合理布局并加快固废收集、运输、处置和利用设施建设, 深化落实生活垃圾"三化四分"。深化"两路两侧""四边三化"工作, 实施小城镇综合整治行动, 深入推进城乡环境综合整治。开展"城市增绿"行动, 推广屋顶绿化和垂直绿化, 加强对废弃矿山、湿地的环境治理和生态修复。深入实施工业、建筑、交通等重点节能工程, 大力推广和应用新能源汽车, 开展低碳社区、低碳园区等试点示范。

4. 完善生态文明制度

推进建设用地和用能权、碳排放权、排污权、用水权等资源要素交易, 实施能源和水资源消耗、建设用地使用等总量和强度双控管理。建立健全环境承载力预警体系, 完善对重点生态功能区的生态补偿机制。完善环境信用评价制度, 探索建立环境污染责任保险制度。探索生态文明绩效评价和责任追究制度, 建立生态环境损害责任终身追究制。

(七) 加快形成亚太地区重要国际门户枢纽

1. 提升交通枢纽国际化水平

推动萧山国际机场扩容提升和功能配套, 开辟更多欧洲、美洲、大洋洲等重点城市国际航线, 增加亚非主要城市航班, 到2020年杭州空港国际及地区通航点达到40个左右。拓展航空配套服务市场, 支持开通国际货运航线, 大力发展临空经济, 积极争创国家级临空经济示范区。加快建设完善机场至中心城区和杭州都市圈城市的快速通道, 有序建设通用机场。加强与"一带一路"节点城市的铁路骨干支线网衔接, 积极对接中欧国际货运班列。加强市域重点航道改造提升, 深化与宁波舟山港、上海港等战略合作, 鼓励企业参与海上丝绸之路建设。加强多式联运高效衔接和设施互联互通, 打造区域性国际物流中心。

2. 完善城乡综合交通网络

规划实施杭州"一轴两翼五站"铁路枢纽布局，建设杭州城西综合交通枢纽，优化杭州站、杭州东站、杭州西站、杭州南站、江东站等枢纽站功能配置，加快建设杭黄、商合杭、杭绍台、杭温等高速铁路和杭州都市区城际铁路网，推进杭武高铁规划研究，形成以杭州为中心的省域一小时交通圈。优化城市环线系统，建设完善城市快速路网，加强杭州主城与副城、新区、组团、县城间的路网联系。加快城市轨道交通建设，到2020年形成250公里以上城市轨道交通网络，规划建设现代有轨电车线路。健全大公交体系，完善绿道网和慢行系统，推进各种公共交通工具"零距离换乘"，城区机动化出行公交分担率达60%以上，城乡间交通更加便捷顺畅。加快停车设施建设，科学布设人行立体过街设施，优化街坊路和住宅区内道路系统。加快智慧交通建设，完善交通综合信息平台，强化路面严管严治，提升交通治理科学化、智慧化、人性化程度。

3. 加快信息网络和数据开放平台建设

加快国家下一代互联网示范城市建设，推动IPv6规模化应用。建设国家级互联网骨干直联点，增设互联网国际出口专用通道，进一步提升国际和本地网络交换能力。全面推进"三网融合"，推进车联网试点，打造5G应用先行区，构建宽带、泛在、融合、便捷的市域无线网络，到2020年全市互联网普及率达到90%。健全网络与信息安全保障体系，确保重要应用系统及超大型网络平台的安全。围绕国家云计算服务创新发展试点示范城市建设，建成国际一流的云平台和大数据交易平台，打造"云上杭州"。以打造跨境电商大数据交换中心为突破口，建设国际贸易、金融、物流等大数据汇集、交易、挖掘、应用的重要枢纽城市。

（八）加快形成现代城市治理体系

1. 优化政务法治环境

深化"四张清单一张网"改革，厘清政府权力范围并明确职责。加快推进"互联网＋政务服务"，深化政务公开，完善"服务清单"，加强绩效管理，提高政府运行透明度和办事效率。设立政府大数据管理机构，推进政务数据资源跨层级、跨部门归集、共享、开放和应用。建立涉外事务管理负面清单制度，下放外商投资企业注册登记权限，降低港澳地区市场主体准入门槛，进一步完善出入境管理与服务。以创建社会信用体系建设示范城市为契机，深化"信用杭州"建设。加强法治杭州建设，坚持科学立法、依法行政、严格执法、公正司法、全民守法，努力营造规范有序、公平竞争的市场环境和社会环境。

2. 提升公共服务国际化水平

推进外籍人员子女学校规划建设，到2020年全市外籍人员子女学校达到8所；大力发展国际教育，引进国外知名教育机构来杭参与办学，中外合作办学机构与项目达到100个。支持民办西湖大学等国际一流研究型高校建设。大力发展外国留学生教育，扩大在杭留学生的来源国别、留学类别和规模。深化图书馆国际交流，增强公共图书馆国际服务功能。推进医疗卫生领域国际化合作，积极引进国际性医疗机构，推进国际化医院试点，建立与国际接轨的远程会诊系统，完善国际医疗服务结算体系。建立完善多语种服务平台，建设统一的外籍人员服务定点窗口，设立面向境外游客的旅游咨询中心，组建长效性外语志愿服务队伍，积极引进使馆签证、评估和认证等国际中介服务组织及其分支机构，健全外文咨询、信息提供、生活设施和公共服务体系。实施国际化标识改造工程，规范城市公示语标志，建设具有杭州特色的国际化街区和社区。

3. 加强城市智慧治理

充分利用大数据、云计算、物联网、人工智能等信息化技术，完善城市智慧管理服务，提升城市运行效率。建设智慧政务应用服务体系，全面实现网上办公和互动交流。推进"数字杭州"建设，完善相关标准体系和数据平台，加快在城市建设管理、交通、环保、气象、管网、防灾减灾等领域的智慧应用。加强智能电网建设，构建能源互联网城市样本。加强医疗、教育、养老、就业、社保等领域智慧应用和示范推广，努力建成覆盖城乡、全民共享的智慧民生服务体系。深化平安杭州建设，加强城市安全预警与应急管理体系建设，提升重大气象灾害、突发公共安全事件等防御和应急处置能力。

（九）加快形成区域协同发展新格局

1. 主动接轨国家区域发展战略

积极参与国家"一带一路"战略，主动融入长江经济带和长三角城市群发展规划，加强重大战略平台和重点专题领域合作，巩固和强化长三角区域规划明确的杭州"一基地四中心"特色功能，加强与上海、长三角区域和国内外城市的合作交流，进一步增强集聚和辐射带动能力，提升杭州在长三角世界级城市群中的能级，提高杭州在全国的城市地位。

2. 加快杭州都市区和都市圈建设

充分发挥杭州中心城市龙头作用，加快杭州都市区通勤一体化和公共服务互联互通建设，使杭州都市区成为全省参与国际国内竞争的尖兵和龙头。完善杭州都市圈合作模式，深化加快基础设施互联互通，推进城际轨道、高速公路、高等级航道和综合交通枢纽建设，努力在空间布局优化、产业协同发展、生态环境共保、公共服务共享等方面取得实质性成果，努力打造杭州都市圈全国经济转型升级和改革创新先行区。

3. 深入推进城乡一体化

强化市域空间统筹，坚持以城市国际化带动城乡一体化，构建多层次、多中心、网络型城市体系。加快萧山、余杭、富阳与主城区深度融合，推进市区一体化发展，研究推进城市行政区划调整。深化区县（市）协作，深入实施产业、科技、人才、旅游、交通等"西进"行动，促进市区与县（市）、城市与乡村协同发展，加快建设品质城乡。

案例一

文化包容、专业服务、中外互动
春江努力打造国际化社区

一、创建背景

城市国际化的过程，不仅是一个产业、资源等集聚的过程，更是一个人口集聚的过程。在吸引国际资本的同时，城市往往也会吸引许多境外移民。因此，国际城市的建设与发展已不仅仅是政府的行为，而开始渗透到社区这个基层单元，涉及每一户家庭、每一位居民。因此，从一定程度上来说，城市国际化直接催生了国际化社区的产生，而国际化社区建设无疑是城市国际化的重要载体和途径。

城市国际化所带来的直接后果是城市移民的国际化。由于城市走向国际化，城市在聚集国际资本的同时，会吸引众多的海外移民特别是劳动力，这使得城市移民呈现出很强的国际化倾向。在这个意义上，城市国际化的过程也是一个人口重新组合和集聚的过程。就人口来说，外籍人士在城市常住人口中的比重一定程度上反映了该城市的国际化程度。在许多国际化程度相对较高的欧美城市，这个比重常常可以达到15%—30%。在现代经济和高科技发展国际化的历史新阶段，移民国际化已经成为城市国际化发展的一个重要特征。城市国际化需要国际化人才，外来人才的加入与常住、暂住人口的增加、移民的速度是同步的，这些外来人才为城市的发展提供了源源不断的人力资源。

国际化社区作为城市社会微观再造的社会生活单元，与城市国际化有着十分密切的关系。经济全球化培育了国际化城市，而城市的国际化直接催生了国际化社区的形成。国际化社区的发展和完善，又会为国际化移民提供良好的生活条件，为城市国际化的发展奠定坚实的物质基础，可以进一步促进城市国际化的不断发展。这样，城市国际化与国际化社区之间就通过城市移民的国际化形成了一种互相影响的双向互动关系。

社区组织是社区成员、社区各类关系融入社区的基本载体和运行细胞，它的管理体制的成熟和有效运作是现代社区建设的基本保障。一般社区如此，国际化社区亦是如此。世界各个国家城市社区的管理模式大都有自己的特色，现代社区管理模式的差别往往主要取决于政府和社区之间在权能配置方式上的不同。根据政府和社区之间权能关系的不同，国际上的社区管理主要呈现出三种典型模式——社区自治模式、政府主导模式和混合模式，并分别以美国、新加坡、日本三个国家最为典型。

春江社区位于杭州城南，南临钱塘江，北靠钱江路，东依姚江路，西邻飞云江路，辖区面积0.229平方公里；社区以春江花月住宅区为主体，区内有映霞苑、芳甸苑、流云苑、月华苑、江树苑、晓风苑和潇湘苑等七个住宅小区，居民2192户，常住人口4882人，目前居住在社区的境外人士有200余人，共93户，涉及美国、俄罗斯、英国、澳大利亚、韩国、日本、印度等23个国家及港、澳、台三地。绿化面积108242平方米，绿化率47.3%，区内建有生态型中心花园、大型景观绿化带，向社区居民日常开放的有健康文体活动场所、为老服务中心、卫生服务中心、餐厅及会所、商铺等生活服务会所。

二、具体做法

创建国际社区的目标：贯彻落实区委、区政府建设"东方品质体验区、幸福和谐示范区"的工作要求，努力推进社区工作的国际化、提升居民幸福感，构建智慧型、具有国际化特征的美丽社区。

以文化为媒，以服务为先。通过各种交流活动，消除不同文化之间的隔阁，增强外籍居民的认同感和归属感。使境外人员逐步融入春江社区这个大家庭，使社区成为中外文化交流的桥梁、中外文明融合的港湾、境内外人员和谐共享的家园。

（一）主要举措

一是以社区境外人员管理服务站为依托，联手社区警务室，将警务管理与社区服务相结合。从日常服务着手，制作境外人员服务手册，为境外人员的居住生活提供方便。

二是强化"三社联动"（社区、社会组织、社会）及"四位一体"（居委会、业委会、物业公司、警务室）工作机制，实行社区工作者、社区社会组织、物业管家员等有机结合的"多对一"管家式服务新模式，开展个性化的社区服务工作。

三是充分利用社区现有的活动场地，在各功能活动室中加入国际化的元素。一是设立中国文化展示区（社区多功能活动室），通过这一展示，向境外人员展示中国的悠久历史和传统文化，让外国人感受中国的历史传统文化。二是设立"巧手坊"（社区青少年活动室），开设陶艺、剪纸等手工制作内容。通过学习传统手工艺让外国人亲身体验中国传统文化。三是开展互动活动。利用社区"市民学校"的资源，让外国人了解中国的民俗文化，通过中外居民的相互学习交流，消除隔阂，让外籍人士融入居民的日常生活之中。

四是建立一支外国人志愿者队伍，担任翻译等工作，解决实际交流中的困难，让外国人共同参与到目前"五水共治"等重要工作中来。

五是整合小区资源，健全服务，联合物业、业委会、卫生院、健身设施、餐厅等打造宜居不出小区的生活模式。

（二）特色服务

1. 外籍居民服务的窗口——建立境外人员管理服务站

为进一步做好境外人员管理服务工作，社区尽自身所能，与紫阳派出所共同建立了上城区首个"境外人员管理服务站"。为促进中外居民和谐共处、安居乐业，同时也为社区内境外人员提供必要的协助和服务，积极引导境外人员参与社区管理，融入社区生活。

境外人员管理服务站以社区便民服务中心为依托，运用多种信息沟通手段，为居住在社区的境外人员提供包括临时居住登记、签证咨询、涉外安全防范和求助、政策法规宣传、医疗卫生及日常生活等各种服务。"一站式"、多渠道、全方位的便捷、贴心服务，受到了境外人士的一致好评。

2. 社区社会组织的培育——成立红糖邻里交流服务中心

2015年，社区在境外人员服务站的基础上，积极探索涉外国际化社区管理服务新模式，以开展文化活动为纽带，增强外籍居民的归属感。通过社区内现有软硬件设施，开展丰富多彩的主题活动，充分挖掘文化的纽带作用，调动外籍人士的参与热情，搭建中外居民的交流平台。

春江社区以积极践行社区社会组织培育的正确理念为目标，立足自身特点与民意需求，2013年就在辖区注册成立了红糖（hometown）邻里交流服务中心这一中外融合为目标的社区社会组织，主要通过"Coffee and Tea"——邻里亲善服务项目，开展多主题、分层次的交流互动活动，举办社区家庭联谊活动等服务。通过沙龙、茶座、竞技、讲座等形式来尊重外国居民的一些独特的民族习惯，达到和谐共融，在基层树立一个社区版本的雏形。

社区积极调动、协助社区社会组织的资源、渠道，以中国传统文化为纽带，以邻里融洽为目标，开展了如下主要活动：

腊八好"粥"到，幸"福"满春江——品腊八粥、写春联、剪福字、印年画，感受浓浓的中国年味。

中外居民闹元宵——猜灯谜、品元宵、观看民俗表演等丰富多彩的活动，体会中国春节的浓浓气氛，让不能回到家乡的外国友人体验家庭式的欢乐。

"笑傲端午"国际家庭趣味邀请赛——中外家庭结对包粽子，弘扬端午文化，传递中外友情，体验传统节日气氛，增强相互交流。

老外当起了"制药工"——以复古体验形式诠释古代中医药文化，让社区内的国际友人在体验中获得对中华文化的重新认知与体会。

携手穿越南宋文化，中外居民手绘市井风貌——现场瓷画中外互动教学，每个家庭做特色展示，共绘南宋古都风情。

圣诞行、红糖情——圣诞来临之际，辖区中外家庭对杨绫子学校特殊学生送祝福献爱心，共度佳节。

重阳邻里情——岁岁重阳，今又重阳，为辖区老年人举办专场文艺晚会，品尝重阳糕，体会浓浓温情。

目前，春江社区在境外居民的社会影响力逐渐增强，在服务对象中的感染力日益加深，获得了外籍各国居民的一致好评。同时，也获得了当地居民的高度认可。《杭州日报》、杭州电视台、《青年时报》、《上城报》等媒体对此作了报道。截至目前，社区已经开展了大型活动10余次，参与中外居民近1000余人次，媒体报道达10余次，好评率98%。形成了国际家庭间的互信互助支持网络，锻炼当地与国外家庭间的交往能力，树立自信。

3. 发扬民主，参与社区第二届居民委员会换届选举

沟通促进了融合，交流增进了解。通过不断的沟通交流，境外人员逐步融入了春江社区这个大家庭，他们逐渐地把春江当成了自己的家，他们以社区主人的姿态参与社区的事务，积极参加社区的各种公益活动，发表自己的观点，贡献自身的力量。

比如，在2013年春江社区第二届居民委员会换届选举当中，居住在社区的许多外籍居民纷纷参与进来，在投票日当天，他们抽出时间踊跃前来，投下自己在中国的神圣一票，代表了国际友谊，代表外籍朋友融入春江民主大家庭。

4. 打造国际化志愿者队伍，形成多方参与共同治理的小区管理模式

春江社区以文化为媒，以服务为先。通过各种交流活动，消除不同文化之间的隔阂，增强外籍居民的认同感和归属感。使境外人员逐步融入春江社区这个大家庭，并从中吸取了一部分有时间有意愿为大家服务的外籍人士成立了一支国际化志愿者队伍，共同参与小区管理。

三、努力方向

杭州的国际化社区建设刚刚起步，下一步将重点围绕"四个大"做好深化文章。

围绕"大社区"理念，进一步推动国际化社区打造。今后要广泛借鉴一些发达国家的先进经验，以及北上广等一线国际化城市的现有模式，紧紧围绕"大社区"理念，加强整体规划，从起居环境、生活配套、日常饮食、健身娱乐、宗教礼仪等方面，针对国际人才的普适性需求来设计打造国际化社区，加快建设一批具有杭州特色、与国际接轨、和谐幸福的国际化社区样板。

营造"大文化"氛围，进一步增强中外居民文化认同。发挥社区的主阵地作用，根据国际居民特点，立足中国优秀传统，搭建文化交流平台，通过文化引领，实现共同治理。如在"市民学校"开设双语课程、开辟英汉两种语言学习角、组织中外居民学习中国书法等，一方面让外国友人加深对中国文化的理解，另一方面也可以让居民更多地了解国外的一些经典文化，推动中外居民多元文化的交融。

创新"大服务"模式，进一步提升社区服务能力。国际化社区人员结构的复杂性决定了其对社区服务设施需求的复杂性与多样性，以及对社区管理和服务体系需求的多元化与高标准。因此要进一步完善社区服务体系，在配套服务设施上，尽可能使社区公共服务设施接近或达到国际化社区创建标准；在社区服务方式上，打造国际化服务队伍，探索多元化服务机制，面向国际化居民开展专业化服务，提升外籍居民的满意度。

探索"大协商"机制，进一步创新社区治理的参与模式。在协商涉及居民利益的社区公共事务、公益事业时，积极吸引国际居民的参与，听取他们的意见建议，形成民主参与的良好氛围。在社区居委会换届选举中，继续邀请外籍友人担任选举志愿者、观察员等，让国际居民为社区建设、安全防范、自我约束等方面献言献策。

中国（杭州）跨境电子商务综合试验区

中国（杭州）跨境电子商务综合试验区是国务院批准成立的，由浙江省人民政府主管，为推动全国跨境电子商务健康发展而成立的试验区。

中国（杭州）跨境电子商务综合试验区（简称"综合试验区"）通过构建信息共享体系、金融服务体系、智能物流体系、电商信用体系、统计监测体系和风险防控体系，以及线上"单一窗口"平台和线下"综合园区"平台等"六体系两平台"，实现跨境电子商务信息流、资金流、货物流"三流合一"。并以此为基础，以"线上交易自由"与"线下综合服务"有机融合为特色，重点在制度建设、政府管理、服务集成等"三大领域"开展创新，力争在"建立跨境电子商务新型监管制度、建立'单一窗口'综合监管服务平台、创新跨境电子商务金融服务、创新跨境电子商务物流服务、创新跨境电子商务信用管理、建立跨境电子商务统计监测体系、制定跨境电子商务规则和创新电商人才发展机制"等八个方面实现新突破，实现跨境电子商务自由化、便利化、规范化发展。

一、设立背景

2013年中国的电子商务交易额达到10万亿元，首次超过美国，成为世界电子商务第一大国度。杭州市按照国务院长三角区域规划，把杭州定位为中国的电子商务中心，着力打造电子商务中心，完成国家交给的战略任务。

国家2013年把杭州列为首批跨境电子商务贸易的试验区，同时杭州也被国家有关部委定为电子商务的示范区。12月份杭州市政府和马云阿里巴巴集团签订了战略合作协议，马云欲打造全球的电子商务总部，希望把总部设在杭州，这是建立中国（杭州）跨境电子商务综合试验区的基础。

2014年，浙江省跨境电子商务发展迅速并取得突破性进展，成为浙江新的外贸出口增长点。依托良好的电商发展环境和丰富的市场商品资源，杭州、金华和义乌等地逐渐成为全省跨境电商出口的先发优势地区。杭州跨境贸易电子商务产业园在全国五个试点城市中率先正式开园运营，金华、义乌把发展电子商务作为政府工作的一号工程来抓，全省跨境电商形成几大战略平台，地区集聚效应优势凸显，特别是拥有47万家网络经营主体、电子商务交易额居全国城市首位的杭州。

二、批准设立

2015年3月7日，国务院国函〔2015〕44号批复，同意设立中国（杭州）跨境电子商务综合试验区（以下简称综合试验区），具体实施方案由浙江省人民政府负责印发。

《批复》提出要以深化改革、扩大开放为动力，着力在跨境电子商务交易、支付、物流、通关、退税、结汇等环节的技术标准、业务流程、监管模式和信息化建设等方面先行先试，通过制度创新、管理创新、服务创新和协同发展，破解跨境电子商务发展中的深层次矛盾和体制性难题，打造跨境电子商务完整的产业链和生态链，逐步形成一套适应和引领全球跨境电子商务发展的管理制度和规则，为推动全国跨境电子商务健康发展提供可复制、可推广的经验。

有关部门和浙江省人民政府要努力适应新型商业模式发展的要求，转变观念和工作方式，积极做好服务，大力支持综合试验区大胆探索、创新发展，同时控制好试点试验的风险。要在保障国家安全、网络安全、交易安全、进出口商品质量安全和有效防范交易风险的基础上，坚持在发展中规范、在规范中发展，为综合试验区各类市场主体公平参与市场竞争创造良好的营商环境。试点工作要循序渐进,适时调整,逐步推广。

《批复》强调,浙江省人民政府要切实加强对综合试验区建设的组织领导,健全机制、明确分工、落实责任,有力有序有效推进综合试验区建设发展。要在商务部等部门的指导下,尽快修改完善具体实施方案并抓好组织实施。要进一步细化先行先试任务,突出重点,创新驱动,充分发挥市场配置资源的决定性作用,有效引导社会资源,合理配置公共资源,扎实推进综合试验区建设。要建立健全跨境电子商务信息化管理机制,根据有关部门的管理需要,及时提供相关电子信息。综合试验区建设涉及的重要政策和重大建设项目要按规定程序报批。国务院有关部门要按照职能分工,加强指导和服务。要加强部门之间的沟通协作和相关政策衔接,深入调查研究,及时总结经验,指导和帮助地方政府切实解决综合试验区建设发展中遇到的困难和问题,进一步为综合试验区发展营造良好的环境。

三、发展目标

经过3—5年的改革试验,力争把综合试验区建成以"线上集成+跨境贸易+综合服务"为主要特征,以"物流通关渠道+单一窗口信息系统+金融增值服务"为核心竞争力,"关""税""汇""检""商""物""融"一体化,线上"单一窗口"平台和线下"综合园区"平台相结合,投资贸易便利、监管服务高效、法制环境规范的全国跨境电子商务创业创新中心,跨境电子商务服务中心和跨境电子商务大数据中心。

跨境电子商务创业创新中心:积极推进贸易方式创新和政府管理创新,吸引电子商务企业和个人到综合试验区创业创新、集聚发展,成为"互联网+"发展的新示范和大众创业、万众创新的新渠道。

跨境电子商务服务中心:通过建立完善的供应链综合服务体系,为跨境电子商务企业提供便捷高效的金融、物流、信用、人才、数据等综合服务,构建良好的跨境电子商务发展生态环境。

跨境电子商务大数据中心：通过汇聚海量的跨境电子商务数据，建立大数据应用平台，打造跨境电子商务大数据交换整合和研究利用中心，为跨境电子商务发展提供强大的大数据信息服务。

四、主要任务

综合试验区主要任务是建立以信息为基础、以信用为核心、以技术为支撑的跨境电子商务新型监管服务模式，实现跨境电子商务自由化、便利化、规范化发展。其实现路径为：掌握信息数据→交易真实背景→电商信用体系→简化监管流程→优化综合服务。即通过构建信息共享体系、金融服务体系、智能物流体系、电商信用体系、统计监测体系和风险防控体系，以及线上"单一窗口"平台和线下"综合园区"平台等"六体系两平台"，实现跨境电子商务信息流、资金流、货物流"三流合一"，建立以真实交易为基础的电商信用评价体系，对企业或商品实施分类分级监管，简化优化监管流程，并依托大数据的分析运用，提供金融、物流等供应链综合服务。

（一）建立信息共享体系

统一信息标准规范、信息备案认证、信息管理服务，建立多位一体的跨境电子商务信息合作机制和共享平台，打通"关""税""汇""检""商""物""融"之间的信息壁垒，实现监管部门、地方政府、金融机构、电子商务企业、物流企业之间信息互联互通，为跨境电子商务信息流、资金流、货物流"三流合一"提供数据技术支撑。

（二）建立金融服务体系

鼓励金融机构、第三方支付机构、第三方电子商务平台、外贸综合服务企业之间开展规范合作，利用跨境电子商务信息可查寻、可追溯的特点，为具有真实交易背景的跨境电子商务交易提供在线支付结算、在线融资、在线保险等完备便捷、风险可控的"一站式"金融服务。

（三）建立智能物流体系

运用云计算、物联网、大数据等技术，充分利用现有物流公共信息平台，构建互联互通的物流智能信息系统、衔接顺畅的物流仓储网络系统、优质高效的物流运营服务系统等，实现物流供应链全程可验可测可控，探索建立高品质、标准化、规范化的跨境电子商务物流运作流程，形成布局合理、层次分明、衔接顺畅、功能齐全的跨境物流分拨配送和运营服务体系。

（四）建立电商信用体系

综合多方信用基础数据，建立跨境电子商务信用数据库和信用评价系统、信用监管系统、信用负面清单系统等"一库三系统"，记录和积累跨境电子商务企业、平台企业、物流企业及其他综合服务企业基础数据，重点建立监管部门的信用认证体系和信用服务企业的信用评价体系，实现对电商信用的"分类监管、部门共享、有序公开"。

（五）建立统计监测体系

利用大数据、云计算技术，对各类平台商品交易、物流通关、金融支付等海量数据进行分析处理运用，建立跨境电子商务大数据中心，实现跨境电子商务数据的交换汇聚；发布"跨境电子商务指数"，建立健全跨境电子商务统计监测体系，完善跨境电子商务统计方法，为政府监管和企业经营提供决策咨询服务。

（六）建立风险防控体系

建立风险信息采集机制、风险评估分析机制、风险预警处置机制、风险复查完善机制，以流程节点风险防控为重点，开展跨境电子商务全流程的专业风险分析，有效防控综合试验区非真实贸易洗钱的经济风险，数据存储、支付交易、网络安全的技术风险，以及产品安全、贸易摩擦、主体信用的交易风险，为政府监管提供有效的技术支撑、决策辅助和服务保障。

（七）建立线上"单一窗口"平台

"单一窗口"平台坚持"一点接入"原则，建立数据标准和认证体系，与海关、检验检疫、税务、外汇管理、商务、工商、邮政等政府部门进行数据交换和互联互通，实现政府管理部门之间"信息互换、监管互认、执法互助"，实现通关全程无纸化，提高通关效率，降低通关成本。同时，通过链接金融、物流、电商平台、外贸综合服务企业等，为跨境电子商务企业和个人提供物流、金融等供应链商务服务。

（八）建立线下"综合园区"平台

采取"一区多园"的布局方式，建设综合试验区线下"综合园区"平台，通过集聚电商平台企业、外贸综合服务企业、电商专业人才、电商专业服务等，提供通关、物流、金融、人才等"一站式"综合服务，有效承接线上"单一窗口"平台功能，优化配套服务，促进跨境电子商务线上平台和线下园区的联动发展，打造跨境电子商务完整的产业链和生态链。选择杭州（下沙）出口加工区、杭州（下城）跨境贸易电子商务产业园、杭州（萧山）保税物流中心等园区作为首批线下园区试点区域，条件成熟后逐步拓展。

五、主要举措

（一）创新跨境电子商务监管制度

全面推行便利化通关模式。对跨境电子商务实行"清单核放、集中纳税、代扣代缴"通关模式，并探索建立适应跨境电子商务业态发展的转关物流方式，研究推进跨境电子商务全国通关一体化。建立检疫为主、基本风险分析及产品追溯的质量安全监管机制。加强关检合作，实现"一次申报、一次查验、一次放行"。

创新跨境电子商务监管流程。将B2B、B2C等跨境电子商务交易模式全部纳入综合试验区试点范围，设计不同交易模式的监管流程，推动建立货物贸易与服务贸易、进口与出口的标准化监管流程。

建立负面清单监管制度。根据国家对进出境商品的有关管制措施，建立"网上交易管理"负面清单。设立各监管部门互评互认的"企业信用评价系统"和"个人信用系统"，对开展跨境电子商务业务的经营企业、支付机构实行信用评级，对相关监管场所经营人及个人进行信用评估，形成"公共信用管理"负面清单。

建立产品质量安全监控制度。建立和完善跨境电子商务产品检验检疫质量安全风险国家监测中心、检验检疫审批信息平台和检验检疫监管系统。对跨境电子商务企业及其产品实施信用管理及风险管理等措施。打造跨境电子商务质量安全示范区。

探索税收管理规范化、便利化。对纳入综合试验区"单一窗口"平台监管的跨境电子商务零售出口的货物，出口企业未取得合法有效的进货凭证，在平台登记销售方名称和纳税人识别号、销售日期、货物名称、计量单位、数量、单价、总金额等进货信息的，可在2016年底以前暂执行免征增值税的政策。探索便利化退税管理模式，推行出口退税"无纸化管理"，简化流程，便利办税。发挥保税区功能，鼓励采用保税备货方式，降低运营成本。

发挥行业组织自治作用。鼓励电子商务企业、非营利性组织、第三方平台、评价机构等建立行业自律体系，积极引导构建以平台为中心的市场自治机制及惩处机制，防范和遏制走私、洗钱以及危害国家安全等的违法行为。

（二）建立"单一窗口"综合监管服务平台

建立企业和商品的信息备案认证体系。建立备案企业信息共享库，统一备案要求，实现企业"一次备案、多主体共享、全流程使用"。建立商品溯源数据库，汇聚生产、交易、通关、物流、支付、结算及评价等综合信息，实现商品进出口全流程可视化跟踪和交易商品的"源头可溯、去向可查、风险可控、责任可究"。

建立信息交换共享机制。以"单一窗口"为平台，建立信息交换共享机制，打通"关""税""汇""检""商""物""融"之间的信息壁垒，实现监管部门、地方政府、金融机构、电子商务企业、物流企业之间信息互联互通，实现跨部门、跨行业、跨地区信息的共享交换、协同作业，建立政府部门间的联合执法新模式，形成"信息互换、监管互认、执法互助"的新型政府管理模式。

提升数据管理服务能力。建立跨境电子商务数据标准，建立数据信息传输、开放、共享和使用的规则规范，保障系统及数据安全，依法保护各接入方的合法权益，增强数据开发、大数据服务等功能，从而提升数据管理服务能力。

（三）创新跨境电子商务金融服务

深化跨境电子商务外汇支付业务试点。鼓励第三方支付机构通过银行为中小电商集中办理跨境外汇支付和结售汇业务，在综合考虑业务需求、风险控制的基础上，逐步提高货物贸易单笔金额上限。拓展第三方支付机构跨境支付业务范围，涵盖进口和出口以及各类跨境电子商务交易形态。

开展个人贸易外汇管理改革。允许在综合试验区登记备案的电商及个人开立个人外汇结算账户，直接在银行办理跨境电子商务涉及的外汇收支，可凭与代理企业签订的进出口代理合同（协议）或委托物流公司运输的单据办理结售汇，不受5万美元个人结售汇年度额度限制。

开展跨境人民币业务创新。鼓励跨境电子商务活动使用人民币计价结算。支持银行业金融机构与支付机构开展业务合作，丰富电子商务跨境人民币业务产品，为企业和个人的电子商务活动提供优质跨境人民币结算服务。

发展跨境电子商务金融创新业务。鼓励银行机构、支付机构、第三方电商平台和外贸综合服务企业，规范开展互联网支付产品和服务创新。扩大电商出口信用保险覆盖面，鼓励保险机构创新研发适应跨境电子商务的新型险种，开展电商出口信用保险保单融资，积极探索供应链金融等多种形式，为小微企业和网商个人创业提供在线金融产品和服务。

（四）创新跨境电子商务物流服务

提高跨境物流信息化水平。利用云计算、物联网、大数据等技术，依托第三方物流、"单一窗口"平台等物流综合信息服务平台，为电子商务企业、物流仓储企业、供应链服务商等各类企业和电子商务用户提供实时、准确、完整的物流状态查询和跟踪服务，实现数据共用、资源共享、信息互通。支持商贸物流企业开展供应商库存管理、准时配送等高端智能化服务，提升第三方物流服务水平。

提高跨境物流专业化水平。支持传统仓储企业转型升级，向配送运营中心和专业化、规模化第三方物流发展。鼓励仓储、配送一体化，引导仓储企业规范开展担保存货第三方管理。支持有条件的企业向提供一体化解决方案和供应链集成服务的第四方物流发展。

提高跨境物流国际化水平。鼓励有条件的商贸物流企业"走出去"开展全球业务，通过广泛的战略联盟、协作等方式，建立跨境物流分拨配送和营销服务体系。大力发展共同配送、统一配送、集中配送等先进模式，建立国内保税公共仓储、海外重点国家物流专线、海外公共仓储等相结合的便利化物流体系，实现跨境货物的集货运输、集中分送，降低物流成本。

（五）创新跨境电子商务信用管理

建立信用数据库。依托"单一窗口"平台，建立跨境电商信用信息平台，利用信息基础数据，提供电商主体身份识别、电商信用记录查询、商品信息查询、货物运输以及贸易信息查询等信用服务。

建立信用综合评价体系。建立监管部门的信用认证和第三方信用服务评价相结合的综合评价体系。由海关、检验检疫、税务、工商等监管部门根据各自信用认证标准对电子商务企业和个人作出信用认证，作为分类分级监管的主要依据。第三方信用服务机构根据客户授权，通过数据提取采集和加工分析，为政府、企业提供信用评价服务。

实施信用负面清单管理。采取分类分级信用管理方式，对风险程度较低的信用风险予以警示发布；对信用程度差，存在商业欺诈、知识产权侵权、制假售假等重大失信行为的企业和个人，列入信用管理负面清单，通过事前准入禁止，事中加强全面查验、严密监管，保障跨境贸易电子商务良好的发展环境。

（六）创新跨境电子商务统计监测体系

建立跨境电子商务统计新模式。探索建立以申报清单、平台数据等为依据进行统计、管理的新模式，建立"中国（杭州）跨境电子商务数据监测制度"。

建立跨境电子商务统计标准。探索建立交易主体信息、电子合同、电子订单等标准格式和跨境电子商务进出口商品的简化统计分类标准，探索建立跨境电子商务多方联动的统计制度，为全国跨境电子商务统计体制机制建设提供经验。

建立并发布"跨境电子商务指数"。利用大数据、云计算技术，对各类平台商品交易、物流通关、金融支付等海量数据进行交换汇聚和分析处理，逐步建立一套多层面、多维度反映跨境电子商务运行状况的综合指数体系，并定期发布。

（七）制定跨境电子商务规则

开展跨境电子商务政策法规创新研究。通过探索建立与跨境电子商务相适应的新型政策体系，探索设定电子商务各类主体的权利和义务，探索建立信用体系、风险防控体系和知识产权保护规则等，为跨境电子商务政策法规和国际规则的研究制定提供实践案例。

探索建立跨境电子商务国际规则。加强与全球各类经济组织和司法机构的合作，探索建立适合跨境电子商务发展的国际通用规则，逐步建立良好的跨境电子商务国际营商环境。

加强行业国际协作。推动成立"中国跨境电子商务行业商会（协会）"，发挥其在行业规则制定、境内外合作等方面的作用，建立与境外有关商会（协会）紧密合作交流关系，加强国际协作。

积极探索建立跨境电子商务纠纷处置和消费争议解决机制。探索建立跨境电子商务纠纷仲裁机构及其相应程序，形成网上投诉、网上协商、网上调解、网上仲裁等纠纷处置模式。探索建立跨境电子商务产品售后服务和维权体系，强化平台和经营者主体责任，保护消费者合法权益。加强知识产权保护，建立企业知识产权诚信机制，加大知识产权违法惩戒力度，提高企业违法成本。

（八）创新电子商务人才发展机制

建立电子商务人才培养体系。以市场需求为导向，加强政府、高校与企业合作，建立一批服务跨境电子商务企业急需的创业型和实用技能型人才培训基地，形成跨境电子商务人才定制化培养的校企合作机制；引进国内外知名培训机构，鼓励社会培训机构开展跨境电子商务人才培训，构建跨境电子商务专业化、社会化、国际化的人才培养体系。

建立电子商务人才创业创新支持体系。探索建立知识、技术、管理等人力资本产权激励机制，引进和汇聚创新人才，开展跨境电子商务商业模式创新和技术创新；建立跨境电子商务创业孵化平台和机制，制定专项扶持政策，发展跨境电子商务在线信贷、股权投资等金融服务，为中小微电子商务企业创业发展提供条件。

建立电子商务人才服务体系。健全人才的吸引、培养、使用、流动和激励机制，完善发展人才的公共服务体系。吸引集聚一批知名的人才中介机构，健全专业化、国际化的人才市场服务体系。建立跨境电子商务产业联盟与人才发展联盟，推进人才与企业、项目、资本的对接，建设开放共享的合作平台。

六、主要成效

2015年3月7日，国务院正式批复了设立杭州综试区，明确要求通过制度创新、管理创新和服务创新为全国跨境电子商务健康发展提供可复制、可推广的经验，要求浙江省在商务部等部门的指导下，制定具体实施方案并组织实施。为加快推进杭州综试区建设，商务部会同相关部门和浙江省、杭州市在试点过程当中开展以下三项主要工作。

一是商务部有关部门及时制订了推进工作方案，建立了与13个部门的联系机制，并与浙江省和杭州市建立了信息周报和联络员制度，每周通报一次，通过这个机制来确保信息畅通。

二是浙江省和杭州市精心组织、健全机制、明确分工、落实责任，建立了精干的工作团队，结合本地实际，梳理创新事项和清单，研究提出了试点方案和相关的政策诉求。制定印发了《杭州综试区实施方案》，并积极组织实施。

三是商务部会同相关部门在方案的形成过程之中以及在试点过程中先后5次赴杭州实地进行对接，8次召开专题会议，6次向国务院上报杭州综试区建设进展情况，及时解决杭州综试区建设当中存在的一些困难和提出来的一些政策诉求。各相关部门坚持问题导向，为杭州综试区量身定做了55项创新政策举措，主要包括监管制度、金融服务、物流服务、信用管理、统计监测、人才发展、规则制定和"单一窗口"建设等8个方面。其中，海关在推进"单一窗口"平台建设，质检在检验检疫方面的具体政策给予了特殊的安排，财政部、税务总局也专门给予了特殊的税收政策。此外，中央网信办、发改委、工信部、交通部、人民银行、工商总局、邮政局、银监会、外管局等单位均结合本职的职能，按照杭州提出的诉求，积极进行了政策研究，提供了相应的支持和服务。

经过一年的试点，总体进展顺利，取得了积极的成效，主要体现在五个方面：

一是跨境电子商务的规模快速增长。据统计，2015年杭州跨境电子商务交易规模34.64亿美元（2014年不足2000万美元），出口22.73亿美元，进口11.91亿美元，拉动杭州外贸出口增长5.4个百分点。2016年1—2月，杭州跨境电商出口额7.57亿美元，占全市外贸出口比重达11.5%。

二是上线备案的外贸企业数量大幅度增加。在"单一窗口"平台上备案的企业增至4000多家。

三是产业的聚集和带动效应开始显现。新建的各类跨境电子商务园区12个，引进企业330家，通过优化产业结构，带动中小企业发展，提升企业的竞争力，统筹国内外市场的能力都有进一步的提高。

四是为大众创业、万众创新提供了新的重要渠道，并带动物流、金融、支付、通关等相关服务行业的蓬勃发展，为创业创新和中小企业发展提供了有力支撑。综试区坚持把发展跨境电商B2B作为重大突破口。2015年7月启动针对B2B专项行动，已对5500多家传统外贸企业进行互联网基因改造。目前，综试区已建立覆盖B2C和B2B业务的"单一窗口"综合服务平台，既能给诚信企业跨境电子商务产品带来通关上的便利，又能运用大数据的技术做到风险可控，同时链接金融、物流、第三方综合服务平台等综合服务。截至目前，综试区通过"单一窗口"累计传输的B2C出口申报小包超过6956万票，交易额超过29.3亿元；传输的B2C个人小包进口申报超过2610万票，交易额超过43.9亿元；传输B2B出口业务已达1950单。平台已聚集电商平台类企业444家，电商企业2343家，物流企业57家，支付企业38家，报关企业74家，仓储企业73家，外贸代理企业46家，报检企业32家。

七、面临挑战

（一）金融服务体系需要完善

杭州综试区正在构建金融服务体系，已分别与中国工商银行、中国银行、中国建设银行等6家银行总行签订战略合作协议，依托大数据分析，共同推进跨境电商金融服务创新。目前各类跨境电商的外汇收支渠道已顺利打通，同时杭州已有 3 家电子支付公司开展跨境外汇支付试点，单笔交易金额也已提高到 5 万美元。随着跨境电商发展，跨境支付和收付汇需进一步便利化，比如在 B2B 业务中单笔交易限额应提高，银行间跨境外币清算成本需要调整等。另外，跨境中小电商还存在融资难的问题，中小企业跨境业务是线上交易，难以提供凭证来申请贷款，商业银行为其提供融资服务风险难把控。由此可见，银行可以针对跨境电商的融资业务，调整贷款的申请条件。

（二）跨境物流模式需要创新

目前中国跨境电商的物流主要面临"成本高，运输配送周期长，风险不可控，退换货物流难以实现"这几个问题。跨境电商的物流包括国内物流、国内海关、国际运输、国外海关、国外物流等多个环节，其运输周期和成本颇高，并且还面临很多风险，如清关"商检"配送地政治环境变化等情况，另外，商品运输过程中的保险缺乏，若出现退换货问题，将涉及更多的矛盾。因此，跨境物流需要探索新模式。对于一些大型电商企业来说，建立自有的海外仓可以最大程度解决以上问题，而对于中小型企业来说，可以公用海外仓来实现商品的安全快速运输与储存。

（三）跨境电商信用体系及市场监管体系需要建立完善

电子商务信用是指电子商务交易中由买方、卖方、电子商务平台提供方"物流企业"银行和认证中心等各方面构成的互动信任关系。目前国内电子商务以及跨境电子商务的信用评价体系还没建立完善。国家信用信息基础数据库主要收录金融信贷领域的数据，而电子商务在交易中是否存在恶意订单、恶意拒绝收货、虚假伪劣产品交付等欺诈行为并没有数据记录。由此可见，需要加快建立跨境电子商务的信用体系，并且在交易过程中的各项数据需要及时采集统计，对于出现违反信用体系的行为进行及时的监管和惩罚。

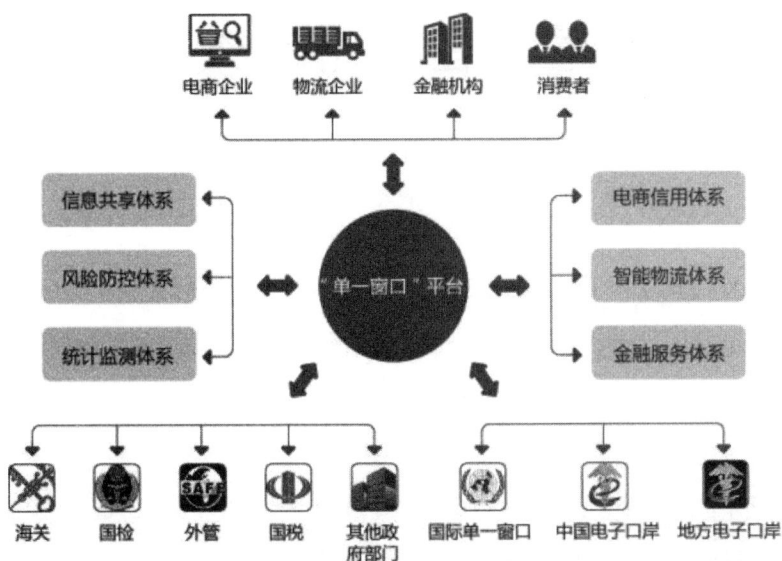

第六章
共享发展理念在杭州的实践

一、共享发展理念解读

党的十八届五中全会首次提出了"创新、协调、绿色、开放、共享"的发展理念。这是对我们党的发展理念和执政理念在新的历史时期的新表达，正如习近平总书记所指出："这五大发展理念，是'十三五'乃至更长时期我国发展思路、发展方向、发展着力点的集中体现，也是改革开放 30 多年来我国发展经验的集中体现，反映出我们党对我国发展规律的新认识。"[1]五大发展理念是主旨相通、目标一致、具有内在联系的集合体，其中共享发展是贯穿其中的一条主线，它不仅构成五大发展理念的核心，而且构成五大发展理念的归宿，成为以习近平同志为总书记的党中央完善发展理念的出发点和落脚点。深刻理解共享发展的理论基础、基本内涵和实践要求，对于全面建成小康社会和实现中华民族的伟大复兴，具有重大的理论意义与实践价值。

---

[1] 关于《中共中央关于制定国民经济和社会发展第十三个五年规划的建议》的说明，《人民日报》2015 年 11 月 4 日。

（一）共享发展理念的理论基础和发展脉络

1. 共享发展理念的理论基础

实现人类解放和人的全面发展是马克思主义的价值追求和奋斗目标。马克思主义自产生之日起，就以推翻一切剥削制度，建立共同富裕、人人共享的新社会为理想目标。虽然马克思、恩格斯、列宁等早期导师并未明确提出"共享发展"的概念，但在其理论研究和著作中，却体现和蕴含着丰富的共享发展思想，这为当前共享发展理念提供了重要的理论支撑和精神资源。

马克思主义产生于18—19世纪，当时资本主义社会占据统治地位，资本主义生产资料私有制阻碍了社会化大生产的进一步发展，也导致了资本家与工人阶级的贫富分化和阶级对立。马克思对资本主义社会劳动产品分配不公的状况，首先进行了揭露："劳动为富人生产了奇迹般的东西，但是为工人生产了赤贫。劳动生产了宫殿，但是给工人生产了棚舍。劳动生产了美，但是使工人变成畸形。劳动用机器代替了手工劳动，但是使一部分工人回到野蛮的劳动，并使一部分工人变成机器。劳动生产了智慧，但是给工人生产了愚钝和痴呆。"[1]接着，马克思、恩格斯立足于唯物史观，对资本主义社会的不公平问题做出了历史性分析和深刻的批判。马克思认为在资本主义社会，工人的贫困和社会的不公是由当时的经济和社会关系所决定的，资本家通过资本占有生产手段和市场来剥削工人的自由劳动，从而导致了贫富不均和社会不公，资本主义生产关系和剥削制度是种种社会不公现象的根源所在。最后，马克思指出了无产阶级实现社会公正和发展共享的条件和途径。无产阶级只有通过阶级运动"结束牺牲一些人的利益来满足另一些人的需要的状况；彻底消灭阶级和阶级对立；通过消除旧的分工，通过产业教育、变换工种、所有人共同享受大家创造出来的福利，通过城乡的融合，使社会全体成

---

[1]　《马克思恩格斯文集》（第二卷），北京：人民出版社2009年版，第591页。

员的才能得到全面发展"[1]，"真正的自由和真正的平等只有在共产主义制度下才可能实现；而这样的制度是正义所要求的"[2]。马克思认为无产阶级只有通过阶级斗争推翻资本主义制度，建立共产主义制度，才能真正实现社会公平和发展成果共享。换言之，共产主义社会才是实现公平正义、发展共享的前提条件和社会形式。

马克思主义理论为实现人类解放和发展共享指明了方向。列宁、斯大林把马克思主义的理论付诸实践，创建了世界上第一个社会主义国家，并对社会主义的共享发展进行了探索，丰富了马克思主义的发展理论。列宁在《告贫苦农民》中说："我们要争取新的、更好的社会制度：在这个新的、更好的社会里不应该有穷有富，大家都应该做工。共同劳动的成果不应该归一小撮富人享受，应该归全体劳动者享受。机器和其他技术改进应该用来减轻大家的劳动，不应该用来使少数人发财，让千百万人民受穷。这个新的、更好的社会就叫社会主义社会。关于这个社会的学说就叫社会主义。"[3]

2. 共享发展理念的形成过程

新中国成立后，中国共产党人一直把共享发展看作是社会主义的本质要求。在建设初期，毛泽东曾提出了关于共享发展的思想，他在《论十大关系》中指出："国家和工厂，国家和工人，工厂和工人，国家和合作社，国家和农民，合作社和农民，都必须兼顾，不能只顾一头。"[4]1955年，毛泽东在资本主义工商业社会主义改造问题座谈会上的讲话中强调："现在我们实行这么一种制度，这么一种计划，是可以一年年走向更富更强的，一年一年可以看到更富更强些。而这个富，是共同的富，这个强，是共同的强，大家都有份。"[5]

---

[1] 《马克思恩格斯文集》（第一卷），北京：人民出版社 2009 年版，第 689 页。

[2] 《马克思恩格斯全集》（第一卷），北京：人民出版社 1956 年版，第 582 页。

[3] 《列宁全集》（第七卷），北京：人民出版社 2010 年版，第 112 页。

[4] 《论十大关系》，北京：人民出版社 1976 年版，第 11 页。

[5] 《毛泽东文集》（第六卷），北京：人民出版社 1999 年版，第 495 页。

改革开放后，共享发展理念集中体现在邓小平共同富裕的思想中。1987年邓小平就指出："社会主义发展生产力，成果是属于人民的。……我们的目的是共同富裕。"[1]邓小平把共同富裕看作是社会主义的根本原则和本质特征，旗帜鲜明地指出社会主义就是走共同富裕的道路。他说社会主义的两个根本原则，一个是生产资料公有制，一个是共同富裕。"社会主义最大的优越性就是共同富裕，这是体现社会主义本质的一个东西。"[2]"社会主义的本质，是解放生产力，发展生产力，消灭剥削，消除两极分化，最终达到共同富裕。"[3]

站在世纪之交的党的第三代领导集体从世界和中国变化的实际出发，提出了"三个代表"重要思想，把共享发展的理念落实到发展先进生产力、发展先进文化、实现最广大人民的根本利益上来。1997年，江泽民第一次明确提出"共享社会物质文化的成果"概念，并首次把共享文化成果与共享物质成果并列提出。同时，党的十五大指出："保证国民经济持续快速健康发展，人民共享经济繁荣成果。"党的十六大强调："在经济发展的基础上，促进社会全面进步，不断提高人民生活水平，保证人民共享发展成果。"

进入21世纪后，胡锦涛按照"坚持以人为本，做到权为民所用、情为民所系、利为民所谋"的执政要求，进一步把共享发展理念向纵深推进。他在党的十七大报告中指出："走共同富裕道路，促进人的全面发展，做到发展为了人民、发展依靠人民、发展成果由人民共享。"党的十八大把科学发展观确立为党和国家必须长期坚持的指导思想，并进一步强调："必须更加自觉地把以人为本作为深入贯彻落实科学发展观的核心立场，始终把实现好、维护好、发展好最广大人民根本利益作为党和国家一切工作的出发点和落脚点，尊重人民首创精神，保障人民各项权益，不断在实现发展成果由人民共享、促进人的全面发展上取得新成效。"至此，共享发展的思路逐步成熟，

---

[1]　《邓小平文选》（第三卷），北京：人民出版社1993年版，第255页。

[2]　《邓小平文选》（第三卷），北京：人民出版社1993年版，第364页。

[3]　《邓小平文选》（第三卷），北京：人民出版社1993年版，第73页。

共享发展的内容也逐步明晰。

党的十八以后，以习近平同志为总书记的党中央在总结改革开放以来我国社会发展经验的基础上，丰富和发展了马克思主义的发展理论，正式提出了共享发展理念并把它作为治国理政的出发点和落脚点。2012年11月15日，习近平同志在当选总书记的首次公开讲话中说："人民对美好生活的向往，就是我们的奋斗目标。" 2013年3月17日，在十二届全国人大第一次会议闭幕会上，习近平同志指出："中国梦归根到底是人民的梦，必须紧紧依靠人民来实现，必须不断为人民造福。" 2013年11月12日， 十八届三中全会通过了《中共中央关于全面深化改革若干重大问题的决定》，把"促进社会公平正义、增进人民福祉"确定为新一轮改革的总方向和价值目标。 2015 年10 月29日，十八届五中全会通过了《中共中央关于制定国民经济和社会发展第十三个五年规划的建议》，提出了以共享发展为核心的 "五大发展理念"，并对共享发展的内容做了较为全面的论述，这标志着共享发展理念的最终形成。

（二）共享发展理念的基本内涵

党的十八届五中全会指出："坚持共享发展，必须坚持发展为了人民、发展依靠人民、发展成果由人民共享，做出更有效的制度安排，使全体人民在共建共享发展中有更多获得感，增强发展动力，增进人民团结，朝着共同富裕方向稳步前进。" 全会对共享发展理念的阐述，坚持了人民主体地位，体现了以人民为中心的发展思想，回答了在新的历史时期发展为了谁、发展依靠谁、发展成果由谁来分享这一根本性和方向性的问题，思想深刻、内容丰富。共享发展的基本内涵可以从全民共享、全面共享、共建共享、渐进共享等四个方面来加以把握和理解。

1. 全民共享

从共享的主体来说，共享是全民共享。坚持全民共享，是由我国社会主义性质和党的根本宗旨决定的。毛泽东同志说："我们共产党人区别于其他任何政党的又一个显著的标志，就是和最广大的人民群众取得最密切的联系。全心全意为人民服务，一刻也不脱离群众；一切从人民的利益出发，而不是从个人或小集团的利益出发；向人民负责和向党的领导机关负责的一致性；这就是我们的出发点。"[1]习近平同志也指出，广大人民群众共享改革发展成果，是社会主义的本质要求，是我们党坚持全心全意为人民服务根本宗旨的重要体现。

坚持全民共享，首先是全体人民都能从改革发展中受益。全民共享就是要使各阶层、各民族、各地区的人民都能享受到改革发展的成果，而不是一部分人或少数人分享改革发展的成果。改革发展搞得成功不成功，最终的判断标准是人民能否共同享受到了改革发展成果。习近平总书记强调："我们追求的发展是造福人民的发展，我们追求的富裕是全体人民共同富裕。改革发展搞得成功不成功，最终的判断标准是人民是不是共同享受到了改革发展成果。"[2]其次，全民共享绝不是平均主义。人的智力高低、体力大小、努力程度，以及家庭条件的差异是客观的。在社会主义初级阶段，如果实行没有差别的平均主义"大锅饭"，对于付出更多劳动、更多努力，拥有更多知识、更多资本，创造更多价值、做出更多贡献的人是不公平的，也不符合事物发展规律和社会差别原则。最后，全民共享的目标是实现共同富裕。共同富裕是社会主义的本质要求和共享发展的最终目标，邓小平早就指出："社会主义不是少数人富起来、大多数人穷，不是那个样子。社会主义最大的优越性就是共同富裕，这是体现社会主义本质的一个东西。"[3]我国现阶段，发展成果惠及全体人民方面还存在一些突出问题，比如收入分配不公、贫富差距悬殊等，我们必须高度重视并逐步加以解决这些问题，为最终实现共同富裕创造有利条件。十八届五中全会明确指出："必须坚持发展为了人民、发展依靠人民、发展成果由人民共享，做出更有效的制度安排，使全体人民在

[1] 《毛泽东选集》（第三卷），北京：人民出版社 1991 年版，第 1094—1095 页。

[2] 2015 年 8 月 21 日，习近平主持召开党外人士座谈会并发表重要讲话。

[3] 《邓小平文选》（第三卷），北京：人民出版社 1993 年版，第 364 页。

共建共享发展中有更多获得感,增进发展动力,增进人民团结,朝着共同富裕的方向稳步前进。"

2. 全面共享

从享受内容而言,共享是全面共享。社会的发展是全面的发展,人民的需求是全面的需求。发展的全面性和人的需求全面性,决定了人民共享的全面性。首先,从领域来说,全面共享是包括经济、政治、文化、社会、生态等各方面的共享,任何一个方面都不能缺位。我们不能把共享简单等同于共享经济发展成果,共享经济发展成果是最重要、最基础的共享,但不是共享的唯一内容,绝不能单纯用人均GDP指标或其他单一的指标来衡量。其次,从层次上来说,全面共享的内容是不断变化和提升的。在物质产品匮乏的时期,物质需求始终是人们的第一需求和最重要的获得感。正如马克思所说:"首先就需要衣、食、住以及其他东西,因此第一个历史活动就是生产满足这些需要的资料,即物质生活本身。"[1]但当人们基本的物质生活需求得到一定程度的满足之后,就会产生新的更多更高的需求,比如随着社会的发展和人民生活水平的提高,人民对政治权利、精神文化、社会保障、生态环境等方面的需求更加强烈,我们必须统筹兼顾、全面协调推进社会发展,创造条件满足人民群众不断增长的各种需求,让人民群众有更多更高层次的获得感。最后,就现实而言,全面共享应突出社会公平正义。公平正义是实现共享发展理念的重要条件,又是共享发展理念追求的基本价值取向。随着人民群众对公平正义、自由尊严等政治诉求的提升,公平正义日益上升为人民群众最为关切、反应最为强烈、感觉最为不满的突出问题,成为影响人民大众生活品质和共享发展的重要因素。坚持共享发展,就必须本着公平正义原则,不断完善相关法律制度,为每一个人提供平等参与社会发展的权利和机会。习近平同志强调:"全面深化改革必须着眼创造更加公平正义的社会环境,不断克服各种有违公平正义的现象,使改革发展成果更多更公平惠及全

---

[1] 2015 年 8 月 21 日,习近平主持召开党外人士座谈会并发表重要讲话。

体人民。"[1]

3. 共建共享

从实现途径而言，共享是共建共享。共建是共享的基础和前提，共享是
共建的必然结果。共享需要人人共建，强调了发展依靠人民，是马克思历史
唯物主义的基本观点。马克思主义认为人民是历史发展的主体，是历史的创
造者和社会变革的决定性力量。今天我国已经进入全面建成小康社会的决胜
阶段，各种困难、矛盾、挑战日益显现，我们只有始终坚持党的群众路线，
尊重人民群众的首创精神，充分发挥人民群众的智慧和力量，形成人人参
与、人人尽力、人人都有成就感的生动局面，才能实现"两个一百年"的奋
斗目标和中华民族伟大复兴的中国梦。正如习近平总书记所说："人民是历
史的创造者，是我们的力量源泉……没有人民支持和参与，任何改革都不可
能取得成功。无论遇到任何困难和挑战，只要有人民的支持和参与，就没有
克服不了的困难。"[2]

共建离不开共享，强调了对人民主体地位的尊重和发展权利的保护，体
现了社会主义发展的最终价值指向。劳动人民是一切物质财富和精神财富的
创造者，劳动人民通过生产劳动所创造的社会财富理应为人民所掌握，并用
来满足人民群众日益增长的物质文化生活需要。因此，人人共享是人人共建
的必然结果，它是对资本主义社会"劳动异化"现象的克服与超越，是实现
人的自由全面发展的重要条件。十八届五中全会强调："实现好、维护好、
发展好最广大人民根本利益是发展的根本目的。" 实现人人共享发展成果，
是我们党努力奋斗的核心要义、立场情怀，也是判别我们党的奋斗目标实现
与否的第一标尺。

4. 渐进共享

从发展进程而言，共享是渐进共享。共享改革发展成果，实现共同富裕

---

[1] 2015 年 8 月 21 日，习近平主持召开党外人士座谈会并发表重要讲话。

[2] 《习近平谈治国理政》，北京：外文出版社 2014 年版，第 97 页。

的目标，是需要一个较长的历史过程的。我国现在仍然处于社会主义初级阶段，生产力发展水平还不高，发展不平衡、不协调、不可持续问题还比较突出。推进共享发展，一方面必须立足我国经济发展水平低、人口众多、资源短缺等基本国情，做出理性和有效可行的政策制度安排，不能好高骛远、寅吃卯粮，做出超越历史发展阶段的政策设计和冒进行动。另一方面又要坚定信心、积极作为、真抓实干，根据现有条件认真把人民群众需要办且能办得到的事做实做好，同时又要积极创造条件，努力解决人民群众急需的却一时难以办到的问题，积小胜为大胜，带领人民群众不断朝着共享发展、共同富裕的目标稳步迈进。

全民共享、全面共享、共建共享、渐进共享是紧密相关、融会相通的。全民共享是目标，全面共享是内容，共建共享是基础，渐进共享是途径，所贯穿的核心理念是以人民为中心，体现的基本价值是共同富裕和公平正义。

二、共享发展理念在杭州的先行探索

杭州之所以被人们誉为"人间天堂"，不仅在于其山水形胜、城湖合璧的秀美风景，更在于其繁荣富足、幸福和谐的市井生活。特别是近年来，杭州秉承和弘扬"精致和谐，大气开放"的城市人文精神，坚持将"共建共治共享"的发展理念充分融入城市创新发展的每一领域、每个细节之中，凝聚民心民智，推进改革创新，促进社会公平，增进民生福祉，从而在群星闪耀的中国城市发展图景中大放异彩，成为当之无愧的东方品质之城。

（一）积极探寻共享发展理念，培育城市共同体文化精神

文化是一座城市的灵魂，文明是一座城市的气质。杭州作为中国七大古都之一，历史悠久，人文荟萃，是富有江南韵味和典雅气质的历史文化名城。尤其近年来，杭州以传承和弘扬精致典雅的传统地域文化为基础，积极探寻"各美其美，美美与共"的共享发展理念。从价值维度来看，"共享"

本身就是一种价值理念，一种超越个体差异、彼此守望相助的共同体意识。杭州探寻共享发展理念，集中体现在培育关于"我们"的城市共同体文化精神，从而夯实推进杭州创新发展的价值共享基础。

1. 广泛开展"我们的价值观"主题实践活动

经典社会学家马克斯·韦伯明确指出，仅仅是同一种族、有共同语言等都还不是共同体，只有在感觉到共同境况与后果基础上，让社会成员的举止在某种方式上互为取向，在他们之间才产生一种社会关系，才产生共同体。[1] 在这方面，杭州的着眼点在于推进市民共享价值观的征集、探讨和实践。2011年7月1日，在杭州市委宣传部的组织下，"我们的价值观"主题词征集活动在全国范围内正式启动，活动吸引了社会各界、各年龄段群众的踊跃参与。最终几经完善，确定了"民生、文明、诚信、感恩、敬业、友善、信仰、责任、崇学、爱国、务实、和谐"等12个主题活动词，并依次作为每月的主题词贯穿全年加以推广。与此同时，杭州还以"让我们生活得更好"为活动主旨，在全市农村、社区、企业、机关、学校开展价值观大讨论行动；组织开展生活品质展"我们的价值观"全城联展活动，通过150多项丰富多彩、生动活泼的展览、展示、互动活动，让家庭美德、社会公德、行业道德等价值内涵深入人心；发布"我们的价值"标准、规范、宣言、倡议，把价值导向融入制度设计和行为规范制定之中，等等。该主题实践活动立足"我们"这一价值共同体，深入百姓日常生活，探讨共同发展愿景，从而破解了"大众化"难题，为探索社会主义核心价值观与城市人文精神结合提供了成功的范例，也为杭州营造浓厚的文明城市氛围奠定了良好基础。[2]

2. 积极推进最美现象由"风景"变为"风尚"

杭州的美，不仅在于自然，更在于人文。在城市建设和发展过程中，杭州不仅善于传承美，还善于传播美，让美的心灵、美的风尚成为一种市民共

---

[1]　[德] 马克斯·韦伯：《经济与社会》（上卷），林荣远译，北京：商务印书馆1997年版，第72页。

[2]　严粒粒、严红枫：《"我们的价值观"实践在杭州》，《光明日报》2015年10月3日。

享的道德自觉，从而为"文明杭州"添上了浓墨重彩的一笔。这集中体现在通过举行"最美人物"、平民英雄、道德模范等一系列评选活动，号召引导普通市民追求和践行更高层次的道德标准。也正基于此，杭州各种"最美现象"不断涌现，其中的许多"最美杭州人"已成为闻名全国的道德楷模，如"最美妈妈"吴菊萍、"最美司机"吴斌、"全国劳动模范"孔胜东及其志愿服务队……可以说，正是众多的凡人善举铸就了"杭州的力量"。"最美现象"在杭州频繁出现，看似偶然，看似是一件小事，看似是瞬间的一个行为，却有其必然性。正如专家指出，"最美人物"群体的出现，是独特的文化基因、健全的制度安排、良好的环境氛围、有力的典型宣传共同作用的结果，杭州是一座善于发现美的城市，也是一座积极弘扬美、精心培育美的城市，更是一座促进美不断成长的城市。正是这些美好的品质，共同铸就了集体向善的"最美风尚"。[1]近年来，随着"最美"精神的传播和共享，杭州已成了"最美"现象的发源地，"最美"风景的主景区。[2]

3. 深入推进学习型城市建设让满城飘逸书香

学习是一个人心灵净化、知识累积、素养提升的过程，也是一座城市人文昌盛、文明进步的根本所在。杭州十分注重为市民搭建各个层面的学习交流和实践载体，从而使学习成为杭州这座城市的精神追求、文化品牌、内生动力和创新资源。例如，以"西湖书市"为主平台，坚持服务展商与服务读者相结合，办好"杭州学习节"；开展以尊师重教为主题的国学弘扬活动，挖掘、培育和形成市民大学堂、国学一字堂等百个国学传承基层点，打造市民好学、爱学、乐学优秀传统文化的基地；推动千个学习书屋进社区（农村），设计了"国学文化进社区""新杭州人文化乐园"等符合不同特点的学习内容，展示精神文明建设新风尚。由此，杭州就有了"只看书不卖书"，帮助年轻作者实现文学理想的公共学习平台——"麦家理想谷"，也

[1] 沈翔：《"最美现象"：实现中国梦的强大道德力量》，《杭州日报》2014年5月15日。
[2] 徐迅雷：《历史与现实的交汇》，《杭州日报》2016年8月5日。

就有了即便是乞丐和拾荒者也不拒绝进入的"史上最温暖的图书馆"——杭州图书馆。目前，杭州已基本建成了以"3L"（学习时间、地点、内容全覆盖）为特征的终身教育体系和以"6W"（任何人，在任何时间、任何地点，带着主动的学习意愿，能够通过任何方式获取任何必要信息）为特征的学习体系，正朝着一座"人人皆学，时时能学，处处可学"的学习型城市迈进。也正因为如此，2016年杭州被联合国教科文组织列入全球学习型城市网络，成为全球首批、全国首个入选该网络的城市。[1]

4. 积极营造互联网分享经济的创新创业氛围。

互联网思维与共享发展理念具有天然的亲和性，这也决定了互联网经济是一种分享型经济。近年来，杭州以优化创新创业环境为抓手，大力发展第三产业，尤其是将发展信息经济、推进智慧应用列为市委、市政府的"一号工程"，促进了互联网金融、电子商务、大数据等产业迅猛发展。正因为如此，大量的互联网、物联网等高新技术企业如雨后春笋般地在杭城涌现，不仅促进了阿里巴巴这一中国电商龙头企业的发展壮大，并孕育出了全球最大的互联网金融企业"蚂蚁金服"。据统计，2010年以来，有400万家小微企业从蚂蚁金服获得贷款，其中95%的款项，额度都在3万元以下。另据不完全统计，从阿里系走出来的员工，在杭州创办了300多家企业。[2]2015年，信息经济对杭州GDP增长的贡献率已经超过50%。这种面向未来的发展理念，拥有更多的可能和想象空间。互联网经济不仅支撑了杭州经济的发展，而且代表了未来世界经济发展的趋势。尼尔森的数据显示，杭州电子商务在全国乃至全球已经具有较为广泛的影响力。目前杭州集聚了全国超过三分之一的电子商务网站。正是在这样的创新创业发展环境下，如今杭州的标签越来越集中显现为"天堂硅谷"，成为互联网创新创业者的"梦想天堂"。也正因为如此，杭州成了中国最具经济活力的城市之一，并且连续多年被世界银行评为

[1] 《杭州获准列入全球学习型城市网络》，载新华网：http://news.xinhuanet.com/local/2016-02/02/c_1117969221.html。

[2] 《杭州独特韵味从何而来（之三）：创新之城，澎湃洪荒之力》，《浙江日报》2016年9月1日。

"中国城市总体投资环境最佳城市"，而《福布斯》杂志则将杭州评为"中国大陆最佳商业城市排行榜"第一名。[1]

（二）着力构建共享发展平台，打造特色化城市治理模式

共享发展，同时也意味着一个多元主体参与、沟通、包容和合作的共建共享、共治共享过程，而这一切都需要一定的平台或载体予以实现和体现。近年来，杭州推进城市现代化治理的过程中，"共享"与"复合""互动"无疑构成了其最为突出的三大关键词。[2]实践表明，杭州通过积极构建各种平台践行共享发展理念，促进了多元治理主体的互动和合作，实现了多方治理资源的整合和转化，从而为城市的共享发展凝聚了智慧、集聚了力量。

1. 构建多元复合型治理组织

在这方面，最为典型的就是杭州关于社会复合主体的设想和建构。早在2008年12月举办的第三届生活品质全国论坛上，杭州市委、市政府就正式提出了"社会复合主体"这一概念。简单而言，社会复合主体"是指以推进社会性项目建设、知识创业、事业发展为目的，社会效益与经营运作相统一，由党政界、知识界、行业界、媒体界等不同身份的人员共同参与、主动关联而形成的多层架构、网状联结、功能融合、优势互补的社会新型创业主体"[3]。在这种组织架构中，党政力量往往只是多元主体进行沟通、合作的平台搭建者，其他不同领域、行业的组织或个体都可以通过多种方式参与其中，按照一定的规则和程序投身于城市治理的重要议题之中。为培育和发展社会复合主体，杭州市委、市政府制定了《关于培育和发展社会复合主体的若干意见》（市委〔2008〕23号）、《关于培育和发展社会复合主体的实施办法》（市委办发〔2009〕179号）、《关于开展社会复合主体认定和评价

[1] 《为什么是杭州？》，《新民周刊》2016年第36期。

[2] 胡征宇：《复合・互动・共享——关于杭州城市治理实践的思考》，《杭州（我们）》2012年第10期。

[3] 王国平：《社会复合主体培育和运作机制研究——关于杭州培育新型创业主体的探索与思考》，参见中国・杭州生活品质网：http://www.cityhz.com/a/2009/7/22/content_37789_7.html。

的通知》等一系列文件，规定了培育和发展社会复合主体的相关流程。由此，杭州培育发展了系列社会复合主体，成为城市治理和发展的重要力量，如属于行业联盟组织的丝绸与女装行业联盟、茶行业联盟、杭州美食行业联盟，属于项目推进组织的西湖综合保护复合主体、运河综合保护复合主体、大良渚遗址综合保护复合主体，属于市校联盟组织的杭州市与浙江大学战略联盟、杭州市与中国美院战略联盟，等等。2014年12月，杭州市委、市政府印发的《关于进一步激发社会组织活力，推进我市社会治理创新的若干意见》，在社会复合主体的基础上又明确提出了"培育复合型社会组织"的思路，以发挥其在孵化培育、协调指导、合作发展、自治自律和集约服务上的积极作用。

2. 优化媒体的公共议事功能

在社会复合主体运作机制的影响下，杭州又积极优化新闻媒体在信息沟通和传播方面的优势，不断增强其吸纳多方主体参与公共事务的议事功能。例如，由市委办公厅、市政府办公厅等部门主办，杭州电视台综合频道、生活品质视厅承办的《我们圆桌会》节目，邀请专家、部门、媒体、市民代表走进演播室围绕圆桌就某一民生话题进行共同探讨。它以汇聚智慧、服务民生为目标，以党政、市民、媒体"三位一体"和党政、院校、企业、媒体"四界联动"为平台，以展示交流评论为形式，以"提出问题—讨论问题—提出建议"为线索，充分促进社会各群体、各阶层人员之间就彼此关注的问题即时沟通、互动互融、合作共赢，有利于"培育和巩固我们大家都应具有的互相依存、休戚与共的社会意识"。[1]2013年，为深入贯彻落实党的十八大精神，结合党的群众路线教育实践活动，杭州市纪委（市监察局）提出了"以问题为导向"的工作理念和思路，突出群众参与、群众监督、群众评判、群众满意，创新举办了"公述民评"面对面问政活动。该项活动围绕杭城老百姓热议的焦点，现场提问回答，现场投票亮分，并由杭州网进行全程

---

[1] 潘一禾：《〈我们圆桌会〉对杭州市民"社会意识"的建设意义》，《杭州（我们）》2011年第4期。

图文直播，杭州电视台综合频道录制后在黄金时段播出。2016年，为了扩大公众参与，推进深度问政，该项活动还通过杭州考评网、"中国杭州"政府门户网站、杭州网、"绩效杭州"微信公众号、"廉洁杭州"微信公众号等五大平台，向社会公开征集参加现场问政的民评代表及问政问题，进一步扩大市民的知情权、参与权、评价权、监督权。

3. 打造"立体化"信访平台

近年来，杭州"12345"市长公开电话通过发挥不同媒体的不同优势，创新民意表达渠道、民主协商平台和民主监督形式，搭建了一个"全过程立体化"的信访平台，有效促进民生信访问题的化解。具体表现在：

（1）拓宽民意表达渠道。针对群众遇到困难时"表达无门"以及"表达无用"现象仍较突出的问题，杭州市信访局采取通过"12345"市长公开电话与媒体合作创办直播"12345"栏目和杭网议事厅"网上服务台"的形式，延伸拓宽"12345"市长公开电话的诉求表达渠道，发挥"12345"市长公开电话品牌优势，从而得到了群众的欢迎和好评。

（2）丰富协商民主平台。随着群众利益公平意识的觉醒与强化，群众不再满足于仅由党委、政府代表其提出利益的诉求，而要求有直接发表自己看法及表达自身利益的渠道和平台。杭州市"12345"市长公开电话和媒体合作推出的杭网议事厅和"12345"连线等民生专栏，丰富了群众相互共同商讨解决信访难点、热点问题的协商平台，使"12345"市长公开电话、媒体、市民在互动的协商和沟通中产生共鸣、达成共识，在互动中实现共赢。

（3）健全民主监督形式。民主促民生机制要以深入的民主监督为保障。为了弥补有权处理的部门和单位在解决民生信访难题过程中的监督缺失问题，杭州市"12345"市长公开电话与媒体合作建立了以网络、报纸、电视等媒介为依托的舆论监督平台，充分发挥了社会舆论的监督功能，有效促进了大量信访问题的解决。

4. 构建智慧联动治理平台

这首先突出体现在城市管理方面。近年来，杭州市城管委以发展智慧经济、信息经济为契机,大力推进数字城管转型升级,加快智慧城管建设。2014年,全市数字城管覆盖面积达到500.1平方公里,全年立案交办问题117.04万件,问题及时解决率达到99.90%,26个中心镇数字城管规范运行率达到100%。同时,市城管委还制定智慧城管"一中心四平台"建设总体方案,完成公共服务平台、智能云终端、数据中心、集约化信息展示平台等十大信息化项目建设,"贴心城管"APP注册用户达到2.5万余人,为市民提供找车位、找公厕、找修补点、违停信息和道路停车未缴费查询等各类服务400万余次,市民通过客户端反映城市管理问题6000余件。此外,为有效整合社会治理的资源,打通基层社会治理通道,破解社会治理难题,杭州各城区也不断创新,努力打造特色化服务方式。例如,上城区建立基层社会服务管理联动指挥中心,整合共享各大信息平台资源,使百姓日常所需的各种应急救援、困难求助都得到一站式处理。西湖区将信息化建设延伸到党建、经济、社会事业、民生保障、法律服务等多个领域,打造"三全十服务"社会管理综合系统,致力于向居民群众提供服务时间全天候、服务内容全方位、服务对象全覆盖的公共服务。江干区凯旋街道以大数据技术运用为核心,依托"凯旋云综管"系统,开辟"民情采集""问题流转""群众参与"三大功能模块,不断提高街道治理的智慧化水平。

(三)建立健全共享发展机制,夯实维护社会公平的基础

公平共享是共享发展的应有之义,而其真正实现则需要一系列的运行机制予以支撑。党的十八大提出,要"逐步建立以权利公平、机会公平、规则公平为主要内容的社会公平保障体系",十八届四中全会又进一步要求"依法保障公民权利,加快完善体现权利公平、机会公平、规则公平的法律制度"。由此可见,实现权利公平、机会公平、规则公平是公平共享的主要方向和路径。从杭州近年来的工作实践情况来看,也明显突出了公平共享的价值取向,通过建立健全一系列工作机制,促进市民在享受公共服务、参与城市治理过程中的权利公平、机会公平和规则公平,为维护当地社会公平奠定

了较为坚实的基础。

1. 建立促进均衡的城乡一体发展机制

自2010年做出以新型城市化主导城乡区域统筹的战略决策后，杭州市把基本公共服务均等化从市区推进到下辖市县，将整个杭州地区都纳入城乡一体化建设和发展，以新型城市化为主导，进一步加强城乡区域统筹发展，把改善民生的重点放在农村和困难群众上，加快推进城乡社会事业发展、城乡社会保障、城乡管理和社会治理等"十七个统筹"，努力推进城乡基本公共服务均等化。例如以镇村两级社区服务中心为基本载体加强农村社区管理服务平台建设，实现政务服务的一站式办理，提升基层组织的公共服务职能；按照"城乡统筹、全民覆盖、一视同仁、分类享受"的思路，构建城乡四级卫生服务圈和乡村卫生服务一体化管理制度，解决农民看病的"最后一公里"问题；通过实施"教育共同体""名校集团化"战略，推动优质教育资源的城乡合理流动，并全面高水平普及十五年教育；制定专门的公共文化服务体系建设规划，推进城区"15分钟文化圈建设"，以"美丽乡村""一村一品""文化名片"等工程拓展公共文化服务的农村辐射渠道，实现乡镇（街道）综合文化站、村（社区）文化活动室等基层文化设施的全覆盖；采取走出去、请进来、送下去等培训方式，提升城乡就业率，推动城乡就业服务均等化。

2. 构建民生导向的财政投入保障机制

为便民惠民政策的落实提供坚实财力保障，让改革发展成果惠及全体杭州市民、外来务工人员、国内外游客等群体，杭州确保每年新增财力三分之二以上用于民生，由此市本级民生支出安排从2008年的74.64亿元增长到2014年的146亿元，年均增长16.16%，远超同期财政收入增幅，占公共财政预算支出比重从71%增长到75%，有效提升了民生事业的保障力度、受益广度和工作深度。具体体现在：

（1）保弱势，促和谐。重点关注弱势群体，畅通救济渠道。2014年安排医疗补助资金4.97亿元，同比增加27.2%，城乡居民医疗保险个人缴费财政补助水平达国家标准（320元/人）2.18倍以上。建立健全大病医疗保障和医疗困难即时救助机制，2014年上半年市本级共救助医疗困难人员28.74万人次，支付救助金4979.83万元，其中90%以上为即时救助，第一时间缓解弱势群体经济负担，避免因病致贫、因病返贫。

（2）保底线，促公平。强化基本公共服务保障，在提升覆盖率基础上提高整体保障水平。2014年教育经费投入28.8亿元，同比增加14.1%，教育经费投入指数在15个副省级城市中排名第一。2012至2014年安排"进城务工人员子女就读义务教育学校专项经费"5648万元，实现外来务工人员子女在杭享受义务教育同城待遇。

（3）保权利，促发展。推动民生事业从单纯的物质补助向权利保障转变，确保市民基本权利的落实。如通过强化绩效管理，削减低效项目预算，节约的资金用于群众呼声较高的之江大桥取消收费项目，市财政每年承担9100万元运营补贴，取消大桥收费后，路段日均车流量同比增加255.3%，大大缓解了之江路乃至城市西南区域交通拥堵，促进了城西、之江、滨江地区融合和杭州城乡统筹发展，老百姓也得到了真正实惠。[1]

3. 建立重要政务的全程开放决策机制

杭州市委、市政府十分注重通过搭建"以民主促民生"平台，推动杭州民主促民生工作。从2007年起，杭州市政府按照"民主促民生"的要求，实施"让民意领跑政府"的"开放式决策"。多年来，杭州市委、市政府重要决策从出台、执行到考评整改，都邀请市民参与并开展监督，在为民办实事、重大工程、公共政策等方面建立了五大以民主方式解决民生决策的工作机制。2009年12月30日，为适应网络时代政民互动的现实需要，《杭州日报》下属的"杭州网"还创建了一个新的网络频道——"杭网议事厅"。它作为杭州市实施"民主民生"的重大战略举措，更好地发挥了网络、网民在民主促民生中的重要作用。通过网络问计于民、问策于民、问需于民、问政

---

[1] 具体参考杭州市财政局2014年创新创优项目相关材料：《构建绩效导向的民生事业投入保障机制》。

于民、问方于民，是"杭网议事厅"建立的初衷，它有利于借助政府搭建的平台，集中民智、反映民情、分析民情、引导民情、解疑释惑、排忧解难、服务决策。经过多年的实践，"杭网议事厅"已经成为杭州民主促民生的权威平台，并多次被杭州市政府评为"人民建议集体奖"。

4. 建立注重协商的基层民主治理机制

在这方面，近年来杭州已积累了不少实践经验。其中，余杭区的相关实践做法颇具有代表性，也取得了良好的效果。具体而言：

一方面，要推动协商民主工作机制的上下舒展。一是要实现"上伸"，要注重整合统筹镇党代会、人代会等现有镇级的民主管理资源，增强两个会议的协商议事功能，探索更加生动、更加开放的民主协商议事途径。在两会之外，全面推行镇级专题协商议事会议，达成镇级重大事项广泛共识。二是要推进"下延"，就是把协商民主的形式不断向村（社区）延伸，提高基层党组织领导下的群众自治能力。借助农村"五议两公开"、社区"协商议事共建会议"和非公企业"党建联席会议"等民主管理载体，延伸协商民主触角，建立形成制度化、常态化的协商议事机制，最大限度包容、吸纳基层各种利益诉求。

另一方面，要加强上级党组织对协商民主议事制度的保障支撑。通过建立区（县市）、镇街和村（社区）三级协商对话、互动联办机制，尤其是对下一级协商议事难以解决的事项，由上一级党组织通过转办单、反馈单的形式帮助解决落实。同时，要大力宣传民主协商议事的工作成效，注重培育群众法制和民主观念，推动群众有序参与民主管理。

（四）与时俱进共享发展成果，增强居民真切实在的获得感

共享发展问题，归根结底就是"将社会正义在民生领域的落实与实践问题"[1]。从内涵方面来说，共享发展应该不断促进改革发展成果全面共享、

---

[1]　余达淮、刘沛好：《共享发展的思维方式、目标与实践路径》，《南京社会科学》2016年第5期。

全民共享。全民共享，意味着政治、经济、社会、文化、生态等全方位的共享；全民共享，意味着城乡居民之间、本地居民和外来居民之间、不同社会阶层居民之间都能够公平地享受杭州的公共服务，参与杭州的社会治理。近年来，杭州坚持民生为先的工作理念，立足地方发展特色，在推进全面共享和全民共享改革发展成果方面取得显著成效。

1. 连续多年实施"民生十大工程"

多年来，杭州市政府每年都会通过报纸、网络、电视等多种渠道，向社会广泛征集政府为民办实事项目，其主题都聚焦于社会热点、民生焦点和改革难点（具体见表1）。而且，所征集的项目要求具备可行性、可操作性，将其作为多年来市政府工作报告的重要内容，向广大市民做出公开承诺，要求"当年建设、当年竣工、当年见效"。例如，2014年，杭州市政府就通过群众投票等形式，公开征集到了2700余条社会各界的意见建议，经统筹整合，确定了十方面民生实事共40个子项目。又如，针对近年来市民对城市生态环境问题的高度关注，杭州先后投入数百亿，主打"五水共治""五气共治""五废共治"的"三五牌"，强力推进环境治理。目前，杭州已成为无钢铁生产企业、无燃煤火电厂、无黄标车的"三无"城市。

表1：杭州市政府"民生十大工程"（2012—2016年）

序号	2012年	2013年	2014年	2015年	2016年
1	推进公交建设	推进保障性安居工程	持续改善市民出行条件	促进社会就业创业	加大水环境治理力度
2	加快实施保障性安居工程	改善交通环境	加强雾霾治理	加大水环境治理力度	加大雾霾治理力度
3	实施大气环境综合治理	提升小区生活环境	提升饮用水质量	持续改善交通出行	持续改善交通出行
4	加强饮用水源保护	改善城区河道水质	提升城市河道水质	强化食品安全治理	改善城乡人居环境
5	加强食品药品监管	加大养老服务和学前教育推进力度	加强食品药品安全监管	加强养老为老服务	完善社会保障体系
6	提升小区居住环境	扩大基层文体活动覆盖面	提高社会保障水平	加大雾霾治理力度	加快电商网络建设

续表

序号	2012年	2013年	2014年	2015年	2016年
7	丰富群众文化生活	推行智慧医疗和卫生应急培训	推进养老助残服务	改善城乡人居环境	强化食品安全治理
8	提升养老服务水平	开展大气综合防治	丰富城乡文体生活	丰富城乡文体生活	加强养老为老服务
9	改善农民生活环境	培育农村电子商务	优化小区居住环境	加快电商服务网络建设	丰富城乡文体生活
10	推进停车场库建设	实施重大气象灾害预警信息电视、手机全网直达式发布	建立便民E邮站	加强法律援助和服务	优化公安办证服务

2. 形成较为完备的基本公共服务体系

"十二五"期间，杭州的民生发展战略重点突出，以公众需求为导向，着力解决八大问题。城乡就业和创业制度逐步完善，基本消除"零就业"家庭；"2＋2"基本社会保障制度体系初步形成；社会养老事业不断进步，各类老年福利机构综合性床位数每年增长10%；住房保障体系逐步完善，"租售改"三位一体的改革正在完善，基本实现应保尽保；基础教育普及率与质量不断提高，优质教育资源持续扩大，进城务工人员子女享受义务教育同城待遇；医疗服务体系日趋健全，医疗机构与制度的改革不断深化。此外，市区医疗资源配置及网络化覆盖也正在推进；四级文化服务设施网络建立，"杭图品牌"已经显现；基本生活必需品保障有力，设立价格调节基金，加强物价调控和物价变化联动补贴，保障日常生活水平。通过近几年发展，可以说杭州公共服务体系建构趋于完备，服务供给成效日益显著。

3. 不断加大社会救助和民生服务力度

在社会救助方面，杭州市制订了市级、区（县、市）级、街道（乡镇）、社区（村）"四级救助圈"，根据困难家庭的致贫原因、困难程度实行分层次的帮扶救助，城乡低保对象实现了"应保尽保"。同时，杭州还实施了分类救助机制，对困难群众实施生活、教育、医疗、住房、法律等六方面33项优惠政策，实现全方位援助，如对贫困家庭读书的子女提供专项助学金，对城乡困难家庭实施廉租住房政策，以"网络律师团"为载体实施法律援助服务等。从教育领域看，杭州市义务教育和学前教育的目标人群覆盖率基本达到100%，巩固率将达到99.9%。从医疗保障方面看，根据世界卫生组织的标准，医保全面覆盖包括覆盖人口、覆盖项目和覆盖费用三个维度，杭州在医保对象这个维度已基本实现全覆盖。从养老方面看，目前杭州已经建立了市、区、街道、社区四级养老服务组织体系，全部的城市社区建立了居民养老服务网点。从就业方面看，目前杭州的就业服务网已经实现全覆盖，并实现人力资源信息市、区、街道、社区"四级联网"。从住房保障看，杭州近些年对保障性住房的绝对数量与覆盖人群不断加大，市区住房保障覆盖率已达29%，保障范围与准入条件也不断放宽，在"十二五"末期基本实现人均可支配收入80%以下的住房困难家庭应保尽保，而且杭州已成为全国范围内廉租住房面积保障标准和货币补贴标准最高的城市之一。

4. 不断推进城市公共服务的智慧应用

杭州还十分注重通过发展和推广智慧应用来提升城市公共服务品质，让广大市民便捷、高效地分享城市经济社会发展的成果。目前，无论是在全国率先免费开放Wi-Fi，在医院推行"先诊疗后付费"，还是"智慧政务""智慧旅游""智慧社区"等智慧应用方面，杭州都是城市智能化的先行者。另外，杭州也是全球最大移动支付之城。据统计，98%的出租车、95%的超市便利店都支持移动支付，有超过2.2万家餐饮门店可以"扫一扫"买单，甚至相当多的菜市场小摊也接受手机支付。[1]2016年8月，"智慧杭州"又迈出了关键几步：8月16日起，杭州试点刷支付宝乘坐公交车；8月24日起，315个客流密集服务点可以凭"芝麻信用分"免费借用雨伞、充电宝。在杭州，市民卡集医疗、交通、教育、金融、公共服务等各种功能于一身，可谓"一卡在手，生活无忧"。可以说，2012年、2015年，杭州之所以先后两次荣登"中国公共服务小康指数"调查之"15城市公共服务满意度"排行榜榜首，都离不开城市公共服务的"智慧化"。

---

[1] 熊争艳、吕昂：《杭州，美丽中国的美丽样本》，《浙江工人日报》2016年9月3日。

三、杭州共享发展存在的主要短板

当然，在肯定成绩的同时，我们也应该清醒地意识到，近年来杭州在推进共享发展的过程中也面临着来自体制机制等方面的因素，仍然存在优质服务资源配置失衡、保障标准不高，社会治理的社会化和市场化程度偏低，以及收入分配体制改革较滞后等主要问题，需要在下一步的深化改革过程中切实加以解决。

（一）优质公共服务资源配置失衡、保障标准不高

1. 优质服务资源配置失衡的问题仍旧存在

在教育领域，2012年杭州市小学师生比为17%，初中师生比为12%，高中师生比为12.8%，以上指标在国内同期处于领先水平。但优质教育资源建设和共享效率不高，0—3岁早期教育拓展和学前师资专业化建设各个城区进度不一，与上海、广州等地相比差距明显。名校集团化参与面不断推进，但师资队伍参差不齐、"上好学"问题在部分城区尤其突出。在民生保障领域，杭州市主城区目前与市标不统一的民生保障政策共有53项，导致部分公共服务资源配置上"同城不同待遇"，具体来看，主要集中在三大领域，社会救助和居家养老保障类政策最多达30项，残疾人救助保障17项，人力社保6项。在医疗领域，目前优质医疗资源主要集中在上城、江干、下城等城区的核心地带，各城区间与城区内部不同区域间的优质医疗资源分布还不平衡。

2. 优质服务资源共享度和保障标准不高

从医疗卫生领域看，2012年杭州每千人医院床位数5.0，每千人医生数为3.1，与欧美国家相似阶段的平均水准持平，但基本医疗保障方面部分指标（如在职职工基本医疗保险、统筹基金最高支付额度等）仍落后北京、上海、广州等地。从社会保障方面看，"五险"制度覆盖率和人员覆盖率逐年增加，但与发达国家比差距较大，法国、英国和日本同阶段五项保险都做到

全覆盖。杭州市城镇职工基本养老保险、城镇职工医疗保险和失业保险的参保人数都处于中下水平，工伤保险、生育保险的参保人数处于居中水平，居民养老保险和医疗保险也落后于一些城市。从就业方面看，杭州促进"四类群体"再就业工作成效较为明显，但就业群体工资收入的均衡性和公平性问题仍旧突出。工资收入与经济发展水平不相适应，2012年杭州的人均GDP位列国内19个主要城市第3，但在岗职工平均工资位列第7。从养老方面看，每百名老人拥有床位数偏低、服务专业化水平偏低，基础养老金标准和经济发展水平不相适应、高龄补贴标准偏低，区域差距仍然明显。从公共文化领域看，市本级2012年文化事业经费占财政支出比重为3.5%，远高于全国0.4%的平均水平和发达国家和地区1%的平均水平，但人均投入经费不高，市本级为81.8元／人，低于上海103.01元／人、北京88.71元／人等地水平。

（二）社会治理的社会化和市场化程度不高

1. 社会化程度有待提高

居民自治和社会调节是基层社会治理社会化的基本内容，也是政府治理的有益补充。十八大报告指出，改进社会治理方式，要"实现政府治理和社会自我调节、居民自治良性互动"。在这方面，杭州虽取得一定的成绩，但也还有待进一步加强，具体体现在：一是居民自治的空间和能力不足。一方面，社区居委会工作尚未真正进入"居民导向"的运行轨道，行政化、"悬浮化"问题仍旧突出；另一方面，居民参与社区治理的意愿不强、能力不足，普遍存在"政治冷漠"现象。据统计，在杭州市第五届社区居委会换届选举中，605个换届社区只有104个采用选民自愿登记、自愿参选方式选举。二是社会组织参与治理的能力不强。社会组织特别是社区社会组织的规范化、自主化发展能力偏低，大多数在性质上属"无章程、无经费、无场地、无专职人员"的"四无组织"，在类型上则以文体健康类居多，仍存在"小、散、弱"等问题，难以有效参与社会治理。据初步统计，目前杭州全市只有3%左右的社区社会组织能够达到正式登记的标准，能真正发挥作用的少之又少。三是辖区单位共治格局尚未形成。突出表现在辖区单位之间围绕社会治理主题的沟通合作平台缺失，基层社会治理资源的区域性整合度偏低，尚未形成有效的治理合力。

2. 市场化运作总体偏弱

市场是配置和整合资源的"无形的手"，理应在基层社会治理过程中发挥重要的甚至决定性的作用。虽然杭州经济发展的市场化水平较高，但社会治理的市场化运作却与之不相匹配，具体体现在：一是市场"不主动"。杭州虽是国内较早制定企业社会责任评价规范地方标准的城市，而且劳动关系和谐指数已连续五年位居全省第一，但企业特别是民营企业总体上对"围墙之外的社会责任"关注不多、参与不够，其公益慈善事业的发展与民营经济强市不相匹配。二是政府"不放心"。在社会治理过程中，政府部门通过市场化手段配置和整合社会治理资源的意识和能力不足，对具体的公共服务项目仍习惯"统包统揽""亲力亲为"，没有为市场化运作提供更广阔的空间和更便捷的渠道。三是机制"不顺畅"。比较突出的是，因小区停车、房屋装修、物业费收缴、小区经营性收入配置等问题，近年来业委会和物业管理公司之间的矛盾纠纷不断增多。以西湖区为例，2014年该区通过人民调解的案件中，物业纠纷类案件就达432件，在案件分类中仅次于邻里纠纷。此外，许多老旧小区、撤村建居类社区也较为普遍地存在物业费用长期难以收缴的问题，物业管理市场化水平明显偏低，甚至处于无人管理的失序状态。

（三）收入分配体制改革较滞后，城乡、地区、行业和居民之间收入差距仍然较大

收入分配体制改革滞后问题，是我国各地在社会体制改革过程中面临的一个共性问题，主要表现在三个方面：初次分配中，没有明确政府、企业、居民三者合理的分配比例关系，没有建立劳动报酬正常增长机制；再次分配中，没有以制度形式明确各级财政用于社会保障以及转移支付的支出比例；三次分配规模小，慈善捐赠的激励机制、管理机制、监督机制等还不健全。

杭州作为沿海发达省份的省会城市，在城乡、地区之间以及行业之间的收入差距也十分明显。例如，2015年，杭州农村居民人均可支配收入虽然已经达到25719元，而且增幅连续第8年超过城镇居民收入，但仍只有城镇居民人均可支配收入（48316元）的一半左右。[1]而且，2016年上半年，杭州城镇和农村常住居民人均可支配收入分别增长8.8%、8.6%，开始出现"城快乡慢"的不利迹象。[2]

　　另外，从地区来看，滨江区、下城区名列2015年杭州含规上私营单位就业人员平均工资前二位，分别为93097元和90722元，比位于最后两位的富阳区（51931元）、桐庐县（52750元）高出近一倍。[3]从行业来看，电力、金融等垄断行业也明显存在收入畸高的问题。当然，导致收入分配不公的原因是多方面的。这里必须指出的是，近年来杭州商品房价格一直在高位运行，已成为社会分配领域的一大顽疾。城市房价过高，致使城市居民的生活成本居高不下，抑制了普通劳动者的刚性需求和改善性需求，对各类人才也产生了明显的社会挤出效应。而且，高房价进一步拉大了社会的贫富差距，并形成一批食利者阶层，割断了收入与劳动创造财富的联系，增加了贫富群体之间的隔阂和冲突。因此，加强住房保障力度也应该成为杭州下一步收入分配体制改革过程中要重点加以考虑的一个问题。

四、补齐杭州共享发展短板的主要思路

　　共享发展是一个共建共治的过程，共建共治是基础和前提，共享发展成果是目标和导向，两者必须统一于全面深化改革的实践过程之中，同时也必

---

[1]　数据来源：《2016 年杭州统计年鉴》。

[2]　《2016 年上半年杭州经济形势通报新闻稿》，载"中国杭州"政府门户网站：http://www.hangzhou.gov.cn/art/2016/7/26/art_805866_1666505.html。

[3]　数据来源：《2016 年杭州统计年鉴》。

须体现普惠性、充分性、参与性和渐进性四个特性。[1]针对上文的分析，我们认为，"十三五"期间，杭州要进一步推进共享发展，必须以当前城市公共服务和社会治理工作的现有水平作为基点，以杭州未来经济社会转型升级以及城市国际化发展趋势为坐标，坚持"公平与效率兼顾"的基本理念，通过优化公共服务平台和网络、提高社会治理的社会化和市场化程度、深化改革收入分配制度等方式，从整体上提升城市公共服务和社会治理水平，不断推进经济社会发展成果全面共享、全民共享、公平共享。

（一）加强公共服务平台和网络建设，进一步夯实共享发展的基础

1. 突出社区的公共服务平台功能，增强基层综合服务能力

加强社区基本公共服务的网底功能，以居民需求为导向，因地制宜建设和完善社区综合公共服务设施，构建以社区为基础的城市公共服务平台。推进社区智慧服务体系建设，进一步规范社区服务中心（站）功能分级设置，创新社区公共服务模式，扩大社区公共服务覆盖面，构建具有杭州特色的社区公共服务供给模式。建立服务于民的融合各职能部门于一体的"智慧社区"综合信息管理平台，做大做强"96345"便民服务中心，鼓励通过社区网站、社交网络等新兴平台发布社区信息，为社区居民提供全方位、全天候、全覆盖的社区服务。

2. 优化城市公共服务的网络结构，提升区域均衡发展水平

以服务半径、服务人口为基础，统筹空间布局，保障建设用地，积极推进基本公共服务设施建设，实行城区统一的基本公共服务设施配置和建设标准。建立健全城区一体化的基本公共服务标准体系，统筹引导优质服务资源在各区域间的合理流动，不断缩小基本公共服务的水平差距。

3. 完善城市公共服务信息化平台，提高公共服务供给效率

紧密结合"智慧城市"的规划建设，积极开发运用"大数据"城市服务

---

[1] 刘旺洪、张春龙：《民生共享战略的理念基础与实现路径》，《新华日报》2016 年 6 月 29 日。

管理平台，加强各信息系统整合力度，促进基本公共服务相关管理部门之间的信息平台共建和基础数据共享，提高公共服务机构管理效率。积极开发设计具有杭州特色的城市公共服务APP，有序开放公共服务数据，不断增强网络化、移动化、开放式的公共服务功能。强化市民卡作为公共服务综合应用的信息化载体，不断丰富应用功能，拓宽应用领域，让市民更为便捷地享受优质公共服务。

（二）增强社会力量协同治理的能力，进一步增强共享发展的力量

1. 深化居民自治机制

"自我管理、自我教育、自我服务"是居民自治的基本内容，民主选举、民主决策、民主管理、民主监督制度是实现居民自治的基本路径。下一步，杭州在深化居民自治机制上，可以从以下几方面着手：一是规范和创新社区居委会的民主选举方式。要充分发挥民政部门、街道的指导作用，进一步规范社区居委会的选举制度和程序。在条件具备的社区，可推广电子投票选举方式，从而便于居民群众参与居委会选举。同时，可借鉴上海市虹口区"新家园建设与合作事务所"的相关做法，鼓励并支持居民引入专业社会组织，加强居民自治专业化支撑。二是创新社区公共事务民主决策方式。要以居民需求和社区问题为导向，推进社区居委会设置社区自治议题。对社区重大决策事项，应该召开居民代表大会进行民主表决决定。三是着力提高社区民主管理的水平。要积极支持社区事务的民主管理工作创新，鼓励社区居委会通过召开"社区事务议事厅""社区民主恳谈会"等方式，吸纳辖区单位代表以及老党员、老干部、老教师等多层面、多领域的社会贤达、社区精英参与社区公共事务的讨论、协商。四是创新社区公共事务民主监督方式。要以居民知晓度、参与度、满意度为重点，探索建立社区居委会工作年度评议机制，加强居民对居委会及其成员的监督。要探索和完善居委会成员的罢免、辞职、停职程序，着力增强居民对社区居委会的监督效力。

2. 优化社会组织参与治理机制

一是把握社区社会组织的培育方向。要按照"按需培育、重点发展"的原则，进一步放宽准入、降低门槛，在基层重点扶持发展一批社区生活服务类、社区公益慈善类、社区文体活动类和社区专业调处类社会组织。二是打造良好的社会组织发展环境。要以各级社会组织服务中心（孵化园）为基础，积极引进专业品牌机构，打造集培育扶持、公益创投、信息服务、培训交流等多功能于一体的社会组织公共服务平台。可借鉴"爱德""恩派""滴水恩"等国内著名社会组织孵化器的实践经验，加大政府在人才培养、财税政策等方面的扶持力度。三是引导和规范社会组织加强自治。要以《杭州市社会组织评估实施办法》为引导，充分利用广播、电视、网络、报纸等媒体的舆论监督功能，建立以诚信教育、信息披露、社会评估和分类监管为主要内容的社会组织统一评估监督制度和网络信息平台。

3. 创新辖区单位合作共治机制

一是积极营造共建共享的社会氛围。加大舆论宣传和引导，积极搭建各类民主协商平台，不断增强辖区单位参与社会治理的责任意识，拓宽其参与社会治理的有效渠道。二是创新辖区单位资源的整合和共享机制。按照便民、利民、安全、高效等原则，继续推进驻区单位场地、设施等资源向社区开放。加强分类指导，对市、区所属企事业单位参与社区治理的内容、任务和事项，制定相应的指导目录，并提出明确要求。三是建立健全社会力量参与社区治理的评价激励机制。将驻区单位参与社区治理、履行社会责任情况作为开展文明单位创建、企业税费减免等工作的重要依据。探索建立社区各方力量利益共享、合作共赢机制，如开展"社区公益活动展""社区公益明星评选"等，从而激发驻区单位参与社区治理的内生动力。

（三）发挥市场在配置和整合资源上的积极作用，进一步提高共享发展的效率

1. 创新社区发展的经费募集机制

一是统一规范社区发展经费的募集工作。在市级层面，要加强经费募集机制的顶层设计，对经费募集的流程、募集经费的使用和监管等做出统一而明确的规定，以引导和规范社区募集发展经费的创新行为。二是注重总结推广本土成功的实践经验。例如，可总结推广江干区凯旋街道的"三社三微"、采荷街道的"爱心e超市"等实践做法，在街道层面探索建立基层公益慈善综合服务平台，有序拓展社会资源参与社区治理的渠道。三是创新社区物业费的收缴和管理方式。要积极创新老旧小区物业管理费的筹集和管理工作，可尝试推行物管酬金定额化、物业费用协商化的"物业管理酬薪制"，着力解决该类小区的物业管理难题。要加强撤村建居类社区物管的市场化运作机制建设，可在经济合作社的基础上探索建立社区管理基金会，推动社区物业管理的市场化改革，实现社区的共建、共治和共享。

2. 优化政府购买公共服务工作机制

一是明确政府购买公共服务的范围。加强基层民生需求调查工作，为政府购买公共服务提供科学的决策依据。探索建立政府购买服务清单及其定期更新、社会公布机制，明确各级政府购买服务范围。二是健全政府购买服务的公共平台。建立集信息发布、信用查询、项目评审等功能于一体的政府购买公共服务云平台，鼓励和引导社会组织跨区域承接政府购买服务项目。优化由购买主体、承接主体、相关专家和公众代表共同参与的服务项目科学论证机制，推动公共服务内容的供需对接。三是加强对公共服务项目的评估和验收。引进第三方评价机制，对社会组织承接政府购买服务项目的质量进行评估，将评估结果录入统一的社会组织信用信息平台，并作为政府选择承接主体的重要参考依据。

3. 扩大公益创投项目的支持资金来源

一是加大对公益创投项目的财政扶持力度。要发挥工青妇等群团组织平台的枢纽功能，实施"杭州公益项目扶持计划"，通过项目公开遴选程序，对初创的、小微型公益项目提供资金支持。在街道层面，要鼓励探索建立公益创投服务机制，为社区公益创投项目供给主体提供政策咨询、信息交流、从业培训、申报登记等方面的免费服务。二是拓宽街道辖区企业对公益创投的支持渠道。要加大宣传力度，提高基层单位对公益创投积极意义的认识。鼓励街道定期举办辖区企业与社区公益创投项目对接会、洽谈会等公益活动，加大对优秀公益创投项目的宣传和推介力度，从而吸引企业公益慈善资金的支持。三是探索建立公益项目资金的"众筹"机制。要支持和鼓励基层提高运用微博、微信等网络社交平台的工作能力，积极探索建立公益项目资金的"众筹"机制。可通过在项目策划、资源整合、运作监督等方面提供业务培训、专家辅导等方式，不断提高公益项目资金"众筹"工作的成功率。

（四）深化收入分配制度改革，进一步拓宽共享发展的广度

政府深化收入分配制度改革，目的在于建立健全公平合理的社会利益调节机制，不断缩小收入分配差距。2013年2月3日，国务院批转了国家发改委、财政部、人力社保部《关于深化收入分配制度改革的若干意见》，对完善收入分配结构和制度，增加城乡居民收入，缩小收入分配差距，规范收入分配秩序等作了具体规定。根据该意见，并结合杭州实际，我们认为，杭州改革收入分配制度可以从"兜底、增收、扩中、规范"八个字着手：

1. 推进社会保障提质扩面，编织好社会安全网

加快推进农村基本养老保险、基本医疗保险、失业保险、工伤保险、生育保险全覆盖，积极推动城乡基本养老和医疗保险制度并轨、标准统一。深入开展"春风行动"，完善"四级救助"网络，适时提高城乡居民最低生活保障标准和生活补助水平，进一步扩大社会救助覆盖面，全面实现低收入和困难家庭应保尽保。加强农村"五保"供养服务机构建设，加大社会养老

机构扶持力度，健全以居家养老为基础、社区服务为依托、机构养老为补充的养老服务体系，加快形成全市"9064"的养老格局。统一城乡孤儿养育标准，提高孤残儿童基本生活和医疗康复保障水平，推进优抚对象抚恤补助、义务兵家庭优待金标准城乡一体化。大力推进保障性安居工程建设力度，继续深化公租房保障工作机制，加大农村危旧房改造力度，着力缓解城乡低收入家庭以及大学毕业生（外来创业人员）的住房困难。

2. 合理提高劳动者的报酬，增加城乡居民收入

根据经济发展、物价变动等因素，探索建立最低工资标准与人均地区生产总值联动增长机制；以非公有制企业为重点，加快推进企业工资集体协商制度，提高集体合同签订率，促进职工工资较快增长；要健全土地承包经营权流转机制，按照依法、自愿、有偿原则，允许农民以转包、出租、互换、转让、股份合作等形式流转土地承包经营权，增加农民的薪金、股金、租金和保障性收入。

3. 扩大中等收入者的比重，塑造橄榄型的社会结构

推动农业劳动力向非农产业转移，加大农民工就业指导和服务力度，维护农民工合法权益，推进进城务工人员逐步融入城镇。建立覆盖城乡的失业预警工作体系，加强职业教育和技能培训，提高广大劳动者的就业创业能力。完善和落实工资正常增长机制，不断提高普通劳动者的收入水平。此外，还应创造条件让更多群众拥有财产性收入，使他们的收入稳步提升。

4. 加强收入分配领域整顿，形成合理化的分配秩序

要通过加强收入分配领域的法律法规和制度建设，加强管理和监控，保护合法收入，调节过高收入，规范非税收收入，坚决打击和取缔非法收入，使收入分配秩序更加公开透明、公正合理。

案例一

杭州公共自行车：实现共享发展理念的典范

杭州公共自行车是杭州市委、市政府坚持"以人为本"，实现共享发展理念的一项重大民生工程。从2008年5月正式启动至今，杭州公共自行车经过了8年的快速发展。8年来，杭州公共自行车从最初的61个服务点、2800辆，发展到现在的3531个服务点、8.41万辆的规模，日最高租用量达44.86万人次，日均租用量31.37万人次，为市民出行及外地游客的旅游带来了巨大的便利。今天，对于杭州这座天堂之城来说，公共自行车不仅是市民出行的交通工具，更是宣传和展示杭州形象的"金名片"。它为杭州赢得了许多的赞誉，也成为杭州实现共享发展理念的载体和典范。

一、杭州公共自行车的发展

2008年初，杭州市政府为了解决公交"最后一公里"的问题，即解决公交站点与市民住所与工作地之间的对接，开始谋划建立公共自行车系统，也就是国外所称的"自行车共享系统"。2008年4月，杭州市政府按照"以人为本、以民为先，政府引导、群众参与，公司运作、规范经营，一次规划、分步实施"的方针，结合杭州城市公共交通服务的实际，制定了杭州公交自行车的发展规划，提出要把杭州公共自行车交通系统打造成"国内领先、世界一流"的公共交通系统的工作目标。在市政府的主导下，杭州市公交集团有限公司下属的杭州公交集团与杭州公交广告公司共同出资500万元，组建杭州公共自行车交通服务发展有限公司，并负责租赁网点与配套设施的建设、车辆的采购引进、人员招聘培训等工作。

2008年5月1日，杭州公共自行车交通服务系统投入试运行，试运行初期开放61个服务点，投放2800辆公共自行车，并把服务点集中设置在景区和城西、城北的大型住宅小区附近。试营期间，由于人们对公交自行车这一"新生事物"比较陌生，加之租赁手续烦琐和自助租车系统故障频发等原因，公共自行车使用效率并不高，租用量每天只有1.4万人次左右。

2008年9月16日，杭州公共自行车交通服务系统正式投入运营。为了迎接"十一"黄金周的到来，公共自行车公司迅速升级了租车系统，进一步完善了还车系统，延长了服务时间，设置多个24小时服务点，并投放了一定数量带小孩座椅的自行车。针对早高峰租车、还车难的问题，他们甚至在每个服务点设置了视频监控，在总部不停查看流量，对车辆进行及时调配。公共自行车服务细节的完善与优化，使得公共自行车的营运工作取得了突飞猛进的发展，到2010年底，杭州公共自行车交通服务发展有限公司已拥有5万辆公共自行车，建成2000个租赁点，基本覆盖了主城区所有的小区、大型商厦和超市。2011年，杭州公共自行车布点继续扩面扩点，向滨江区、萧山区和余杭区三个周边区推进。2012年国庆节期间，杭州的地铁1号线正式开通，公共自行车公司在地铁站周边相继开设了200多个服务点，实现了公交与地铁的无缝对接。

2016年，为了迎接G20的召开，杭州市公共自行车系统投放了10000辆新公共自行车，并对公共自行车系统进行了全面升级，新增完善了四项功能。一是优化还车程序，由先刷卡后锁车升级为先锁车后刷卡，防止部分市民和游客因忘记刷卡，导致系统接收不到还车记录而一直扣费的情况。二是新增附近站点查询功能。在服务点外挂POS机功能界面中点击"附近站点查询"，可查询周边5个站点的车辆空、满情况。三是新增余额不足还车功能。升级后扣费金额超过余额，车辆自动锁止，市民只需在空余时间充值后进行异常恢复即可。四是新增网上充值功能。杭州通卡（市民卡电子钱包）可采用网上支付方式对电子钱包充值，通过自助查询机刷卡圈存即可。本次升级还预留过夜还车功能，市民可在晚上将车骑回家，支付固定租车费用第二日再去还车。

2016年8月底，杭州公共自行车对景区周边沿线100个服务点进行改造，并正式推出"扫码租车"功能，这意味着市民和游客只要用一部智能手机，扫一扫二维码，就可以"掌上租车还车"。支付渠道也实现多元化，如微信平台、支付宝、市民卡钱包等。目前，还设置了微信公众号、安卓手机APP、苹果手机APP这3种租借通道，杭州公共自行车也真正进入了互联网租车时代。

从2008年5月试运营到今天，经过8年的完善和发展，杭州市公共自行车系统已经拥有8.41万辆车和3531个租赁点，成为目前世界上最庞大、最先进的免费单车系统。

杭州公共自行车系统作为杭州的一项民心工程，以其便捷、经济、安全、共享的品质，声名远播，传遍四方，为杭州赢得了一系列的赞誉。2008年该系统被列入新时代"杭州创造"十大创新成就奖； 2009年入选杭州市"十大为民实事工程" 和"幸福杭州十件大事"； 2010年入选"浙江省十大民生工程" 并获《新周刊》"优化生活特别贡献奖"；2011年获浙江省公共管理创新案例"十佳创新奖"，同时杭州被英国广播公司（BBC）旅游频道评为"全球8个提供最棒的公共自行车服务城市"之一；2013年在首届"浙江全面小康十大民生项目"评选中荣获决策奖，同年，美国报纸《今日美国》报道，杭州公共自行车系统被评为全球最好的16个地区公共自行车系统之一，并名列榜首；2014年荣获广州国际城市创新奖，杭州以 28.44% 的绝对优势赢得 "网络人气城市"；2015年11月通过了国家级 "城市公共自行车服务标准化试点"项目验收；2016年9月参加G20峰会的各国领导人对杭州公共自行车给予了高度评价，阿根廷总统马克里与夫人更是亲自骑上公共自行车，一边沿西湖骑行，一路欣赏西湖美景，对它赞不绝口。

二、杭州公共自行车的运行模式

杭州公共自行车的成功在很大程度上是由其独特的运营模式决定的，杭州的运行模式特点可以概括为"政府主导，公交运行，市场操作，民众参与，技术先进，管理科学"，其目标定位、政策保障、管理营运、技术手段等方面已经形成了具有时代特征和鲜明的杭州特色。国际标准化组织下属的城市可持续发展标准化技术委员会的专家们，在了解了公共自行车的"杭州模式"之后，对"杭州模式"做出了高度的评价，并表示"杭州模式"极具推广价值，为城市公共自行车发展提供了一个可借鉴、可复制的范本。

（一）政府主导，公交运作

杭州公共自行车的良好运营主要得益于政府主导的运营模式和机制支撑。在该模式中，政府的主导作用贯穿于杭州公共自行车构想与运营的全过程，从发展城市公共自行车决议的提出，到组建杭州公共自行车交通服务发展有限公司，再到公共自行车的采购和回应公众要求改进公共自行车交通服务系统，杭州市政府扮演了发展公共自行车交通服务系统的倡导者、规划者、扶持者和监管者的角色。

公交运作就是以市属国有企业市公交集团为运作主体，该集团专门成立全资控股的杭州市公共自行车交通服务发展有限公司，具体负责运营管理，并与杭州电子科技大学等联合，由杭州公共自行车科技发展有限公司负责科技研发、系统建设、拓展市场、创收增效等，避免了由政府作为主体的政府失灵和民营企业作为主体的市场失灵。

（二）公益定位，市场操作

杭州公共自行车从当初设计到实际运作都以社会公益性为目标，而不以营利性为目的。市民租车后取车，第一个小时是免费的，1—2小时内收取1元，2—3小时内收取2元，3小时以上收取3元/小时。考虑到租车满1小时后要收费，很多人会在即将满一小时的时候找到服务点还车后再次借车，以达到免费借用的目的，这样对大多数人来说，杭州公共自行车基本上是免费的。基本免费和低廉的收费体现了杭州公共自行车公益性角色定位，也能吸引更多的使用者。这使得公共自行车在与其他交通工具的竞争中占据一定的优势。

为了促进公共自行车持续健康发展，杭州公共自行车通过市场化操作，努力实现收支基本平衡。其一，设置超时段收费，避免有些人长时间占用公共自行车造成的公共资源浪费的现象，也解决了公共自行车运行的部分资金。其二，将广告经营权拍卖，把公共自行车车身广告和公共自行车服务亭广告充分利用起来，有效整合资源实现广告收益最大化，以此作为解决公共自行车系统建设资金平衡的一个撒手锏。其三，通过自行车科技发展有限公司，开展公共自行车的技术输出服务，国内外数十个城市先后来杭实地考察，纷纷邀请其到当地协助建设公共自行车系统。

（三）纳入体系，政策保证

2007 年，杭州市提出要学习法国巴黎建设公共自行车服务系统。为此，杭州市委、市政府下发《关于加强公共自行车交通系统建设和管理的实施意见》等文件，制定《杭州市公共自行车交通发展专项规划》，从政府层面将公共自行车纳入杭州"五位一体"大公交体系，即地铁、公交车、出租车、水上巴士、公共自行车大公交体系，并且提出公共自行车是城市公交的重要组成部分。

同时，政府实行政策倾斜，加快配套基础设施建设。一是将自行车专用道纳入了城市交通规划，结合城区道路的新建、改造和河道沿线整治，加快自行车专用道建设。二是创建自行车专用交通管理体系，在流量较大的平交路口设置专用信号灯，逐步规范慢行交通与快行交通、机动车与非机动车的交通分流，提供安全、舒适、高效的自行车通行环境。三是科学规划自行车停车网点，严格审批规范其他商业化运作的自行车租赁行为，不允许出现占用道路等公共资源从事自行车租赁业务。

（四）市民支持，便民利民

杭州公共自行车作为一项民心工程，必须问需于民、问政于民，充分尊重杭州市民和中外游客的主体地位，发挥他们的主动性、积极性、创造性，才能把好事办好。杭州市政府真是意识到这点，在公共自行车交通服务体系建立初期就部署由城管办牵头，组成了一个由各区政府、西湖景区管理局、市建委、公交集团等所有相关单位参加的"杭州市公共自行车交通系统和管理协调小组"。同时结合"城管、交警、公交、街道社区"四大部门共同选择租借点，并将初步方案全部公示在杭州各大网站，公示7天后凡无异议的，才正式进入施工和运营环节。从筹备情况来看，杭州市政府对于如何建立和管理这样一个全新的交通服务体系，采用的是政府、社会、民众和部门一起共同治理的方法，推进公共服务的社会化和市场化。

（五）技术先进，管理科学

技术领先，大胆运用了物联网技术。首先，将公共自行车设计成有别于一般自行车的式样和颜色，使其与一般自行车的零件不能互换，以杜绝失窃现象。再次，通过开发自行车锁止器、计算机后台管理系统、数据库管理系统、工控机管理系统、监检系统和身份识别系统，为公共自行车系统正常运行提供了技术支撑。最后，建立了公共自行车身份识别系统，在自行车锁头位置增加了一个圆形识别IC卡，作为车辆身份证，用来记录自行车相关信息。

科学管理，充分发挥公交集团资源优势。一是将公共自行车系统纳入公交运营管理系统，实现信息共享，有机衔接，进行一盘棋管理。特别是在节假日、旅游黄金周等协调运输配合，统一调度安排，实现互补，使公交出行更加便捷。二是充分利用公交集团的站点优势，在现有公交首末站、停车场和郊区地铁站均规划了公共自行车换乘（B＋R）和停车换乘（P＋R）系统。三是根据统一品牌、统一标准的原则，由公交集团对公共自行车服务点资源进行统一经营管理和多元化利用，并根据服务点周边业态和人居环境，分别开设便民服务点、便利店、旅游咨询服务点等，既加强了对系统运行的现场监管和服务，同时也创造了资源性收益。

三、杭州公共自行的共享功能

杭州公共自行车既是杭州的面子工程，更是杭州的民心工程，同时又是实现"发展共享"理念的载体和样本，对于保护生态环境，打造"绿色杭州"，建设分享经济，提高人民健康水平等方面具有十分重要的意义。

（一）共享交通工具

公共自行车成立的初衷是为了解决公交"最后一公里"的问题，而今，它的作用也远远超越了当初解决"最后一公里"的范畴，已经成为市民短途出行、休闲观光的主要交通工具之一。现在，公共自行车已经开始深入社区，多数家庭不需要再购买自行车，出门不远即可租用，免费共享这一便捷的交通工具。据调查，公共自行车出行已占杭州市民出行总量的6%，低碳出行政策初现成效。这符合政府提倡的"绿色GDP"思想，也有利于促进杭州的交通可持续发展。

（二）共享品牌资产

杭州公共自行车在杭州家喻户晓，口碑极佳，杭州人亲切地称它为"小红车"。该系统在全球范围内获得赞誉无数，最具有代表性的是美国斯潘菲勒传媒集团旗下的"活动时间"网站，通过对全球553个地区公共自行车项目进行分析和比较，根据6个标准进行综合打分，选出得分最高的16个地区，杭州排名第一。其大大提升了杭州的知名度和城市品质，成为杭州的一张名片。现在所有的市民都在共享这一极富价值的城市品牌资产。

更为重要的是，杭州公共自行车系统是"政府主导，公交运作，公益定位，便民利民"的服务项目，有别于市场交易的普通商品或服务，仅仅按照资产、价格等经济指标评价其价值，必然低估其品牌价值，如果按品牌产品的核心价值，即以对目标消费所产生最大的感染力以及与竞争者形成差异性和竞争力为评估标准，杭州公共自行车系统其背后所蕴藏的无形资产的价值更为巨大。

（三）共享节能减排效应

杭州公共自行车创建之初，除了解决公交"最后一公里"问题，还设定了"推进节能减替代排，打造绿色交通为核心"的目标。今天，杭州公共自行车在代替其他交通工具和节能减排效应中发挥了重要作用，根据对杭州市民的调查统计数据显示，90.16%的调查者使用了公共自行车，其中替代步行33.90%，替代公共汽车30.40%，替代私人自行车和电动车的占 19.1%，替代出租车5.80%，替代私家车 8.40%，正面评价者高达97.15%。如果按照2020 年杭州公共自行车将发展到20万辆的规模计算，杭州公共自行车平均每年 CO_2 减排量约为 73558吨。相当于节约能源 27.874 万吨标煤，产生直接经济收益可达514.906万欧元。作为"低碳交通""零排放量"的出行工具，杭州公共自行车对市民出行的温室气体减排，建设"绿色杭州"具有重要贡献。

（四）共享公共资源收益

杭州人运用科技手段和管理智慧，把杭州公共自行车系统打造成了世界上最庞大、最先进的自行车租赁平台，也创造了巨大的公共资源收益。2015 年 11 月 16 日，杭州公共自行车的系统研发公司（杭州金通公共自行车科技股份有限公司）在"新三板"挂牌上市，已为全国 100 多座城市量身定制公共自行车系统技术支持，还为近 20 座城市提供品牌化的公共自行车运营管理的"杭州芯"，让更多城市分享免费单车的"杭州智慧"。这个共享系统除了赢得资本的欢呼，还打开了盈利的大门。

值得注意的是，这是杭州所有公共交通资源乃至所有公用事业单位所拥有的公共资源的第一次资本化运作，这种运作，除了盘活公共资源，还为公共事业的资金来源找到了极佳的渠道。杭州公共自行车的这一运作模式，完全可以为其他的公用事业单位所共享，而后续的成果，更能为全体市民共享。

案例二

志愿服务，温暖杭州

——杭州志愿服务的发展、特点和成就

把杭州打造成幸福美好的"品质之城"，需要杭州人民一起参与，共同努力。杭州志愿者队伍是建设"品质之城"的一支重要力量，体现了共建共享的基本要求。杭州市志愿服务工作自1993年开始"保护西湖绿色行动"至今，历经了24年的快速发展，其队伍不断壮大，领域不断创新，机制日趋健全，影响日渐扩大。目前，杭州志愿服务工作在"保障制度化、管理规范化、服务多样化"的建设方面走在全省乃至全国的前列，是杭州共青团工作的"第一品牌"，也是杭州这座"品质之城"的又一张"金名片"。24年来，许许多多默默奉献的志愿者用自己的行动，弘扬了社会新风和文明风尚，传播了"奉献、友爱、互助、进步"的志愿者精神。他们以自身的"微小"行动，不断传递着社会正能量。志愿服务在温暖了无数人的同时，也成为杭州民主参与的有效渠道，民生服务的重要补充，品质生活的表现方式，共建共享的生动载体。

一、杭州志愿服务的发展历程

（一）早期阶段（1993—1997年），志愿服务工作逐渐深入人心，"青年志愿者活动"成为团工作的一个品牌

改革开放以后，杭州市场经济的迅速发展和在全国率先起步的社区建设，为杭州志愿服务的产生和发展提供了契机。1990年元旦，完全由志愿者主持的杭州市青少年心理咨询热线正式开通，标志着杭州市真正意义上的志

愿服务开始诞生。1993年底，杭州中国青年志愿者围绕西湖水质污染严重问题，开展了"保护西湖绿色行动"，由此正式拉开了杭州市志愿者行动的序幕。1995年元旦成立杭州市青年志愿者服务总队，同年6月30日，经民政社团登记批准，成立了杭州市青年志愿者协会。青年志愿者协会的成立标志着杭州志愿服务工作从此走上了组织化、规范化发展的道路。到1996年8月，全市城区所有32个街道4个乡镇都成立了青年志愿者服务站，初步形成了市协会，县（市）、区、局及直属单位青年志愿者服务总队，社区（基层）青年志愿者服务站（队）三级组织网络，志愿服务工作的组织框架初步形成。

（二）发展阶段（1997—2002年），把志愿服务纳入团委的工作范围，明确社会化发展的方向

1997年，共青团杭州市委在武林广场现场招募创卫宣传志愿者，成功开展了第一次社会化招募。1999年，共青团杭州市委通过固定的老年服务广场、保护母亲河志愿者大行动、走进福利院活动等项目，招募志愿者超过1000名。社会化运作取得了初步成效，杭州市团委也进一步明确把社会化作为志愿服务工作的发展方向。

2000年，杭州市决定恢复举办西博会。共青团杭州市委抓住这次机会，向市委、市政府主动请缨，发起西博会青年志愿者行动，社会招募志愿者超过15000人，引起巨大的社会反响。在西博会上，志愿者们优质的服务，赢得了社会各界的好评。从此杭州志愿者队伍迅速壮大，以后的每届西博会都有万名志愿者活动在各个会展上，成为西博会的不可或缺的风景之一。西博会打响了杭州志愿者在全市乃至全国的品牌，也推动了杭州志愿服务工作的项目化和社会化发展。

2001年6月，杭州市青年志愿者协会更名为杭州市志愿者协会。同时，市团委的工作方案中明确增加了"负责组织、协调、管理全市志愿者工作"的职能。2002年2月，经过市委同意，团市委进行部门调整，专门设立了志愿者工作部。从此，志愿服务工作正式纳入杭州市团委的工作范畴。

（三）完善阶段（2002年7月至今），志愿服务工作走上了事业化、规范化和制度化的发展道路

2002年7月，在市委、市政府的重视下，杭州在全国副省级城市中第一个成立了事业编制、全额拨款的杭州市志愿者工作指导中心，并把它作为全市志愿服务工作的指导管理机构。指导中心的成立推动了杭州志愿服务工作走上了专业化和事业化的发展道路。

2003年8月21日，杭州市第十届人大常委会审议通过了《杭州市志愿服务条例》，并于2004年3月5日正式实施。《条例》以地方法规的形式，明确了全市志愿服务工作的管理体制、工作机构、保障措施等一系列关键问题，从而使杭州志愿服务工作有了法律保障。

2010年，杭州市出台了《关于进一步改进和完善我市志愿者服务工作的实施意见》，在落实志愿服务工作经费、志愿者权益维护和激励表彰等方面有较大突破。2014年出台了《关于推进杭州市志愿服务制度化的实施意见》，《意见》从规范志愿者注册管理、加强志愿者教育培训、完善志愿服务记录制度、健全志愿服务激励机制、深化志愿服务项目载体等方面，提出了加强杭州志愿服务制度化建设的主要措施，有力地推动了志愿服务的规范化、制度化建设。

在强有力的组织体系和法律保障下，杭州志愿服务工作实现了快速发展，迈上了新的台阶。目前，杭州市共有注册志愿者152万人，志愿队伍23000余支，社会组织6500余个。全市已经形成了市、区县（市）、街道（乡镇）、社区（村）四级志愿服务工作体系，建立了志愿者工作指导中心、志愿者协会、青年公益社会组织服务中心三大组织化服务平台。

二、 杭州志愿服务的运行特点

（一）党政领导、团委协进

杭州志愿服务的发展和壮大与杭州市党政部门的重视和支持密不可分。杭州志愿者组织是在党和政府的支持下由共青团创建的。市委、市政府十分重视志愿服务事业的发展，给予专门的经费、编制和场地，并制定了一系列政策，解决志愿工作的实际困难。

杭州市团委对志愿组织的发展起到了重大的推动作用。在一些大型的志愿活动中，团委亲自组织、策划和实施。另外，有效发挥党组织、共青团组织、社区组织的作用是杭州志愿服务事业发展的另一个推动力量。在志愿组织中建立党支部，把党支部的活动和志愿服务结合起来，依托社区组织建立志愿组织，把社区建设和志愿组织建设结合起来，把志愿服务作为团支部的重要活动内容之一，借助我们现有的行政和社会组织系统，把志愿服务迅速延伸到社会的每一个角落。

（二）围绕中心，服务大局

作为一个介于政府体系和市场体系之外的庞大的社会组织体系，杭州市的志愿服务始终把围绕中心工作、服务杭州市经济和社会发展的大局作为立足点，特别是在服务政府和社会举办的大型活动中发挥了独特作用。在G20峰会、西博会、休博会、七艺节、动漫节、旅交会、世界多样性文化论坛、佛教论坛、残运会等重大活动中，志愿者在礼仪接待、翻译、布展、会务、秩序维护等不同岗位上默默奉献，展示风采。志愿者的服务，成为大型活动的有效补充，为政府、社会提供了优质便捷周到的服务，又节省了劳动力和成本。同时，大型活动的志愿者服务又成为展示杭州形象、志愿者形象最直接的方式，为打造杭州品牌和杭州志愿者品牌发挥了重要作用。

（三）源自基层，广泛参与

杭州志愿活动的理念主要来源于基层自发的创新。普通人设计的、普通人能参加的、服务于普通人的志愿活动成为当前志愿服务事业的一个新特点。杭州志愿者也主要来自社区、企事业单位和民间草根，退休干部、退休教师、具有文艺文化特长的老年人、中共党员、共青团员、在校学生、大中型企业中的青年员工等构成了杭州志愿队伍的主体。从收入来看，志愿者群体大都处于中低收入阶层，有些群体自身也是志愿服务的对象。

杭州市的志愿服务工作一直受到了社会的广泛关注和民众的热情支持。针对社会的热点问题，志愿服务部门及时组织和开展丰富多彩的活动，同时利用媒体对志愿服务工作最新的变化和热点事件进行跟踪报道，使得广大民众对志愿服务工作有一个正确的认识。社会关注、媒体传播和民众支持是推动杭州市志愿服务工作事业发展的重要动力。今天，杭州志愿服务已经深入到社会生活的方方面面，有非常多的社会成员积极地参与志愿服务，特别是大量青少年也广泛地投身志愿服务之中。

（四）专业团队，项目服务

社会生活中特定人群所面对的困难是各式各样的。要真正解决他们的困难，需要有各种特殊的帮助。发展各类专业性的志愿者服务，是杭州市志愿服务的一个特点。近年来，杭州志愿者服务形成了大量的专业服务队伍，他们围绕特定对象和特定任务，实施专业服务和帮助，取得了显著的成效。

杭州志愿服务项目化运作色彩明显。一是面向社会弱势群体和困难群众，深入开展援助性志愿项目服务。二是围绕政府重大活动和专项工作，开展专业性志愿项目服务。三是积极参与公共服务和社会管理，深入开展公共服务型志愿项目服务。四是深入开展节庆赛会志愿服务项目，为重大节庆、赛会提供志愿服务。近年来，杭州志愿服务项目化运作取得了丰硕成果。2014年12月，在首届中国青年志愿服务项目大赛上，杭州六大项目获得殊荣，其中"为垃圾找个家"家庭垃圾分类项目和市志愿者协会雷锋广场志愿服务项目荣获金奖。

三、杭州志愿服务取得的成就

（一）志愿服务提升生活品质

生活品质体现着人的价值取向和人生追求，是衡量一个城市公众生活质量高低的标准。杭州打造"生活品质之城"浓缩了杭州的历史积淀和文化底蕴，蕴含了杭州的城市特色和发展定位。杭州市志愿服务围绕"志愿杭州·品质生活"主题，突出服务民主民生重点，积极投身经济、政治、文化和社会公益事业，为共建共享生活品质之城做出了积极贡献。今天，杭州的志愿服务不仅是民主民生战略的重要组成部分，更是品质生活的一种表现方式和杭州城市的一张金名片。

杭州志愿者们主动服务会展经济发展和新农村建设，在提升城乡经济生活品质中发挥了积极作用；开展假日旅游、纳凉晚会、文化下乡、文艺演出等志愿服务活动丰富了城市文化，在提升文化生活品质中发挥了导向作用；志愿服务激发了广大市民当家做主的主人翁意识，以志愿服务形式，广泛参与到城市建设管理行列，在提升政治生活品质中发挥了动员作用；广泛开展"春风行动"、敬老助残等扶贫帮困志愿服务，深化志愿服务社会公益实践，在提升社会生活品质中发挥了助推作用；围绕打造"国内最清洁城市"，深入开展清洁卫生、环保宣传、文明劝导等志愿服务活动，在推进生态文明建设、提升环境生活品质中发挥了带头作用；广大的志愿者倡导"志愿行动本身就是追求品质生活"的理念，把志愿服务当作一种生活方式、文化时尚和价值追求，在提升精神品质生活中发挥了示范作用。

（二）志愿服务增进公共治理能力

杭州市的志愿者服务在公共治理中发挥了日益重要的作用。首先，志愿者组织弥补了政府和市场的不足，贡献业余时间和知识技能，为社会群体提供公共服务。可以说，杭州G20峰会、西博会、休博会、动漫节等重大活动的成功举办，离不开志愿者的艰辛努力和默默奉献。如果没有杭州市志愿者提供的多样服务，政府许多公共事务将陷入困局。其次，随着社会需求领域的多元化，杭州市志愿服务领域也日益多元化。服务多元化的格局，不仅提高了志愿者参与志愿服务的意愿，也在广泛的社会实践中锻炼了志愿者的参与能力。近年来，杭州志愿者以不同形式参与了抗击"非典"、西湖综合保护工程、背街小巷改造等公共危机和急难险重任务。这些具有挑战性的志愿活动，丰富了他们的社会阅历，提高了他们的综合素质和参与公共治理的能力。最后，志愿服务活动培育了一种新的公共精神，即对公共生活的关注和公共责任的承担。这种公共精神促使人们把关心公共利益和社会互助作为一种风尚，形成一种利他主义的公民习惯，而这种风尚又可影响更多的人去参与，形成一种良性循环。

（三）志愿服务促进和谐社会建设

1. 志愿服务促进了和谐社区建设

社区志愿服务工作是社区建设的一个重要组成部分。杭州志愿者以"文明城市""文明社区"为依托，开展了丰富多彩的志愿服务，许多社区都按照不同的服务内容，成立了相应的志愿服务团队，如义务巡逻志愿服务队、法律援助服务队、医疗服务志愿服务队、青少年志愿服务队、扶贫帮困志愿服务队等。这些志愿服务为缓解居民矛盾、增进居民间融合和促进和谐社区建设发挥了积极作用。

2. 志愿服务促进了社会公平和正义

志愿服务行动一直把弱势群体作为主要服务对象，在社区和乡村广泛开展扶贫帮困、助老助残等服务活动，这在一定程度上促进了社会保障体系的建设，促进了社会公平和正义的实现。如杭州志愿者实施的"三关爱"行动、志愿者助残"阳光行动""新春送温暖"志愿服务活动、春运

"暖冬行动"等一大批精品项目,让社会的弱势群体感受到了杭州的温暖和正义的阳光。

3. 志愿服务促进了社会和谐

志愿者通过帮助他人、服务社会,加强了人与人之间的交往与关怀,消除了彼此间的疏远感,促进了社会和谐。如罗庄社区成立"吕大妈党员志愿服务站",通过为生活困难居民募捐、摆凉茶摊、心理疏导、纠纷调解等活动,赢得了良好的口碑。另外,通过共同参与志愿活动,不同社会群体与阶层之间加强了相互了解和沟通,缓解了社会矛盾,增进了社会信任,对社会问题的消解发挥了积极作用。

(四)志愿服务提升杭州文明形象

1. 志愿服务是展示文明形象的窗口

在城市文明建设进程中,志愿者们积极响应、主动参与、带头示范,组织开展地铁文明劝导、交通秩序维护、城市护容、城市护景等志愿服务活动。志愿者成为城市文明创建的排头兵和精神文明建设的新载体。2010年9月,杭州市文明办、共青团杭州市委等单位联合启动了杭州城市志愿服务"微笑亭"活动,为杭城市民和中外游客提供旅游咨询、文明倡导、翻译礼仪等服务。今天,"微笑亭"成为杭州志愿服务的品牌项目,先后获得"杭州市精神文明建设创新奖"和"浙江省优秀志愿服务项目"荣誉称号,微笑亭以及微笑亭的志愿者们成为杭城美丽风景中又一道亮丽的风景。

2. 志愿服务有利于戒除不良行为

针对少数市民和游客的不文明行为,杭州志愿者开展了文明劝导活动、交通安全劝导活动,有的社区还推出了"文明行为点赞台"与"不文明行为曝光台",引导和监督人们戒除不良习惯和不文明行为,鼓励人们形成良好的习惯、健康的思想、正确的价值观,让文明成为一种习惯。大部分社区和村还建立了禁毒宣传志愿服务队、艾滋病防治宣传志愿服务队、计划生育宣传志愿服务队等,防止和减少违法行为和不文明行为的发生。

3. 志愿服务彰显奉献精神

志愿者以微小的善举帮助别人，并以帮助别人为幸福和快乐，他们践行着社会主义核心价值观，推动着城市文明的传播和发展。2012年，市志愿者协会在杭州吴山广场开启了雷锋广场志愿服务项目，聚集了多支学雷锋志愿服务队，为市民提供各类志愿服务。家电维修、医疗保健、政策咨询，内容丰富，项目齐全，深受市民的喜爱，也吸引了更多市民的加入。

（五）志愿服务促进美丽杭州建设

优美的自然山水，塑造了人与自然和谐相处的杭州文化。保护山水，绿色发展对杭州人来说有着更迫切的要求。杭州市志愿服务工作正是1993年以"保护西湖绿色行动"拉开序幕的，2004年6月又成立了杭州市环保志愿服务总队。把杭州打造成"天更蓝、水更清、地更绿"的生态城市是杭州志愿服务组织的重要工作。

1. 做绿色环保的宣传者

环保意识的建立和培养需要一个长期的过程，为了增强公众的环保意识，环保志愿者大力推广"大杭州""大环保""大公众"的概念，突破环境保护与我无关或能力有限的误区，树立环境保护人人共享、人人共建、人人有责的理念。为此，环保公益组织重点实施了"垃圾分类"讲座、"保护母亲河""一把伞、一座城"等志愿服务项目。

2. 做环境保护的实践者

每个人的心中都有一颗环保的种子，环境保护没有旁观者，没有大小，不分先后。环保志愿者深入社区，引导公众从身边做起，从小事做起，量力而行，持之以恒。环保公益组织先后开展了"厨房里的公益""流动的环保袋""油烟机废油集中回收""推广普及干湿分装袋""闲置物品找新家""阳光垃圾房""环卫工人的双休日"等环保主题公益活动，其中"为垃圾找个家"家庭垃圾分类项目荣获首届中国青年志愿服务项目大赛金奖。

3. 做环境保护的监督者

近年来，志愿组织和志愿者在环境监督上发挥了重要的作用。对于一些企业的涉环保的违法违规行为，积极举报。不仅监督企业整改，也监督政府部门的执行与落实。围绕环境监督，杭州环保公益组织开展了"保护母亲河行动""钱塘江护水者""冒黑烟督查行动""护绿使者行动""噪声督查行动"和"环境法律维权行动"等活动，真正成为环境保护的监督者和守护神。

第七章
落实五大发展理念的实现路径

　　党中央五大发展理念的提出，是对科学发展观所做的一次思想飞跃，为今后"十三五"规划的完成，进而实现"建党一百周年""建国一百周年"这两个"一百年目标"，确立了坚实的理论基础，为今后的发展指明了前进的方向。要在今后的时间里把这五大发展理念落实到实践中，还需要为落实五大发展理念寻找一条在实践中使之切实可行的实现路径。

一、若付诸实践，先确立"共识"

　　党中央一开始提出"五大发展理念"，只是对党员干部和群众的一种"号召"、一种"要求"。这种"号召"和"要求"只有迅速转变成全党、全国人民的共识，才能使中国的发展在实践中发生根本的方向转变，才能为中国的进一步发展提供动力。所谓确立"共识"，指的是，全党、全国人民在学习了五大发展理念后，一开始出于对党中央的信任和对组织纪律政治纪律的敬畏，也会一起倡导五大发展理念，但内心对五大发展理念却没有真正理解甚至还有些许思想抵触，经过一段时间的教育和实践探索，最后真正从内心开始理解、认同五大发展理念。只有"共识"的确立，才能使全党、全国人民真正自觉地改变自己的行为，真正自觉地投身到新的发展征程中来。

为了在今后实践中贯彻落实五大发展理念，当前急需在全党、全国人民心目中确立以下三方面思想"共识"：

（一）要尽快在五大发展理念之"科学内涵"问题上确立"共识"

关于什么是五大发展理念，这一点是非常清楚的，就是"创新、协调、绿色、开放、共享"。但是，到底什么是"创新、协调、绿色、开放、共享"？如何科学理解"创新、协调、绿色、开放、共享"？实际上在很多人心中，认识是模糊的，是有很多分歧的。如果仅仅在"创新、协调、绿色、开放、共享"的概念表述上取得统一，而不能在具体内涵界定上取得基本一致，那么，以落实五大发展理念名义下开展的各地实践活动，必然五花八门、各行其是，甚至名实背离。通过对习近平总书记系列讲话的研读，我们认为要倡导五大发展理念，必须对五大发展理念的科学内涵确立以下共识：所谓创新发展，其关键是要为今后发展更换动力，即把创新作为第一动力，其内容包括制度创新、理论创新、科技创新、文化创新等各方面创新。创新是贯穿党和国家一切工作的战略主线。创新发展的主体当不限于政府，更要推动创投公司、金融机构、科研机构、大专院校、民营企业都参与到创新工作中去。所谓协调发展，其目的是要解决发展的偏差，提高发展的平衡性、包容性、可持续性。其内容主要包括城乡区域协调发展，经济社会协调发展，物质文明建设和精神文明建设协调发展，新型工业化、信息化、城镇化、农业现代化同步发展等四个大的方面。所谓绿色发展，指的是遵循自然规律的可持续发展，是实现生态文明的根本途径。实现绿色发展的工作重点有六方面，分别是"促进人与自然和谐共生、加快建设主体功能区、推动低碳循环发展、全面节约和高效利用资源、加大环境治理力度、筑牢生态安全屏障"。所谓开放发展，其目的是完善对外开放战略布局，形成对外开放新体制，同时通过积极参与全球治理和承担国际责任、义务，提高国际话语权。开放内容包括全方位开放——不但对发达国家开放，也对不发达国家开放，不但对国有企业实施开放，也对民营、个体企业和社会组织实施开放；多领域开放——不但在经济领域实施开放，在文化、教育、资源等领域也实施开放；双向开放——在扩大我国开放格局的同时，推动国际社会对我们的开放。所谓共享发展，是中国特色社会主义的本质要求。其共享有两方面内容：一是改革的发展成果要打破为一部分人所享的格局。使不同体制、不同身份、不同区域的全体人民都有权享受改革开放三十多年来的发展成果。二是要求不同人群享受的领域是全方位的，即共享国家经济、政治、文化、社会、生态等各方面的建设成果，而不是仅仅局限于享受生活富裕一个方面。

（二）要尽快在倡导五大发展理念之必然性方面确立"共识"

一些人虽然也学习过五大发展理念的提法，但没有深刻反思当前中国为什么要倡导五大发展理念，对树立五大发展理念的历史紧迫性、现实必要性和内在逻辑性不甚明了。如果不能使绝大多数党员、干部、群众在内心建立对五大发展理念之必然性方面的共识，那么，要集中全党、全国人民的力量在实践中实现改变发展模式的任务，注定是无法完成的。为此，党的各级组织和理论机构要尽快帮助党员干部群众认识到：其一，树立五大发展理念是出于现实问题的倒逼。具体而言，比如关于创新发展，中国的发展经过三十多年的高速增长，如今正在面临一个"中等收入陷阱"，要跨越"中等收入陷阱"，依靠以往那种要素推动、资本推动、政策推动的模式，已再难以奏效。创新是一个别无选择的现实课题。比如关于协调发展，目前社会内部在发展过程中的地区不平衡、身份不平等问题日益显著，社会矛盾日益复杂，已经严重影响中国的进一步发展。所以协调也是现实的要求。又比如关于绿色发展，改革开放后，在经济取得发展后，环境问题不断恶化，已经危及人民的生活乃至生命。因此，绿色发展也是形势所逼。还有开放和共享两大发展理念也都来源于实际问题的逼迫。其二，树立五大发展理念从根本上是为了人民的福祉，是为了国家长久的繁荣昌盛。转变发展理念可能是要经历一段时间的阵痛，要付出一定的时间代价和速度代价，但这是值得的。因为只有以创新为动力的发展，才能使中国在世界上获取优势的竞争地位，使中国发展拥有持久的生命力。只有以协调为原则的发展，才能使人民既能享受发展成果，又能享受社会的安定。只有以绿色为导向的发展，才是使人民实现"让居民望得见山、看得见水、记得住乡愁"的中国梦。只有以开放作为基本状态的发展，才能为国家发展注入新动力、拓展新空间，使中国在新一轮国际竞争中抢占先机。只有以共享为目的的发展，才能使全体人民共同迈入全面小康社会。其三，树立五大发展理念也是顺应历史的潮流、顺应世界大势的必然选择。世界的发展在历史上先后经历过以野蛮掠夺促发展、以商品资本输出促发展、以降低劳动力环保等成本促发展等几个发展阶段，但时至今日，几乎所有的国家都已逐步认识到，旧的发展模式已经走到尽头，转变发展理念乃是历史的潮流。即五大发展理念不但是国内现实使然，也是国际大势使然。

（三）要尽快在树立五大发展理念之复杂性方面确立"共识"

相较于前面的两个"共识"，这第三个"共识"可能更难确立，可也更需要确立。第一个"共识"解决的是在今后发展实践中到底做什么的问题，第二个"共识"解决的是转变发展理念的积极性和自觉性问题。而第三个"共识"是要解决如何应对可能的阻碍、干扰和转变发展理念所引发的后遗症问题。这关系到树立五大发展理念的信心和恒心问题。因此，在倡导五大发展理念之初，就必须使绝大多数党员干部群众对实施五大发展理念的复杂性有足够的认识。其一，要认识到转变发展理念需要付出一定代价。按照五大发展理念来重新规划发展，着眼的是国家的长远发展和人民的根本利益。但要真正实现五大发展理念，在转变之初，可能需要一部分人、一部分地区付出一定的代价。比如为了创新和绿色发展，要去产能、去库存，这就不得不使一些煤炭、钢铁、水泥行业面临停产、关闭的命运。为了共享，可能需要发达地区给予中西部地区更多的支援。在这些可能的代价即将来临之前，必须使大多数党员干部群众预先确立这样的认识——"阳光总在风雨后"，转变发展模式，一定的代价在所难免。其二，要认识到落实五大发展理念必然遭遇质疑、反对和破坏。发展模式的转变必然使现有的利益格局发生巨变，一些旧的发展模式中的既得利益者可能会对新的发展理念进行种种抵制和反对，如舆论上对新发展理念的攻击、在行动上对新发展模式的消极应对。这就注定新发展理念的贯彻绝不会一帆风顺，常常是一波三折，或几度反复。如果对未来的这些情况缺乏共识，事到临头，一些人就会动摇、迷茫甚至灰心丧气。所以，预先就要让广大干部群众认识到：贯彻五大发展理念过程中出现波折，乃是常态。其三，要认识到贯彻五大发展理念必须根据实际情况量力而行、区别对待。中国幅员辽阔、多种体制并存。内部的差异性非常大。这就决定了在中国要贯彻五大发展理念，不能一步到位，更不能同步变迁。为此，必须预先让大多数党员干部群众认识到，中国最终固然要全面贯彻落实五大发展理念，但在具体实践中，则不得不量力而行、区别对待。比如，欲协调城乡差别、地区差别，就要采取小步迈进的方法；比如，欲使人民共享改革发展成果，也要采取逐步拓广共享范围的渐进措施。有一些地方，由于转变发展理念的现实条件一时尚不成熟，贯彻五大发展理念可能还需等待时机。

确立"共识"，通俗言之，就是统一全党全国人民的认识，只有认识统一，在落实五大发展理念的过程中，全党全国人民才能一致行动、才能自觉行动、才能持久行动。确立思想"共识"如此重要，而要真正确立上述思想"共识"，却殊为不易。

首先，对一些有悖于或反对五大发展理念的言论，一方面要加强管制，但更要及时发声、正确发声，予以回击。在倡导五大发展理念过程中，一些质疑的声音、讽刺的声音、反对的声音，实际上已经在一些自媒体上和一些讲坛论坛出现。有些观点还颇有市场：比如有些人提出，"创新是一个包含风险的过程，同时需要较高的资本门槛和技术门槛，我们目前大多数地方还没有具备创新的基本条件，还没有做好承受创新失败的准备。所以，目前当务之急，不是急于提创新口号，而是要扎实做好当前的产业完善工作"。也有些人提出，"强调协调和共享原则，可能会损及市场经济的发展，因为一味要求发达地区帮助不发达的中西部地区、富裕群体要帮助贫困群体，会'鞭打快牛'、鼓励落后。最后还会伤害发展的动力，导致经济发展的停滞"。也有人提出，"绿色发展在一些发达国家也许可以。但我们国家是发展中国家，社会负担又重，因此绿色发展不一定适合中国"，提出绿色发展会束缚地方经济的发展步伐。更有一些人对"开放发展"的理念公开反对，他们从所谓保护国有企业、民族经济和城市自身稳定的角度出发，主张限制非公有制经济进入一些国有企业占垄断地位的行业，主张在国家层面上实施严格的贸易保护主义，抵制外国商品进入中国，主张城市要采取措施阻止外地人口大规模进入城市。应该说，至少从表面来看，上述言论是有些道理的，但细究之下，这些言论一般有三个致命的弱点：一是只从眼前利益的视角来思考问题，而没有着眼于国家的长远利益来思考问题。二是只从一部分先富起来的人群角度来思考问题，而没有从绝大多数普通群众尤其是落后地区贫困人群的角度来思考问题。三是从"维持现状"求安稳的角度思考问题，而没有从"不破不立，先破后立"的视角思考问题。如果我们对那些不利于五大发展理念的论调不能做到及时发声、正确发声，那么，五大发展理念的落实，就会受到严重"干扰"。所以，今后在媒体、舆论和学术论坛中，为尽快建立全党全国人民对五大发展理念的"共识"，广大党的宣传理论工作者和实际部门的党员干部要有责任意识、担当意识，要自觉为五大发展理念勇敢发声。对一些明显违背五大发展理念的言论文章，则要根据宣传工作纪律和党领导意识形态的原则，对其实施必要的严格管制。

其次，在倡导五大发展理念的过程中，宣传教育要改善宣教的方式方法。无论古代现代、国际国内，众所周知，要确立思想"共识"，主渠道无疑都是选择宣传教育。中国共产党以往倡导新思想、新理念的时候，也主要依靠宣传教育的路径。但是，宣传教育是一项技术含量极高的工作，同时必须建立在对国情、舆情、民情的深入了解基础之上。因此，要不要选择通过宣传教育的方式来确立"共识"，这不是一个问题，而如何通过科学的宣传教育，使预定的思想理念能最终变成人民的思想"共识"，这确实是一个历史难题。我们过去在这方面教训颇多。往往费时、费钱、费力地搞了一场轰轰烈烈的专题宣传教育，但每每事后发觉收效甚微，没有在广大党员群众心中留下多少印象，更谈不上形成"共识"了。因此，今天为确立五大发展理念"共识"而选择宣传教育方式的时候，如何科学开展宣传教育，是一个必须认真思索的课题。其一，五大发展理念的宣传教育，要坚持说理的原则。当年启蒙学者在提出"自由""平等""公正""博爱"等新理念时，他们没有简单地满足于提出几个概念。卢梭、洛克等人为了说服人民相信这些新理念，先精心建构了诸如"天赋人权""自然法则"等极富逻辑性的理论框架。我们今天要倡导五大发展理念，要使人民信服，同样不能简单地在宣传媒体上重复地强调几个理念的重要性，而是要围绕五大发展理念，逐一建构系统的论证逻辑框架。要人民从心里真正认同五大发展理念的"理论逻辑、现实逻辑和历史逻辑"。只有人民对五大发展理念不但知其然，而且知其所以然，五大发展理念的宣传教育才能在人民心中扎下根。其二，五大发展理念的宣传，必须抓住"系统""持续""统一""全面"这四个关键点。所谓系统，就是要我们明白，五大发展理念的"共识"确立，离不开中小学等国民教育的相关基础知识和作为五大发展理念之理论基石的社会科学相关知识。所以要倡导五大发展理念，其他的相关知识的宣传教育必须同步变迁，不能孤立开展。所谓持续，就是要求对五大发展理念的宣传教育，要有一个长期的规划。要把五大发展理念的宣传教育渗透到日常工作生活中去，只有长久，才能最终形成"共识"。频繁变换宣传教育的主题，把人民搞得眼花缭乱，是绝不可能形成人民的"共识"的。所谓统一，就是说，在开展五大发展理念宣传教育的时候，往往并存着多个宣传教育主体，如社会组织、大专院校、家庭、媒体和所在工作单位等，这些都是宣传教育主体的组成部分。为了提高宣传教育的有效性，各个宣教主体在开展五大发展理念宣传教育的时候，在内在价值和基本宣教口径方面应该统一。如果各个宣教主体自行其是，宣教口径相互矛盾，那么只会搞乱人民思想，"共识"也就无从谈起。所谓全面，就是在开展五大发展理念的宣传教育时，既要树立转变发展理念的信心，同时也要预先向人民群众说明发展转型的风险和阵痛；既要向人民群众描述发展转型后的美好前景，也要预先说清转变发展理念后可能产生的负面效应和变异可能。只有全面，才能客观。而客观是建立"共识"的又一必要条件。

最后，必须想方设法去除可能出现的人民对落实五大发展理念的一些疑虑，这是建立五大发展理念"共识"的基本前提。在生活中，有一种很有意思的现象：当一个银行理财经理向顾客推销其银行理财产品时，理财经理滔滔不绝说的是这个理财产品预计将带来多少美好的回报。而顾客对投资回报固然关心，但更为顾虑的是要取得这样高额的回报，这个理财产品会有哪些风险。如果理财经理不能打消顾客的顾虑，在买理财产品这个问题上，双方是无法达成"共识"的。倡导五大发展理念也是同理。目前，大多数人对为什么要倡导五大发展理念的必要性和意义，基本上还是明了的。问题是对一些具体问题，许多人还是心有疑虑。这些疑虑使得他们在认识上与党中央关于树立五大发展理念的要求或多或少还有一些距离。比如，有些人担心党中央对五大发展理念的决心和耐心到底有多大，万一过几年形势变了，是不是又要换另外的理念了。比如，有些人担心转变发展理念后，会不会使自己的境遇比以往大大下降，对自己造成不利。比如，还有些人则担忧这些新的发展理念要在中国贯彻，目前中国有没有这个能力条件。如果条件不具备，转变发展理念会不会导致中国社会的逆转呢？应该说，人民面对五大发展理念的转变，有些疑虑，完全是正常的，有些疑虑仔细想想，甚至还有些道理。所以，对这些疑虑决不能等闲视之，而要认真回应。其一，中央和省市领导一定要通过讲话、出台政策、制定相应制度，向人民表明推进五大发展理念的坚定信心和决心。其二，党和政府要通过多种渠道向人民说明，转变发展理念，其目的是要提高所有人的生活品质，所以绝不会以牺牲一部分地区、一部分人的利益来实现发展模式的转变。即使为了大局对一些地区、人民的利益真有损及，党和政府也会最大限度地加以弥补。其三，要通过建立创新实验区、示范新农村等形式，在小范围内贯彻落实五大发展理念，取得一定经验和成效后，吸引各地干部群众参观学习，以实际成果案例来消除一些干部群众对五大发展理念的疑虑。

二、欲在实践中贯彻，须解决条件保障

要在中国贯彻五大发展理念，必须全力解决贯彻新发展理念所需的条件保障。贯彻五大发展理念所需的条件保障，从宽泛的角度来看有很多，但就狭义的角度而言，一般指的是四个方面的条件保障，即财力物力方面的条件保障、党的领导方面的条件保障、人才方面的条件保障和制度机制方面的条件保障。

（一）关于财力物力方面的条件保障

纵观五大发展理念，实际上哪一个发展理念都离不开必要的财力物力支撑。比如，贯彻创新发展理念时，为创新生产技术——如无人机、机器人等的开发，为创新产业结构——如推进农业现代化、发展现代物流业等，为创造新的商业模式——如电子商务、网络金融等，都离不开前期大量财力物力的投入，有些创新一旦开启，所需财力物力投资不是一次可以了结，而是需要源源不断，资金物力的链条如果断裂，原先的创新就会前功尽弃。贯彻协调发展理念时，为了协调区域关系、城乡差别以及物质文明与精神文明关系、经济建设与国防建设关系，势必要用很多的财力物力来支援不发达地区和农村的发展，必然要花巨大的财力物力来推进精神文明和国防建设的发展。贯彻绿色发展理念时，为了治理被污染的环境，为了建立生态安全屏障，所需投入的财力物力也是难以估量的。贯彻开放理念时，国家如果要推进一带一路建设，积极承担国际责任和义务，所需财力物力绝对又是一个天文数字。贯彻共享发展理念时，如果要增加公共服务供给，实施脱贫攻坚工程，扩大社会保障覆盖面，提高低收入人群的养老医疗水平，任何一项举措

也都需要巨大的财力物力作为后盾。

在今天提倡五大发展理念，针对"当前的财力物力能否支撑新发展理念的贯彻"这一关键问题，很多人表示非常担忧。当下中国经济正在遭遇"中等收入陷阱"，经济增速明显下滑。2015年的GDP增速下滑到6.9%。2016年的经济形势也不容乐观，民营企业的投资增速也在下滑，地方债务数量巨大，银行不良贷款率居高不下，政府税源接近天花板。如果中国的经济形势不能保持持续稳定的增长，那么，五大发展理念就失去了最基本的物质基础。就算你一再倡导五大发展理念，也无力实行。就算勉强行之，也注定不能持续。所以，在今后一段时间内，为了贯彻五大发展理念，首先必须推动中国经济发展，其主要措施包括：推行"供给侧"改革，鼓励"大众创业、万众创新"，"去产能、去库存、去杠杆、降成本、补短板"，深化国企改革，深化行政审批之改革为企业松绑，等等。使中国经济尽快越过"中等收入陷阱"，保持经济长期向好的趋势不变，同时想方设法寻找新的经济增长点。使中国有充足的财力物力，可以保证我们在贯彻五大发展理念时，不至于因为财力物力的不足而导致贯彻不力。除了通过发展经济以增加中国的财力物力之外，还要厉行"节流"，尤其政府方面要严禁搞劳民伤财的形象工程，严禁楼堂馆所的营造，严格限制"三公经费"的开支，反对铺张浪费和奢靡之风。通过上述举措，最大程度节省政府的公共管理成本，使政府能有更多的财力物力用于贯彻五大发展理念之所需。

（二）党的领导方面的条件保障

在中国，中国共产党是建设社会主义事业的领导核心。党的领导是解决一切问题的关键。在贯彻五大发展理念的时候，加强党的领导尤为重要。首先，五大发展理念的推行，有赖于党的执政能力提升。贯彻五大发展理念，需要重新对国家的发展规律进行再认识，需要根据新的发展理念，调整经济社会发展工作的战略和规划，这就必须相应地要求提高党的执政能力和水平。党的各级组织必须首先对什么是五大发展理念，为什么要倡导五大发展理念，如何实施创新发展、协调发展、绿色发展、开放发展、共享发展等问题，了然于胸，坚定不移。只有党的各级组织懂得了五大发展理念的战略，才有可能领导全国人民在实践中转变自己的观念和行为，使之契合五大发展理念的基本要求。其次，实施五大发展理念，有赖于党组织的社会整合功能强化。在贯彻五大发展理念的时候，需要最大程度地动员各级政府、企事业单位、各种社会组织和全体人民群众，共同投身于国家发展转型的实践中。为此，党要在全国范围内实现党建的全覆盖，即"横向到边、纵向到底，网络状，全覆盖，消灭党建盲点"。而后以各地、各类、各级党组织为核心，把周围的人民群众凝聚在自己周围，实施党对他们的政治领导、组织领导和思想领导。同时，在落实五大发展理念的时候，党组织要善于动员人民群众，凡属经济社会发展重大问题和涉及群众切身利益的问题，与人民群众共同协商，依法保障人民各项权益，从而激发各族人民参与国家新发展战略的主人翁意识。最后，落实五大发展理念，有赖于党的政治引领水平的提高。所谓政治引领水平，主要指的是：引领者能不能向被引领者清晰地阐明要引领的政治方向和意图；引领者自身队伍能不能在倡导新发展理念的时候率先垂范；引领者在面临困难和矛盾时是不是信念坚定、矢志不移。转变发展理念，是党倡导的，所以，倡导者的引领水平乃是五大发展理念能否确立的决定因素。

贯彻五大发展理念，必须坚持中国共产党的领导，这是一条政治原则，绝对不能动摇，但与此同时，我们不能忘记还有一条同样重要的党建原则，即坚持党的领导必须改善党的领导。近年来，我们其实一直在进行加强和改善党的建设的伟大工程。但是，如果要保证五大发展理念在实践中得以真正落实，党的建设还必须进一步完善。首先，是按照"学习型政党"建设要求，党员要加强对新知识的学习。比如与创新发展有关的，有工业4.0、大数据等新知识；与绿色发展有关的，有新能源、低碳循环等知识。很多党员干部至今对这些新知识仍所知寥寥，如果没有积累足够的关于五大发展理念的相关知识，共产党又怎能领导新的发展战略呢？其次，要进一步严格党的政治纪律、组织纪律、廉洁纪律、工作纪律、生活纪律和群众纪律。对其中与五大发展理念有关的纪律条款，党员干部要带头遵守。只有党员干部自己守纪律、讲规矩，才能要求别人按新的发展理念行事。最后，要进一步推进服务型党组织建设。转变五大发展理念，党和政府需要提供更多的公共服务内容，如接纳外来民工子女在城市入学、增加文化娱乐设施、着手"健康平安中国"的建设等，为此，党组织今后的工作重心，将要进行从管理型向服务型的转变。为配合五大发展理念的倡导，党组织要不断扩大公共服务的对象，拓展公共服务内容的外延内涵，提升公共服务质量，改善公共服务的方式和方法。

（三）人才方面的条件保障

干任何事情，人的因素永远都是起决定性作用的因素。同样，五大发展理念能在实践中得到贯彻，人的条件保障仍然是第一位的。首先，贯彻五大发展理念需要一支有责任心、有大局意识、敢担当、愿意无私奉献的干部队伍。一旦贯彻五大发展理念，可预见的是，今后干部将要承担的事务会越来越多。比如过去城市政府不必管那些非常驻人口的公共事务，以后，那些流动人口的公共服务也必须由流入地政府一并承担。与此同时，今后干部群体的利益会愈来愈少。比如在提出共享和协调的背景下，党政机关的一些福利和特权必然会逐步受到限制，最近连机关事业单位的养老保障也要与企业并轨。还有，今后干部的压力会越来越大，因为在转变发展模式时，社会矛盾也会日益增多。干部将要面临许多急、难、险、重之任务。就目前而言，干部队伍的整体素质离贯彻、落实五大发展理念的要求，还有些距离，急需改进。其次，贯彻五大发展理念，还需要成熟的公民群体。所谓成熟的公民，一般需要具备以下几个素质：（1）遵纪守法。如在转变发展模式过程中，对国家提出的诸如垃圾分类、拆违等举措，人民群众都能照章办理。哪怕对有些政策、措施可能有些不理解或不满，也能通过合法渠道提出诉求，而不采取违法乱纪之行为。（2）大局意识。如在实施协调发展和创新发展过程中，有些人的利益可能会受损，面对自身利益的受损，能够从大局着眼，接受合理的补偿，而不是像"邻避现象"那样，一些人为自己的一己之利，去对抗那些为转变发展模式而采取的合理举措。（3）理性精神。对问题有自己的冷静分析，不会轻易受人蛊惑，不盲从；对未来不盲目乐观也不灰心丧气，合理设置目标和要求。应该说，我们过去对"依靠群众，为了群众"强调得比较多，而对如何把群众培养成"合格公民"方面，过去没有引起足够的重视。所以，今天公民群体中的一些人，能不能在发展模式转变过程中密切配合、平静接受，是一个值得担忧的问题。最后，贯彻五大发展理念，还需要一大批高水平、有公心的专家技术人才队伍。如果今后按照五大发展理念转变发展模式，势必产生一系列新的理论问题：如创新发展中的创意产业理论、绿色发展中的生态补偿理论、协调发展中的分配理论等。同时，也会产生一系列具体技术问题：如绿色发展中的垃圾回收技术、创新发展中的量子通信技术等。所有这些理论问题和技术问题，都需要那些耐得住寂寞、"板凳坐得十年冷"的专家学者来完成。否则，发展模式要转型也是不现实的。

为了使发展主体——人的素质、能力，能够胜任落实五大发展理念的历史任务，首先，对干部队伍，今后的主要工作是科学选拔。习近平总书记2013年在全国组工会议上对干部提了"好干部"的五个条件——信念坚定、为民服务、勤政务实、敢于担当、清正廉洁。2015年在全国党校工作会议上又提了"铁一般的信仰、铁一般的信念、铁一般的纪律、铁一般的担当"的"四铁干部"标准。应该说，干部的要求已经非常清楚。中组部2014年1月新版《党政领导干部选拔任用工作条例》也已出台，选任程序也清楚了，今后的关键是落实执行的问题了。其次，对公民，今后的主要工作有三项：（1）把对公民的培训纳入国家计划。通过系统的、有计划的公民培训，提升公民的各种素质。（2）把公民组织起来。其中，社会组织应发挥关键的作用，通过社会组织的组织管理，提升公民的能力水平。（3）对公民的一些不合理、不合法言行，适当规制。不能听之任之，严重的，依法处理。通过规制，引导公民改变行为。最后，对专家技术人员，主要是建立有别于机关和企业的管理体制，解除对专家技术人员一些不必要的束缚。加强对专家技术人员的激励措施，鼓励专家技术人员潜心于专业，为国家做出成绩。

（四）制度方面的条件保障

要按照五大发展理念转变社会经济政治行为和人民的思想观念，用制度的形式加以规范，无疑是最好的选择。邓小平同志在《党和国家领导体制的改革》一文中早就说过，"制度好可以使坏人无法任意横行，制度不好可以使好人无法充分做好事，甚至走向反面"。落实五大发展理念，倡导固不可少，但关键仍然要靠健全制度建设。

为了使五大发展理念的实施获得制度保障，在制度建设方面，今后需要做三个方面的工作。首先，是对现有的制度体系进行梳理，对其中那些与五大发展理念价值观相左甚至违背五大发展理念的规章制度，或废除或修改调整。比如在不少地方的干部考核制度中，招商引资、GDP增速和税收的指标仍然不恰当地占据着主要地位。如果按照这样的考核制度，其发展模式与绿色发展的要求终究是不相适应的。许多地方在制定住房公积金、医疗保障、国民教育等政策制度时，仍然在固化甚至强化地区间、体制间、身份间的差别。这类政策制度与五大发展理念简直是背道而驰了。因此，必须尽快改革政策体制，对那些明显不合新发展理念的旧制度政策，应该坚决废除。其次，对已有的合理制度，则必须进一步使之系统配套。比如，现有制度既然已规定"流动人口流入地应该负责流动人口的子女入学问题"，而教育附加费却是按属地原则交的，流入地政府其实没有收到过这部分人的教育费用，却要承担对其子女的教育责任。权利与责任不匹配。需进行相应的配套改革。又比如，国家要求全面实施城乡居民大病保险制度，实现跨省异地安置退休人员住院医疗费用直接结算。但还是有许多省的住院医疗费用无法直接跨省结算，需尽快完善系统配套的执行细则。在实行脱贫工作责任制、水资源管理制度等时，也存在类似的制度缺乏系统配套的情况。最后，要及时适应五大发展理念，及时增补一些必要的相关制度，以填补制度体系的空白。

比如，在创新发展过程中，产生了网络金融、电子商务等新生事物，但对这些创新到底如何规范，基本上还没有完整的制度出台，需增补。还有，发达地区对落后地区的援助一直也是以政策的形式存在，随意性很大，缺乏规范的制度界定，也需建立健全相应的制度。

通过调整废止旧的不合理制度、使原有合理制度系统化、制定所缺失的相应制度等方式，我们希望能够尽快建构一整套与五大发展理念相适应的制度体系，并使之成为发展转型的保障。一旦这个工作完成，接下来还要完成三项工作：一是解决制度体系的内部和外部统一性问题。具体而言，就是必须保证制度体系中的每一个制度之间，不至于出现相互矛盾的条文——那会导致制度执行的冲突。必须保证与外部的其他的制度，在价值指向和基本观念方面基本一致。必须保证同样的制度在全国各地同样有效。二是解决制度的可操作性。这主要是在制度出台后，明确具体的执行主体、执行权力、执行手段、执行渠道和执行的责任等，以保证制度可以执行、能够执行、肯定执行。三是解决制度的权威问题。对业已颁布的与五大发展理念相关的制度体系，中央和省市各级党组织首先要高度重视，反复强调，用党的权威为这些制度体系助威。接着，要对这些制度体系提供法律保障，有些重要的制度可以以法的形式出现，以增其权威。尤为重要的是，一旦有人违背这些制度，必须坚决问责，即通过威慑手段，以强其权威。

三、为实现预期功效，须加强管理控制

落实五大发展理念，从主观上讲，是为了实现一系列美好愿景：一是通过创新发展，改变产业结构，推动产业升级，使中国经济摆脱目前的困境，突破发展的瓶颈，使中国经济保持持续快速增长，打开向发达国家目标迈进的通道。二是通过协调发展，拉近城乡之间、地区之间、经济社会发展之间的差距，解决社会内部不断滋长的矛盾，保障国家的发展能够全面、平衡、可持续，从而为早日建成全面小康社会奠定基础。三是通过绿色发展，使全

国人民的生命质量有一个质的飞跃，使中国在国际上彰显其作为大国的责任和担当，更是为了将来我们能有一个"让居民望得见山、看得见水、记得住乡愁"的美丽中国。四是通过开放发展，对内是扩大竞争，激发体制的活力，对外则是在新一轮国际竞争中抢占先机，为国家发展注入新动力、拓展新空间。五是通过共享发展，让发展成果为人民共享，使"发展更有温度、幸福更有质感"，使全面建成小康社会的过程成为增进人民福祉、促进社会公平正义的过程。但是，实现上述这些美好的愿景，必须是在对五大发展理念落实过程实施正确管理控制的前提之下。否则，落实五大发展理念，虽最初愿景美好，但其最后得到的结果却可能大相径庭，甚至南辕北辙。

如果没能对落实五大发展理念过程进行正确的管理控制，可能会出现以下几种结果：一是落实五大发展理念"虚化"。即一些人口中高唱五大发展理念，而实际不动，呈"空转"状。二是落实五大发展理念"异化"。即五大发展理念的落实为一些人所利用，偷换概念，最后使五大发展理念成为其私利行为的遮羞布。三是落实五大发展理念"过分理想化"。即一些人无视中国基本国情，追求目标不切实际，最后使理想成为空想。四是落实五大发展理念"复杂化"。即在推行发展转型过程中，产生了许多并发症和后遗症。由于对落实五大发展理念后可能产生的问题不能正确善后，结果反而使发展的问题比转型前更为棘手，问题更加严重。所以，要使落实五大发展理念不至于偏离预期的设想，就要对落实五大发展理念过程中可能出现的上述四种结果进行科学的管理控制。

（一）对五大发展理念贯彻中"虚化"现象的管理控制

落实五大发展理念过程中所产生的"虚化"现象，一般有以下几个成因：一是上级组织督促不力。一些上级组织自身对落实五大发展理念的认识也不够深刻，所以对布置落实五大发展理念的工作不够重视，往往对下级开个会宣读一下文件，就算完事。事后也没有跟进检查和督促。上级如此，下级和所在地区党员群众自然也就对落实五大发展理念应付了事。二是缺乏动力。一些单位和干部群众本身或出于思想认识问题，或出于利益可能受损问题，对落实五大发展理念本身有抵触情绪和抗拒心理，即自己就不想转变发展模式。三是约束不严。一些地方，管理者执法不严，惩治无力，使一些人对落实五大发展理念更加不积极——反正也不会受处罚。四是条件不够成熟。我们知道，贯彻五大发展理念，应该是国家发展到了一定阶段以后的必然选择。但中国幅员辽阔，内部差异性极大，不是所有地方都已具备发展转型的条件。在条件不成熟的地方，想发展转型也是心有余而力不足。

为了防止在落实五大发展理念过程中可能出现的"虚化"现象，必须采取一些措施。第一，要用制度的形式规定。落实五大发展理念，作为近年来的政治任务，应由地方党委切实负起主体责任来，五大发展理念应列入党委的主要工作计划。如果完成情况不好，即落实五大发展理念不力，就实行党内问责。以制度和问责来推动地方党委认真对待五大发展理念的落实工作。一般而言，如果地方党委能够认真对待五大发展理念的落实，那么，五大发展理念过程中的"虚化"问题，基本上也就解决了一半。第二，要为干部、群众补充落实五大发展理念的动力。对干部而言，动力主要来源于上级和群众的肯定，落到具体的地方，就是干部政治地位的提升。为此，今后在选拔干部的时候，落实五大发展理念应作为一个重要的考量指标。如果在工作中有严重违反五大发展理念的行为，则一票否决。如此，干部自然愿意积极推进五大发展的转型了。对群众而言，动力主要来源于利益。这个问题比较复杂。直接从发展转型中得利的群众，当然拥护五大发展理念，关键是其中还有不少群众可能在发展转型中利益受损。如在农村环境整治中，家中违章建筑被拆；又比如，在去产能过程中被迫下岗。对这类情况，一方面只能晓以大义，希望利益受损的群众明事理，顾大局。另一方面尽量给予利益受损的群众一定补助，或帮忙为他们谋划其他出路，使其利益受损降到最低点。这部分群众的动力一般来说可能启动比较吃力。第三，对消极应付五大发展理念转型的干部和群众，严肃党纪政纪甚至诉诸法律。在党的六大纪律中，与落实五大发展理念可以接轨的，有政治纪律、组织纪律、工作纪律和群众纪律四项。一旦党员干部违反五大发展理念，完全可以运用党纪的相关条款对其实施警告、严重警告，甚至留党察看、开除党籍的处分。对阻挠、对抗五大发展转型的干部和群众，还可以运用行政处罚和司法惩治的手段。五大发展理念的落实，是一项不容商量的政治任务，必要的纪律处分和司法处罚是必需的选择。第四，发展转型条件不成熟的地方和部门，要具体问题具体分析。如果其发展转型，既缺乏物质条件，也缺乏人才条件，那么落实五大发展理念可以先搞试点，然后再逐步推进。落实五大发展理念的时候，其选择的程度和举措也要适度降低标准。这样，干部群众可能更容易接受五大发展理念，推行起来可能也更容易一些。

（二）对五大发展理念贯彻中"异化"现象的管理控制

落实五大发展理念过程中出现"异化"现象，一般有三个原因：一是落实五大发展理念之主体自身认知方面的原因。落实五大发展理念的主体——各级党政部门和广大党员干部，虽然也知道要倡导五大发展理念，但对什么是五大发展理念，为什么要倡导五大发展理念，在认知上是有着千差万别的。有的党员干部由于知识、经历局限，确实对"协调""共享""绿色"等理念认识有偏差；有的党员干部虽然懂得五大发展理念的科学内涵，但由于这些新发展理念的践行，可能与其自身利益有冲突，因而装作不知道什么是真正的五大发展理念，故意按照自己的利益所需和兴趣所向来曲解五大发展理念。由于主体对五大发展理念认知的错误，最后错误的理念导致错误的实践结果。二是人为误导、干扰的原因。在落实五大发展理念的过程中，各地可能会受到三种情况的误导和干扰。一种是来自上级某些领导的误导和干扰。一些地方领导居于地方保护的出发点和居于求稳维持现状的出发点，要求下级在落实五大发展理念的时候，以地方保护和求稳保现状为基本前提，结果使五大发展理念最终屈从于领导的意志。另一种是来自专家学者的误导、干扰。一些专家学者也许是因为学识所限，也许是由于居心不良，对一些明显违背五大发展理念的行为，大唱赞歌。如一些专家对转基因食品不恰当的支持、对一些创新金融衍生品行为的盲目推崇等。从而使五大发展理念的实践误入歧途。此外还有一种是来自媒体舆论的误导、干扰。自媒体时代，舆论的影响力得到了令人瞠目的发展。而舆论并非总是睿智的，其中夹杂着大量的非理性思想和胡言乱语，这些舆论常常危言耸听、夸大其词，也会使很多人对五大发展理念感到莫衷一是，不知所措。三是被人利用的原因。落实五大发展理念的行政权力目前在一些地方还常常掌握在一部分人手中。在这部分手中掌握权力的人当中，可能会有一些利欲熏心者，会有一些胆大妄为者。这些人的行为如果得不到应有的约束，五大发展理念的落实就有可能走向其愿望的反面。

为了防止在落实五大发展理念过程中出现的"异化"现象，必须有应对措施。第一，中央对五大发展理念的科学内涵，应该予以进一步规范、细化。客观地说，这几年中央对五大发展理念的宣传教育，所投入的财力物力不可谓不大，但很多党员干部仍然出现对五大发展理念理解上的偏颇，其主要症结就是以往对五大发展理念的阐述过于抽象、笼统。正因为阐述抽象、笼统，才会导致对五大发展理念理解上的分歧，才会为一些人曲解五大发展理念留下余地。如果我们仿照"党的纪律处分条例"的做法，围绕五大发展理念也制定"哪些可行、哪些不可行"的行为准则，那么，五大发展理念被误解曲解的概率就会小得多了。第二，严格管理上级领导、专家和舆论的言行。依法严肃处理那些在五大发展理念贯彻中导致巨大负面效应的言行责任人。上级领导、专家和媒体工作者是一些非常特殊的群体，对普通党员群众的影响力非常大，因此，这些特殊群体一定要慎言慎行，对一些涉及五大发展理念的具体理论问题和技术问题，一些领导、专家和媒体工作者有一些自己的看法，有争论，均属正常，但必须注意宣传纪律和组织纪律，不能轻率地发表所谓的"个人观点"，更不能为某些特殊利益团体"代言"，违者必须受到惩处。第三，在落实五大发展理念过程中，同样要监督权力的运行，把反腐败贯穿于"落实五大发展理念"的全过程当中。落实五大发展理念是一个全新的发展转型，由于相应的制度健全需要一个过程，因此，在具体操作中，制度的盲点和漏洞比较多，这就为一些人借"落实五大发展理念"之名行个人牟利之实提供了很多便利。为此，我们要充分运用舆论监督、纪检监督、人大监督、群众监督等多种监督渠道，对落实五大发展理念的具体举措进行监督，同时加大惩罚力度，使心怀叵测者今后对落实五大发展理念不能胡为、不敢胡为。

（三）对五大发展理念贯彻中"过分理想化"现象的管理控制

从长远来看，五大发展理念的转变必会给中国带来一个美好的明天，但这个美好的明天绝不会一蹴而就，它将需要经历一个痛苦、艰难的嬗变过程，在美好的明天来临之前，我们还将承受相当长一段时间的阵痛。对这样一个客观存在的真理，许多人却在思想上缺乏足够的认识。盲目乐观的人绝不在少数。"过分理想化"现象的产生，有三个原因：一是由于一些地方领导人为追求所谓的政绩，制造轰动效应，对发展转型提出远超实际情况的发展目标。在中国，一些官员为了在有限的任期内获得上级的认可，获得舆论的关注，以实现自己在政治上的进步，因此，内心普遍希望在自己任期内干出惊天动地的成绩来。这一想法本来也无可厚非，但如果这一想法过于强烈，便会在落实五大发展理念的过程中，陷入"过分理想化"的窠臼。这种"过分理想化"实际上是一种主观故意的"过分理想化"。即主管领导自己也知道，自己所提的发展转型目标有点超越现实可能，但为了自己的面子或自己的政治企图，还是逼着所辖部门干部和当地群众实施超越式的发展转型，为此，常常不惜牺牲本地区的长远利益，有时候还不惜造假，贻害无穷。二是因为对国情、现实形势的盲目乐观估计，对发展转型的困难和风险估计不足，导致在落实五大发展理念的过程中提出目标"过分理想化"。在中共十八大以后，习近平同志提出了中华民族伟大复兴的宏伟目标，全体中国人民精神振奋，信心满满。但我们千万不能忘了，我们目前还处在爬坡阶段，还在艰难地跨越中等收入陷阱和修昔底德陷阱。所以，发展转型的目标必须以这个基本的国情和形势作为基本立足点。但是，有些人看到中国稍稍有点国际地位，就有点忘乎所以，而有些舆论不知出于什么目的，对我们的成绩和地位也不适当地拔高渲染，更加使得有些人信心爆棚，从而使其规划的发展转型目标更加脱离实际，这是非常危险的。三是一些地方的部分人民群众不切实际的高要求，也倒逼着有些地方的发展转型目标脱离实际，陷入"过分理想化"。我们党这几年一再向人民群众承诺，发展转型的目标是要实现全面小康社会，使人民群众缩小地区差别、行业差别，共享改革发展成果。但是，由于历史的惯性和原有体制的束缚，要想实现上述美好目标，须经历一段相当长的时间。人民群众在国家条件未具备之前，须保持足够的耐心，克制自己的欲求。不过，事实上，还是有不少人民群众在面临发展转型之时，只顾自己提要求，不顾党和政府的承受力，为了平息事态、维持社会稳定，有些地方政府有时候被民意倒逼着，也会推出一些"过分理想化"的发展转型目标。

为了防止在落实五大发展理念过程中出现的"过分理想化"现象，要采取相应的措施。第一，要改革对干部的政绩考评机制。对干部的发展转型政绩，不光要看他做了哪些工作，还要看这些工作是花费了什么样的代价，值不值得；不但要看其做出了哪些成绩，而且要看他的这些成绩是通过哪些手段、方法实现的，合不合法。判断干部的政绩不能光听上级的评价，更要听群众的评价和专业中介机构的评价。通过上述改革，目的是最大限度地防止干部在发展转型方面的政绩虚高追求。使干部明白追求"过分理想化"的发展转型目标，不但不能为自己带来光明的前途，还有可能被问责。第二，国家在倡导发展转型的时候，固然要为人民树立信心，但更要向全国人民讲清我们所面临的困境和压力。媒体、舆论不要讳言困境和难题，要把我们面对的问题讲深、讲透。这样做，有人以为不妥，认为是损自家威风。实际上这是为了让人民对国情和形势有一个更加符合实际的全面了解，然后使自己在规划发展转型目标时，能够走出"过分理想化"的窠臼。第三，党在领导人民进行发展转型时，不能一味强调服从人民群众的要求。对于人民群众的合理要求，党组织当然要想方设法予以满足；但对于一些群众所提出的明显超出实际的要求，党组织要尽力说服；不能说服的，要依法制止。过去，我们只讲为人民服务，但对教育人民、引导人民说得少了些。今后这一偏颇要纠正。

（四）对五大发展理念贯彻中"复杂化"现象的管理控制

五大发展理念贯彻中"复杂化"现象的产生，有三个原因：一是由于新的发展转型打破了原有的发展格局，导致问题集中爆发和问题提早引爆。这种"复杂化"现象，其实是落实五大发展理念过程中的必然结果。比如为了实现产业结构创新，就必然淘汰过时的老产业，这样势必导致大批工人的下岗分流和地方经济的暂时性经济增速下降。比如为了共享发展，要扩大社会保障的覆盖面，就必然增大社会保障基金的压力，甚至短时间内一些省份还有可能陷入社会保险金收不抵支的窘境。发展转型如同蛇之蜕皮，在转型的一段时间内，有很多地方，可能面临的问题和困难比转型之前更多。因为原先很多问题是隐性存在的，发展一旦转型，平衡被打破，问题因此也就变得更复杂了。二是由于某些地方党和政府的工作失误所导致的。不少干部一般习惯于应对惯常的社会各类问题，习惯于按照自己的工作节奏来处理问题。但发展转型时暴露出来的问题，往往是全新的问题，这些问题干部以往从来没有遇到过，缺乏应对的经验和知识，因此常常不会应对。发展转型时暴露的问题，往往是突发性问题，容不得你慢条斯理、从容应对，而是必须及时处理、灵活应对，因此一些干部往往不习惯这样的应对。最后，由于对发展转型中出现的问题不会应对、不习惯应对，小问题演变成大问题，大问题演变成了复杂问题。三是由于配套改革的缺乏，使得落实五大发展理念变得复杂化。比如，在落实五大发展理念的具体行动中，对一些事关人民群众利益、事关集体利益的事情事先沟通不够，信息不够透明，导致人民群众对发展转型具体举措的不理解甚至误解，结果发生人民群众与党和政府的对立和冲突，以致原本简单的发展转型演变成复杂的政治事件。又比如，在实施发展转型的时候，事先的论证不够充分，制度的漏洞较多，结果，给一些别有用心的人提供了反对的口实和舞弊营私的机会。最后，一部好经书被一群人念歪了。发展转型最后变成不可收拾的局面。

为了防止在落实五大发展理念过程中出现的"复杂化"现象，要有充分的应对措施。第一，在地方实施发展转型的时候，对任何一项转型措施可能引发的后遗症，要充分认识、充分准备。为此，事先要组织专家和实际部门负责人进行充分论证，对可能发生的转型后果做充分的估计。这在程序方面应成为实施发展转型的首要的必备环节。在预知后果的情况后，要对本地的条件（经济实力、干部能力）做一个客观的评估，如果自认本地的条件可以承受发展转型后必然发生的那些后遗症，那就坚决实施发展转型，否则就要调整自己的发展转型步伐和举措，使之适应本地的承受条件。绝对不能允许不经论证、不顾条件的发展转型。那样做只会使问题复杂化。第二，为保障发展转型的顺利完成，要把干部队伍的整体能力水平提升作为一项前提工作去抓。对干部的能力水平提升，主要是抓住三个关键点：一是加强干部的培训。要舍得对干部培训投入人力、物力，要改变干部培训方法，对干部培训制定硬性任务。提供系统全面的干部能力培训，使干部迅速适应发展转型的要求。二是优化干部的选拔，推进干部的问责和退出机制。通过吐故纳新，尽快形成一支能胜任发展转型任务的干部队伍。三是从中央到地方均要大力倡导干部的担当意识。各级党组织要把"有担当"当作一项严格的政治要求，逼迫大批干部勇敢面对发展转型带来的诸多挑战。第三，要避免发展转型的"复杂化"，在实施发展转型之前，一些相关配套的工作也是必备的条件。比如完整、准确、及时的信息发布和双向沟通机制之健全，地方党组织和地方政府在人民心目中的公信力和形象之树立，对别有用心者和心怀叵测捣乱者的遏制与打击，等等。须知，发展转型离不开政治生态的完善，没有相应的政治体制改革，就无法避免发展转型的"复杂化"。

后 记

　　党的十八届五中全会在制定"十三五"规划时，提出了"创新、协调、绿色、开放、共享"五大发展理念。五大发展理念的提出，丰富了科学发展观的内涵，为我国在"十三五"期间乃至今后相当长时间内的发展指明了方向，其理论意义和实践价值十分巨大。但是，任何理论的升华都不可能是一蹴而就的，它有一个逐步的萌芽和生成过程。浙江省是长期走在改革开放前沿的省份。通过对以往浙江杭州改革历史的梳理，我们发现，早在习近平同志主政浙江期间，浙江杭州勇立潮头，走在前列，已率先开始了五大发展理念的最初尝试。在中央正式推出五大发展理念后，浙江杭州又紧跟中央部署，充当"排头兵"，在实践五大发展理念方面做了很多新的探索。因此，我们萌发一个设想，即以浙江杭州近年来的改革实践作为研究切入点，研究三个问题：一是习近平同志主政浙江期间，浙江杭州为后来的五大发展理念的提出，做了哪些先期探索；二是在全国贯彻五大发展理念过程中，浙江杭州又做了哪些方面的理论新贡献；三是在今后的发展过程中，浙江杭州落实五大发展理念还有哪些工作有待完善和提高。为了回答这三个问题，杭州市委党校在常务副校长钱美仙同志的统筹规划下，由教育长高国舫、校委委员李一平组织党校教学科研人员，分专题逐一深入研究，历时近一年，最终写出了这本《五大发展理念在浙江杭州的实践》一书。

本书是杭州市委党校教师集体智慧的结晶。其中，第一章由邓念国教授完成；第二章由韩芳博士完成，第二章的两个案例分别由常敏教授（案例1）和翁佩君老师（案例2）两人撰写；第三章及其两个案例均由姚如青副研究员完成；第四章由邵建、阮雯两位副教授完成，第四章的两个案例分别由邵建副教授（案例1）和阮雯副教授（案例2）撰写；第五章及其两个案例均由李宗开教授完成；第六章由吴建华副教授、姜方炳副研究员完成，第六章的案例由吴建华副教授撰写；第七章由高国舫教授完成。全书由高国舫教授进行统稿、修改。最后，由中共中央党校图书馆副馆长张学森作了审稿和政治性把关。

实践五大发展理念，是一项伟大的事业，也是一项全新的事业。如何寻找落实五大发展理念的路径，如何克服发展转型的困难和障碍，是我们国家面临的普遍性难题。要回答这些问题，对我们来说是一个不小的挑战。我们只能立足杭州已有的实践探索，力图梳理出杭州在落实五大发展理念过程中的心得和经验，希望能给其他的兄弟省市提供一些借鉴和启迪。同时，我们更加期盼阅读本书的同行和实际工作部门同志多多批评、指正，推动我们杭州在今后的发展中进一步贯彻落实五大发展理念。

中共杭州市委党校教育长　高国舫教授

2017年2月于浮山

图书在版编目（CIP）数据

五大发展理念在浙江杭州的实践 / 钱美仙, 高国舫
主编. — 杭州：杭州出版社，2017.11
ISBN 978-7-5565-0583-8

Ⅰ.①五… Ⅱ.①钱… ②高… Ⅲ.①区域经济发展—
研究—杭州 Ⅳ.①F127.551

中国版本图书馆CIP数据核字（2017）第013121号

五大发展理念在浙江杭州的实践

钱美仙　高国舫　主编

责任编辑	孟桂芳　陈晓蓓	
责任校对	陈铭杰	
美术编辑	王立超	
出版发行	杭州出版社（杭州市西湖文化广场32号6楼）	
	电话：0571-87997719　邮编：310014	
排　　版	杭州真凯文化艺术有限公司	
印　　刷	杭州五象印务有限公司	
经　　销	新华书店	
开　　本	710毫米×1000毫米　1/16	
字　　数	300千	
印　　张	20.25	
版 印 次	2017年11月第1版　2017年11月第1次印刷	
书　　号	ISBN 978-7-5565-0583-8	
定　　价	58.00元	